本书获贵州大学中国西部发展能力研究中心、贵州基层社会治理创新高端智库资助，获贵州大学哲学社会科学研究院社科学术出版基金资助，为国家社会科学基金青年项目（16CJY042）研究成果。

集体林地经营权流转的门限机理与政策优化研究

张自强 / 著

图书在版编目（CIP）数据

集体林地经营权流转的门限机理与政策优化研究 / 张自强著. -- 贵阳 : 贵州大学出版社, 2022.6
ISBN 978-7-5691-0518-6

Ⅰ. ①集… Ⅱ. ①张… Ⅲ. ①集体林－林地－土地流转－研究－中国 Ⅳ. ①F326.22

中国版本图书馆 CIP 数据核字（2022）第 086735 号

集体林地经营权流转的门限机理与政策优化研究

著　　者：张自强

出 版 人：闵　军
责任编辑：高佩佩
装帧设计：陈　艺　方国进

出版发行：贵州大学出版社有限责任公司
地址：贵阳市花溪区贵州大学北校区出版大楼
邮编：550025　电话：0851-88291180
印　　刷：贵州思捷华彩印刷有限公司
开　　本：787 毫米 ×1092 毫米　1/16
印　　张：16.75
字　　数：319 千字
版　　次：2022 年 6 月第 1 版
印　　次：2022 年 6 月第 1 次印刷

书　　号：ISBN 978-7-5691-0518-6
定　　价：33.00 元

前言

伴随工业化与城镇化进程的加快，中国农村的人地关系发生了明显改变，农民对土地的生存依赖显著下降。然而，农民“离农”但不“离地”，农民“进城”但不“弃地”。尽管土地所有权与承包权的分离激发了农民的生产积极性，但承包权与经营权再分离的“三权分置”制度却未能有效激活农村土地流转市场。农村土地流转滞缓受到了政府部门的高度关注，并引发了对滞缓逻辑及其根源的激烈争辩，代表性的观点是将其归因于新时期土地承载的福利功能向财产性功能延伸，土地流转由关注要素市场向综合亲缘、地缘与人情因素的特殊市场转变。事实上，土地价值功能与土地流转市场特征的丰富是普适性的，那么，在微观上不同农民的土地流转行为或意愿为何却有较大不同，在宏观上不同地区的土地流转率何以呈现较大差异，这两方面的反差在农村集体林地流转上又显得尤为突出。对此本研究的猜想是，关键因素对农村土地流转滞缓的影响并非单向线性的，而是存在门限效应，即影响因素在不同的门限区域内对土地流转呈现不同的作用效果。

本研究的目的在于揭示农户集体林地经营权流转（统称林地流转）发生率和流转率差异化的内在逻辑，并进行实证检验。通过引入门限原理，揭示农户林地流转行为决策的门限特征，在检验林地流转门限效应的基础上，分析林地流转的触发条件，由此进一步厘清农户林地流转行为的逻辑线索及其政策寓意。基于此，本研究的主要内容包括：一是林地流转与规模经营的演进、表征与走向；二是区别于农地的多重价值功能，解释农户何以表现出林地流转的低意愿；三是揭示农户林地流转行为的门限机理，并分别从省际监测的宏观数据和农户调查的微观数据进行实证检验；四是测算门限值和对比门限区域的作用差异，通过农户林地流转的增收效应检验门限的内生性和政策需求意愿，阐明促进林地流转、分类引导集体林地规模经营的基本策略。

本研究的基本结论有六个。

第一，集体林地经营出现两极分化态势，即经营规模细碎化与经营规模扩大化并存。

林地流转面积占已确权林地面积的比重呈先上升后下降的趋势，其中，东部和中部地区的林地流转市场相对于西部地区更活跃，林改试点省份的林地流转相对较为活跃，而且，转让和出租成为林地流转的主要方式。分区域看，除了东北地区外，转出林地的农户量在其他地区均呈明显下降趋势。农户参与林地流转的积极性不断减弱，转出林地的意愿逐渐下降，在南方集体林区尤为明显。集体林地“三权分置”符合供给侧改革的内在要求，顺应土地功能变迁的现实需要，是相关利益主体博弈的新均衡，是遵循制度变迁的路径依赖。

第二，林地流转的内涵不断丰富，外延不断扩展。分析林地流转的政策文本发现，林地流转的主要演进特征有五个：一是林地流转经历了从全面禁止到逐渐放松的过程；二是林地流转的权利内容从承包经营权衍生出经营权；三是林地流转的转入对象从单一个体，如专业户，变成多元主体，包括合作经济组织、村集体、工商企业、家庭林场、新型职业农民；四是林地流转的产权功能从一项经济功能或福利功能的转让发展为一项财产性功能的转让；五是林地流转的政策工具逐渐由需求型向供给型与环境型转变。

第三，抑制农户林地流转的关键在于转出与转入意愿价格的不协调，流转意愿价格差异取决于环境变迁下林业经营收益的变化。木材价格的上涨预期、非木材收益的逐渐显现和林地的禀赋效应共同抬高了林地转出意愿价格，农户经营行为能力的提升则进一步增强了对林地的持有意愿。林地规模收益的增量有限制约了林地转入意愿价格的提升幅度。林地流转很可能陷入“流动性陷阱”，即无论林地转入方的出价多高，农户都不愿转出林地。

第四，林地流转政策对林地流转具有非线性影响。禀赋效应源于个体对物品的占有强度和估价的不确定性，林地流转政策在提高林地产权强度，强化了禀赋效应的同时，通过明晰土地价值，又降低了交易的不确定性，弱化了禀赋效应。从政策力度、政策目标和政策措施三方面对政策文本进行量化，运用门限模型估计发现，林地流转政策效力仅有一个门限，在门限值两端该变量对集体林地流转量分别呈正向与负向影响。再以农户林业依赖度表示土地重要度来反映禀赋效应的估计看，当政策效力低于门限值时，农民的林业依赖度对集体林地流转量具有显著的正向影响，当政策效力高于门限值时，农民的林业依赖度仍具有正向影响，但影响系数下降幅度较大。政策效力不断提高，对集体林地流转量的影响逐渐减弱，即政策效力的提高总体上强化了禀赋效应，降低了农户转出林地意愿。

第五，农户林地流转行为决策存在门限效应。农户林地流转行为决策包括两个递进的过程：是否参与林地流转以及参与流转的林地规模。通过门限估计发现，在不同林地规模门限内，农户的林地依赖度对是否转出林地具有双向影响，但对是否转入林地和转出林地规模均保持正向影响，且当高于门限值时，影响更大；家庭务农劳动力数仅在一个林地规模门限内对林地流转行为具有正向影响，其他均为负向影响；采伐管制对林地转入的正向影响没有明显差异，但当低于或高于门限值时，采伐管制程度越高，农户林地转出的可能性更大；林地产权稳定性在门限值两端对林地转出规模分别具有负向与正向影响。

第六，农户林地流转的增收效应存在树种依赖。由于不同树种的轮伐期不同，与之匹配的农户生产经营能力也就不同。经营杉木与松木的农户通过林地流转能够实现收入增长与相对收入差距的缓解，但对经营果树而言，生产效率更高的农户从林地流转中获益更多，形成相对剥夺，农户间相对收入差距加剧；毛竹经营不存在规模依赖，林地流转也不存在增收效应。由此表明未触发林地流转门限的农户行为可能是外生的，推动这部分农户的林地流转相反可能不利于收入增长，毕竟不是所有的树种经营都依赖于大规模，而对内生门限的农户激励需要政策匹配。

在研究猜想的实证检验，再结合制度匹配、借鉴国际经验的基础上，提出促进了集体林地规模经营的基本策略。政策激励除了普适性的进一步明晰产权、完善集体林“三权分置”制度、降低林业税费、推进森林保险等措施外，根据农户林地流转行为门限的情境依赖性，主要从不同林改模式、不同经济发展区域、不同生态区域三方面讨论促进林地规模经营的政策优化路径，内容主要包括三个方面。一是供需双方的激励。从林地转出方引导林地规模经营的策略包括林权资本化和林权市场化，而从林地转入方引导林地规模经营的策略包括林权组织化和林业经营的“政经分离”。二是分树种经营的激励。由于不是所有树种经营都存在规模依赖，农户林地流转行为决策的门限可能是外生的，无法触发门限而难以激发林地流转积极性，对此，可分树种讨论集体林地规模经营的策略。三是制度弹性的考量。结合农户政策需求的优先序，探讨深化集体林权改革的制度弹性。

目　录

导 论

一、选题背景

林业发达国家的林地利用经历了“大规模经营→林地细分→林地再规模”的“U”型路径（Host and Brown，2009）。而中国正面临着林地经营细碎固化与规模扩大化同时存在的矛盾。《集体林权制度改革（简称林改）监测报告（2010-2015 年）》显示：福建、江西等省份农户经营杉木或松木的面积最小的小于 0.1 公顷，林地块数多的则超过 20 块。然而，在广东与浙江两省，农户经营桉树或竹木的面积超万亩已成常态，农户的林地流转意愿高。作为重要的木材供给主体，非工业私有林地（NIPF）的细碎化不仅严重威胁到国家木材安全，还会影响森林生态，引发生态风险（Schmidt and Raile，1998）。尽管如此，林地细碎化（forest land fragmentation）经过一个门限后的快速发展才突显了碎片化经营的不利影响（Kilgore et al，2013）。从林地细碎转向规模经营也可能存在门限影响。

未来中国农业发展的根本出路在于实现土地规模经营（马晓河，1994）。家庭承包经营制度被认为是土地细碎化的主因。细碎化导致土地浪费，而且不利于机械化操作。中国农地的 3%～10% 因细碎化而未得到有效利用（Zhang et al，1997），农地细碎化程度提高 1%，大米生产效率将下降 0.03%（Rahman and Rahman，2008）。实际上，从《关于一九八四年农村工作的通知》鼓励土地逐渐向种田能手集中开始，政府部门就一直支持有条件的地方发展适度规模经营。农业部门过高的人口压力是引致和加剧土地细碎化的基本原因（钟甫宁、王兴稳，2010）。经济发达的沿海地区吸引了大量的农村劳动力转移，农户对土地的生存依赖下降，自然就成了政策提及“有条件的地方”而作为试验田。从试验区与其他地方的对比看，1991 年后，经济发达地区的土地流转和集中速度明显较快（农业部农村改革试验区办公室，1994），经济发达地区的农村土地人口压力较小，土地规模经营必然会先行一步，而其他地区则会较慢（周诚，1995）。随着农村劳动力的持续转移，2016 年全国城镇人口比达到 57.35%，全国农村居民可支配收入中家庭经营性纯收入的比重为 38.3%，这两项指标在沿海地区分别超过 60% 和低于 30%，在西部地区分别在 50% 和 35% 左右。[1] 农户对土地生存依赖程度的下降确实促进了土地流转，截至 2016 年底，总流转面积占家庭承包经营耕地面积的比例达到了 35.1%[2]，但区域差异凸显。中国土地总体流转率呈现“南高北低、东高西低”的格局，福建、浙江及广东等沿海地区均超过 20%，但甘肃、内蒙古、山西等地低于 10%（王亚辉等，2018）。沿海地区与西部地区的农村土地人口压力差距不到 0.5 倍，但土地流转率的差距却超过 1 倍。另外，截止到 2014 年底，七个样本省份的农村土地人口压力差距也不到 0.5 倍的情况下，但林地流转率的差距超过了 1 倍甚至更多，如图 1 所示。

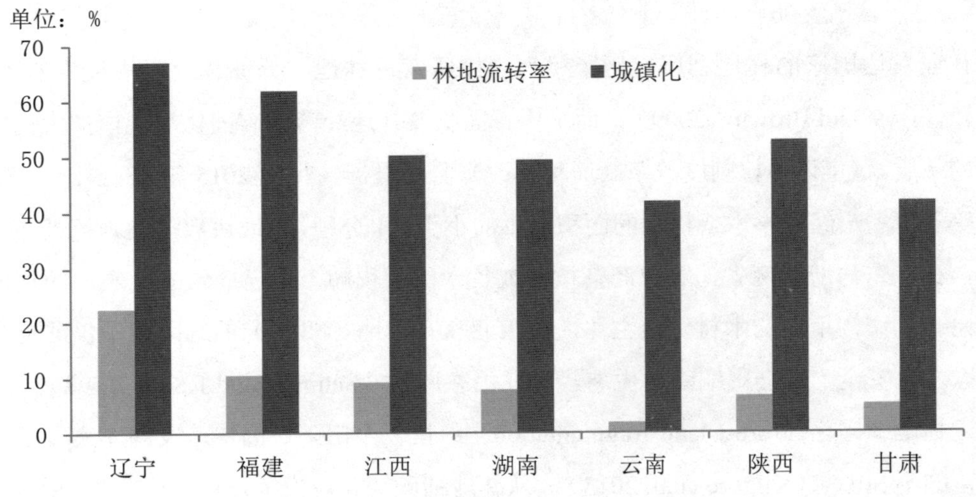

图 1 七省样本县林地流转情况

资料来源：《2015 年集体林权制度改革监测报告》《中国统计年鉴（2017 年）》。

由此引出的问题是，为什么在农村人地关系相近的条件下，土地流转率的差距却很大？

另外，随着新型经营主体数量的不断增加，每个家庭农场的平均经营面积为 175 亩，规模在 500 亩以上的比重接近 10%，但 2016 年户均耕地面积仅为 5.96 亩。新型林业经

[1] 资料来源：《中国统计年鉴（2017 年）》。

[2] 资料来源：《农业农村部：2016 年家庭农场、土地流转、集体经济等权威数据报告》，http://www.xue63.com/toutiaojy/20180509A15CMK00.html。

营主体的经营面积占已确权集体林地面积的19.56%[1]，但截止2014年，新一轮林改以来的累积林地流转面积仅占总林地面积的9.4%，超过80%的农户表示不愿意转出林地[2]。土地流转的去向集中与区域差异可能会导致土地经营规模的两极分化。土地规模经营政策实施以来，江苏地区的土地规模经营出现了无地农户与经营大户并存的现象（周春芳，2015），农地的小规模租赁与农地大规模流转并存（陈世栋，2016）。

由此引出的另一个问题是，农村人地矛盾的缓解为什么没能有效激活农村土地流转市场？

现有研究对回答以上问题做出了卓有成效的努力，提炼出了农户土地流转行为影响因素中值得重点关注的方面。完善农村社会保障制度（韩俊，1998）、降低土地流转的交易费用（Duke，2004）、增加非农就业机会（Deininger et al，2005）、提高非农收入水平（孔凡斌、廖文梅，2011）、稳定农村土地产权（程令国等，2016）均有利于促进农村土地流转。较有代表性的观点是，农村土地作为人格化的财产，其流转已超出了要素市场范畴，包含地缘、亲缘、人情因素而存在禀赋效应（罗必良，2014）。从而，可通过解构禀赋效应的强弱与农户土地流转意愿的内在关联，来解释为何土地没能有效流转及其差异。也有研究对此表示怀疑，认为农户并不存在禀赋效应，农村土地流转市场的深化会弱化禀赋效应（王士海、王秀丽，2018）。

也应注意到，现有研究对农户土地流转行为的影响因素分析多是基于单向或线性的作用。如果作用是单向的，为什么有些地区的人地矛盾缓解却未能促进土地流转？如果作用是线性的，为什么人地关系与土地流转率却不同步？借此，探究集体林地经营细碎化固化与规模扩大化并存之惑，本研究的猜想是，这些因素对农户土地流转行为的影响并不是简单单向线性的，而可能存在门限效应。以农村人地压力为例，该因素对土地流转具有正向影响，由于存在门限效应，即使人地关系相近，当分居门限值两端的作用系数差异较大时，农村土地流转率的差异也就较大，从而呈现出明显的区域差异；当某项因素在门限两端的作用正好相反时，对产生抑制作用一端的农户就不愿或不参与土地流转，强化了农户持有土地的意愿而难以激活农村土地流转市场。如果存在门限效应，需要进一步讨论集体林地规模经营的政策激励。

[1] 资料来源：《深化集体林改 加快产业发展 服务乡村振兴》，《中国绿色时报》2018年2月14日，中国林业网：http://www.forestry.gov.cn/。

[2] 资料来源：《2015年集体林权制度改革监测报告》。

二、研究目标与意义

1. 研究目标

生态文明建设在党的十八大上首次被纳入特色社会主义事业“五位一体”总体布局中，林业肩负的生态安全功能随之而被不断强化，实际上，木材安全也值得更多关注。据《全国第八次森林资源清查》显示，用材林中可采面积仅占13%，可采蓄积仅占23%，现有质量好的宜林地只占10%，可利用资源少。更严重的是，随着城镇化与工业化的推进，各类违法违规建设侵占的林地面积年均超过了13万公顷，其中约一半是有林地，由此导致可出材的林地面积减少，中国木材对外依存度接近50%。不仅如此，在林地资源禀赋较低的背景下，林地经营还面临细碎化带来的效率损失，特别是从2008年颁布《中共中央国务院关于全面推进集体林权制度改革的意见》以来，“均山到户”的制度安排加剧了林地细碎化，而且随着农户林地持有意愿的增强，林地经营的细碎化格局却可能进一步固化。林业经营的相对比较收益低，加剧了林业副业化与边缘化，危及国家生态安全与木材安全。为此，2016年国家林业局发布《林业“十三五”发展规划》，强调“木材作为国家经济社会发展和人民生活不可或缺的战略物资，国内供应能力严重不足，对外依存度高，……，林业巨大的生产潜力没有充分发挥”。要实现林业发展目标，需要从微观层面不断探索实现林地流转或规模经营的路径，挖掘林业的生产潜力，如何化解细碎化经营的困境一直是学术界和政府部门关注的核心问题。

中国农村土地承载的福利功能向财产性功能的延伸，土地产权交易从关注纯粹的经济要素流动向综合地缘与亲缘的情感交错，不断地表明农村土地流转不再是个简单的经济命题，这无疑也加剧了学界对林地流转为何滞缓的激烈争辩。尽管众多影响因素得到了深刻分析，约束放松却未必能有效激活农村林地流转市场，关键门限变量对农户林地流转行为决策的影响却是普遍存在的，基于权能匹配并引入门限原理，为解答以上问题提供了一个新的分析视角。

一是回答“为什么”的问题。分析农户何以表现出林地流转的低意愿，而且存在进一步弱化的趋势。林地承载的社会保障功能相对弱于农地，林地流转更偏重于是一项经济要素的流动，农户的林地流转决策更依赖于经济收益权衡。

二是回答“是什么”的问题。对比不同地区的林地流转表征，描述细碎经营固化与经营规模扩大化的态势，理论解释林地流转可能存在的门限效应，分别从省际监测的宏观数据和农户调查的微观数据进行实证检验，发现触发林地流转的门限值，以及不同门限区域内关键变量的影响是如何表现的。

三是回答“怎么办”的问题。结合理论研究和实证研究，揭示门限效应及其水平表现出林地流转发生的差异性，阐明促进集体林地流转、分类引导集体林地规模经营的基本策略，以期为政府决策和社会实践提供依据与支持。

2. 研究意义

林地流转滞缓与流转率的区域差异都可通过门限原理得以解释，一方面，当关键因素值未触发门限水平时，农户就选择不参与林地流转，即林地流转滞缓；另一方面，即使该因素值触发了门限水平，但落在了低林地流转率触发区（影响因素的作用较小），农户林地流转规模小，即林地流转率存在差异。因此，本研究意义在于：一是基于林地与农地的资源经济属性与要素功能的差异，从经济理性而不是生存伦理的视角，通过权能匹配揭示农户林地流转意愿低的理论机理。二是将农户林地流转行为决策划分为两个递进过程：是否参与林地流转和参与流转的林地规模，运用门限回归模型检验农户林地流转行为影响因素可能存在的门限效应，测算门限个数及门限值，对比不同门限区域内农户林地流转行为的差异表征，对以往研究通过离散模型或线性回归在该问题分析上的方法延伸，重塑农户林地流转的逻辑。基于理论分析与实证检验，揭示了林地流转的触发条件和影响因素的非线性作用，指出了鼓励林地流转和规模经营方面可能存在的问题，为促进完善林地流转措施、引导林地规模经营，指出政策优化的新思路与新办法。

三、文献综述

第一，林地细碎化趋势。森林资源被俗称为公共池塘资源（common-pool resources，CPRs），资源系统之大，使得排斥因使用资源而获益的潜在受益者的成本很高，而难以治理（Ostrom and Nagendra，2006）。由于低效率，避免公地悲剧的国家“集权”治理失败（Grainger，1993），引发了地区“分权”治理（Lebel，2006）。然而地区“众口难调”，林地进一步细分再到依赖社区环境特征的“多中心”治理迎合的大众需求（Ostrom，2005）。国外的土地多是私有，对其而言土地流转一般是指土地交易，即土地所有权的买卖与使用权的流转。尽管流转和变卖林地的利益是可观的，私有林主也仍愿意继续保护林地或可持续管理（Raunikar and Buongiorno，2006），但这种意愿会随着林地价值的提升与进入生态服务市场门槛的过高而逐渐减弱和消失。

从1978年到1994年，美国林地市场价值的显著提升使每块林地的平均面积从10.9公顷下降到10.1公顷，预计到2010年下降到7公顷（Sampson and DeCoster，1997）。其实，私有林的流转或买卖进程从20世纪初开始，就呈现了较快的速度（Sampson and DeCoster，2000）。影响美国林地买卖或流转的因素包括财产与遗产税、城市化、财政支出（Mehmood and Zhang，2001），利益相关者的认知（Rickenbach and Gobster，2003），经济收益（Zhang et al，2005），人地紧张程度（Mundell et al.，2010）等因素。许多研究利用统计数据分析了林地细碎化的发展趋势，主要包括使用财产税的变动（Cumming and Barnes，2007）、历史的平面图来跟踪所有权变化（Donnelly and Evans，2008）和采用直接调查与个人财产变更记录相结合的方式来反映（Mundell et al，2010）。

在美国，大约56%的林地归私人所有，其中，61%的私有林地面积低于4公顷（Butler，2008）。小规模私有林主数量的加剧不仅显著改变了森林景观的社会经济与生态方面，而且使得林业经营中的木材采伐、控制虫害和森林防火等许多常规管理的成本高昂（Ashton et al，2011），同时在木材销售中还面临着很高的交易费用与政府管制（McEvoy et al，2014）。更为关键的是，土地细碎化过程中的公开买卖会产生市场失灵，造成土地利用的动荡（Macmillan，2000）。林地规模细分到一定水平后速度会明显放缓（Mundell et al，2010）。对此，强调适度规模的社区参与森林资源管理模式则受到更多的关注，作为重要的制度安排成为一股国际潮流（Atkinson et al，2007）。而且，林业生产分工深化与纵向一体化的推进，又会促进规模化经营（Lönnstedt and Sedjo，2012）。基于自愿合作达成森林管理协议（CAs）下的规模经营能够降低细碎化经营面临较高门槛与交易成本，综合实现私有林主的木材、非木材和生态服务效益（Yang et al，2013）。实际上，私有林主对林地经营细分与合作的选择取决依附于环境变迁下林地价值的变动，政策制定者需要认识社会经济变化与林地利用变化之间的关系（Kline and Alig，2005）。

在中国，土地资源稀缺，细碎化经营的影响更值得重视。关系国家木材安全的林地细碎化降低了林业产出效率，木材安全度呈现出不断下降的态势（程宝栋，2011），木材安全形势严峻[1]。58%的中国人以大米为主食，源于高人口压力的土地细碎化可能成为水稻生产效率提升的主要瓶颈（Tan et al，2011）。然而，依赖于市场机制的土地流转却难以满足土地规模经营的需要。

[1] 据《全国第八次森林资源清查》显示，中国木材对外依存度接近50%。

第二，土地流转市场失灵。整个社会的现代财富和生产之所以能够兴起，都归功于市场自发秩序的调控机制（哈耶克，1997）。哈耶克坚持批判计划经济的非可行性和低效率，宣扬自由社会的理念产生了巨大影响，尤其是在从计划经济体制向市场经济体制转型的发展中国家（韦森，2014）。中国改革开放以来取得的巨大成就关键得益于坚持以市场化为导向的体制改革（张维迎，2008）。

党的十八届三中全会《关于全面深化改革若干问题的决定》指出，“使市场在资源配置中起决定性作用和更好发挥政府作用”。实际上，市场化改革一直是国家发展的着力方向，尤其在农村区域显得尤为突出。市场化改革最早发生于农业领域，中国的农业经济体制转轨实质上是农业资源产权管制放松的过程，是中国农业经济制度绩效提高的动力源泉（何一鸣、罗必良，2010）。基于公平逻辑的地权分配加剧了土地经营的细碎化，产权管制放松提高了要素的自由流动性，以土地要素流动促进土地规模经营受到了广泛关注。从长远看，中国农业发展的根本出路在于实现规模经营（马晓河，1994）。很难想象基于土地细碎化经营的粮食安全、木材安全与生态安全。土地细碎化经营严重影响了生产标准化，降低了产品附加值，提高农业国际竞争力必须发展适度经营规模（万宝瑞，2016）。对此，国家一直寄希望于提高市场化程度以改善土地要素的配置效率。一方面，放松土地产权管制、允许农村土地流转。1984 年，中央一号文件指出，允许土地向种田能手集中，荒山可以折价转让，农民逐渐可以自由流转承包的土地，而且不断完善和保护土地产权。“确权是基础，流转是核心”，土地流转迫切需要新一轮的土地产权改革（程令国等，2016）。另一方面，放松劳动力流动管制，推动农村劳动力的非农转移。以农村劳动力转移为主体的全国流动人口到 2014 年达到了 2.53 亿。农村劳动力的转移降低了过多农村人口对过少土地资源的追逐，成为土地流转和规模经营的前提（张红宇，2012）。无论是土地产权明晰、稳定与细化，还是产权抵押与交易服务的完善，土地流转政策一直致力于降低土地产权的交易成本。然而，理论预期与现实反馈形成了明显反差，通过市场机制配置土地要素并未达到改革预期。1996 年和 2006 年的两次农业普查数据显示：人均耕地规模从 1996 年的 3.48 亩提高到 2006 年的 5.24 亩，人均耕地面积提高了 1.76 亩，但到 2006 年，农村外出从业劳动力人数已占农村劳动力总量的 24.82%[1]。农民“离农”但未“离地”，农民工“进城”但未“弃地”，土地“弃耕”但未有效流转（罗必良，2013）。依赖于市场自我调控以提高土地要素配置效率的机制失灵了。由于林地

[1] 资料来源：国家统计局农业普查公报：http://www.stats.gov.cn/tjsj/tjgb/nypcgb/。

使用权流转市场的固有缺陷，政府有必要进行干预以降低交易成本（徐秀英、沈月琴，2002）。

第三，土地流转滞缓的理论解读与行政干预失灵。大量研究对土地流转的滞后性给予了解释，主要从期望效用理论的视角分析了农户土地流转行为或意愿的微观机制。农户土地流转决策通过调适自身家庭禀赋与土地功能之间的平衡关系，以追求利益最大化（蔡银莺等，2016）。一是社会保障功能。土地是农民的命根子，土地保障是农民“天然保障”，也是唯一保障（梁鸿，1999）。当诸如保险或信贷等其他风险分散机制不可行或成本较高时，农户将继续持有土地以应对未来风险（Ilbery，1984）。小农为规避市场风险、保障生计安全，更倾向于保留土地而不转出（Dijk，2003）。79.4% 的农户认为土地是生活的基本保障，不愿转让（山丹，2012）。二是财产功能。作为一项重要的稀缺性资源，农村土地具有财产功能，弱化财产功能的市场扭曲或发育不足会降低农民的土地流转意愿（徐美银，2014）。土地流转滞缓危及粮食安全与木材安全，面对土地流转的市场失灵，国家开始干预土地流转市场，强调引导和鼓励农村土地流转。土地适度规模经营需要政府在完善服务、统筹管理和地权配置等方面有适度作为（曹东勃，2014）。

第三次农业普查数据显示，2016 年的人均耕地规模进一步提高到 6.44 亩，另外，人均林地面积从 1996 年的 6.09 亩增长到 2016 年的 9.69 亩。2006 年土地流转总面积占整个承包地的面积为 4%，到 2010 年已经到达了 13%，土地流转加速的主要原因之一是地方政府的行政推动（赵阳，2011）。同时很显然，政策推动的成效逐渐式微，从 2006 年到 2016 年，人均耕地面积提高了 1.24 亩，但这低于 1996 年到 2006 年增长的 1.76 亩。2005～2013 年，中国土地流转率年均增长率为 24.33%，但 2014～2016 年仅为 7.45%，与此同时，农村劳动力非农就业转移的年均增长率从 2006～2012 年 4.73% 下降到 2013～2015 年的 1.06%（仇童伟、罗必良，2018）。“人动”依旧未能有效带动“地动”，农村劳动力与土地两种要素的流动明显不匹配。通过政府干预农村土地流转以弥补市场失灵的不足，却进一步面临调控失效的困境。那么，政策干预也同样失效了吗？

一般认为，通过农村人口的非农转移以降低土地人口压力（钟甫宁、王兴稳，2010）、提高非农收入以降低农户对土地的生存依赖（何欣等，2016）、构建农村“家庭 - 土地 - 社会”的社会保障体系（凌若愚等，2018），能够增加农户参与土地流转市场的可能性和意愿。然而，随着非农收入的不断提高，农村社会保障制度的逐渐完善，农户对土地依赖程度的下降并未有效促进土地流转。土地社保功能向财产性功能的延伸产生了禀赋效应，依效用大小来判断行为决策的期望效用理论已不能诠释农户对已人格化财产的土地持有行为。禀赋效应隐含了风险规避心理，农户土地产权强度越高，禀赋效应相对就越强，进而抑制对土地转出意愿（钟文晶，2013）。这也意味着传统意义上通过单纯降低交易费用的政策以促进土地流转的逻辑存在局限。农民普遍存在的禀赋效应，土地产权强度的提高强化了土地人格化财产特征，成为抑制土地流转的重要根源（罗必良，2014）。而且，包含亲缘、地缘、血缘关系的土地流转已经不再是纯粹的经济要素流动。农户土地流转行为决策兼具经济性和社会性特征，既衡量流转收益与成本对比的家庭福利改善，又考量村庄社会关系的差序格局（张兰等，2016）。

第四，土地流转滞缓影响因素的辩证。依附于土地功能的家庭特征、土地资源禀赋、土地制度等因素的异质性决定了土地流转发生率与流转率在村级或地区层面的差异，而且心理因素的引入把对农户土地流转行为逻辑的解释引向了行为经济学范畴，农户对土地的依附由福利依赖演变为情感依赖，农户土地流转决策可能存在行为经济学意义上的参照依赖，即这些因素对农户土地流转行为的影响可能是非线性的，因参照点不同而表现出截然不同的作用效果。从现有研究关于农户土地流转影响因素的结论可发现非线性作用，大致从以下几个与土地功能相关的方面进行了分析。

在家庭特征方面主要关注了非农就业的影响。农户非农就业机会的增加降低了农村土地的人口压力，能够提高农户转出土地的可能性（Deininger et al.，2005）。非农就业机会增加促进农村劳动力转移和农户分化。非农化程度相对较高的农户是林地流转市场的主要供给者（徐秀英等，2010），农村剩余劳动力的转移对农户林地转出具有显著的促进作用（王成军等，2012）。然而，也有研究发现非农就业对农户林地转出规模没有显著影响（张寒等，2018）。非农就业机会或非农收入水平的提高未必就能促进农户转出林地，可能与非农就业不稳定相关，即仅当农户非农收入达到一定的稳定水平时，农户对林地的依赖解除，从而才可能转出林地。非农就业的稳定水平就构成了农户转出林地行为的门限。

林地禀赋方面侧重于细碎化。林地越分散、地块面积越小，流转产生的信息成本、契约成本、履约监督成本、违约追偿成本等交易费用就越高（陈念东等，2012）。交易费用是制约林地流转的关键因素，不同交易属性下的交易费用不同，进而决定了不同的林地流转模式（张舟等，2014），表明地块越分散，因流转产生的交易费用就越高，农户转出林地的意愿就越低。然而，也有研究认为交易费用并不是制约农户参与林地流转的主要因素（谢煜等，2016）。当农户营林能力能够顾及分散的地块时，即使林地细碎，农户仍可能不转出林地，即仅当林地细碎化超过一定水平时，如离家较远的地块较多，农户无法顾及才可能转出，从而林地细碎化的一定水平就隐含着农户转出林地行为的门限。

林地制度方面主要在确权。一般而言，在农村劳动力不断转移的背景下，林地确权提高了林地产权稳定性，有利于保障农户权益，促进农户转出林地。拥有林权证能显著促进农户参与林地流转（王波等，2017）。新一轮集体林地确权到户政策使农户转出林地的概率增加了 1.7%（朱文清等，2018）。然而，林地确权又会因提高林地产权强度而强化林地的人格化特征，抑制农户林地转出。有研究发现确权使土地转出概率降低了 7.3%，且户均转出面积减少 0.044 hm^2（黄佩红等，2018）。表明林地确权政策的影响是双向的，既因产权明晰而促进林地转出，又因林地人格化特征的强化而抑制林地转出，即可能在某节点处相互抵消而达到平衡，这一节点也就构成了农户转出林地行为的门限。

与林地流转制度相配套的方面。林地流转政策效力的提升还依赖于配套措施的跟进和完善，包括林业金融和采伐管制等。包括贷款与保险在内的农村金融服务能够提高土地增收水平，增加土地转入需求，政策也强调农村金融支持农业发展[1]。农户林地产权行为能力越强，其林地流转的主动性越高，有利于促进有序合理的流转（史若昀等，2017）。然而，有实证研究发现采伐管制对农户转出林地的影响不显著（李博等，2012），是否参与森林保险对农户林地转出具有显著的负向影响，且林权抵押贷款的影响也不显著（许凯等，2015）。如同林地确权政策对农户转出林地的影响一样，配套政策也具有双向影响，毕竟无论是林业金融政策还是采伐限额，都改变了农户林地产权行为能力，农户参与林地流转积极性提高的同时也伴随着林地人格化特征的强化而抑制转出行为，这些因素的作用可能都不是单向的，更可能具有门限特征。

第五，文献述评：土地流转非线性激励的猜想。梳理以上研究文献可以发现，由于土地要素的多功能性特征，单纯依靠市场自我调控难以实现规模经营的预期效果，寄希望于政府干预却又面临双重效应同时存在的困境。显然，不能简单推断国家政策失效与否，如同土地流转市场失灵一样，毕竟大量研究表明包括土地确权、延长承包期限、推

---

[1] 关于土地经营权抵押早在 2003 年《关于加快林业发展的决定》（中发〔2003〕9 号）中指出，“森林、林木和林地使用权可依法继承、抵押、担保、入股和作为合资、合作的出资或条件。”而后，2015 年《关于开展农村承包土地的经营权和农民住房财产权抵押贷款试点的指导意见》（国发〔2015〕45 号）的要求，部署在全国 232 个县（市、区）开展农村承包土地的经营权抵押贷款试点工作。关于保险服务，早在 2004 年《关于促进农民增收若干政策的意见》（中发〔2004〕1 号）中指出，“加快建立政策性农业保险制度”。，而后，2008 年《关于全面推进集体林权制度改革的意见》》（中发〔2008〕10 号）中指出，“加快建立政策性森林保险制度”，从 2009 年开始在福建、江西、浙江等 6 省开展试点。

动产权抵押等“还权赋能”的改革政策都显著影响了土地流转，土地流转政策从单纯鼓励土地要素集中的经济激励发展到考虑多重利用诉求的综合服务，政策干预的多重效应可能产生了抵消效果。那么，由此引出的问题是，土地流转的相关政策到底在多大程度上影响了土地流转？一方面，土地流转政策的影响是多维的，单项政策或政策的单个方面难以综合反映政府干预土地流转的作用效果；另一方面，土地流转政策的正向与反向效应反映了政府干预对农村土地流转可能存在非线性影响。

影响农户土地流转行为的因素众多，而且相同的影响因素会得出不同的研究结论，这固然与研究对象或验证方法选择有关，但值得思考的是，农村土地流转是多重因素共同作用的结果，进入效用函数的多变量也可能引起行为影响效果的相互抵消，导致异质性变量共同作用下农户土地流转行为呈现参照依赖性。一方面，意愿未必引致行为，农户转出林地意愿与契约行为不一致（徐冬梅、高岚，2017），单一变量能否触发参照点决定农户是否实际参与土地流转，即土地流转发生率的差异。另一方面，由于正向与反向影响的同时存在可能引致单一变量的作用存在门限值，门限值两端的作用程度不同导致农户流转规模差异，即土地流转率的差异。已有研究注意到了农户土地流转行为影响因素的作用可能存在门限值而呈现非线性特征。冷智花等（2015）基于中国家庭追踪调查（CFPS）数据，运用 Logistic 模型实证发现，收入在 25000 元以下的家庭选择保留土地，收入在 25000 元以上的家庭倾向于流转土地。李琴等（2015）的研究更进一步，利用中国健康与养老追踪调查（CHARLS）数据，通过平滑转换模型（STR）实证检验了农地禀赋与农地转出与否的非线性关系，测算了门限值。遗憾的是未关注对土地流转规模的非线性影响，而且现有研究鲜有关注农村土地流转的非线性特征。

四、研究内容与研究方法

1. 研究内容

根据研究目标要回答的几个问题，本研究的主要内容包括以下四方面。

第一，林地流转与规模经营的演进、表征与走向。文献研究与实践调查表明，在鼓励农村土地承包经营权流转与规模经营后，集体林经营呈现规模细碎化与规模扩大化并存、农户转出意愿不足与转入意愿强烈并存的态势，且依赖于林地资源特征表现出了区域性与阶段性。本部分梳理了林地流转的演进、表征与规模经营的类型，分析了“三权分置”的价值取向与规模经营的形成动因，阐明了“三权分置”与林地流转的发展态势。

第二，农户林地流转意愿低的形成机理。林地流转的实现，在相当程度上取决于转出方与转入方关于流转价格谈判的力量对比与行为选择。生态文明视域下林地价值的提升与林业经营的社会服务改善，强化了林地流转的“买方市场”特征。基于林地作为经济要素而非人格化物品，从权能匹配的视角，比较农户林地的转入与转出行为及其意愿影响因素，包括分析林地流转价格的生成与影响因素；基于效用最大化假设，数理推导约束条件的农户林地流转决策逻辑，对农户林地转入与转出意愿的假设检验。

第三，林地流转的门限效应及其表现特征。林地发生率和流转率的区域差异，表明林地流转可能存在门限效应。通过阐明农户行为的门限逻辑，在农户的林地依赖、林地确权和采伐管制等因素影响下，从宏观上检验省际林地流转规模的门限效应，从微观上将农户林地流转划分为是否参与流转和流转规模两个递进过程的基础上，通过门限回归模型检验农户林地流转行为的门限效应，包括比较不同地区的农户林地流转行为；以省际统计数据为样本，检验林地流转规模的门限效应；以农户调查为样本，检验农户林地流转行为的门限检验。

第四，林地流转门限与规模经营分类引导的政策设计。集体林地规模经营的实现方式依赖于农户参与流转的不同门限变量及其水平，区别具备达到门限条件的农户如何引导农户参与流转，和不及门限的又如何引导农户参与合作。一方面，林地流转可能存在负面影响，不是所有的树种经营都存在规模依赖，行为门限本身可能就是外生的，难以激励；另一方面，对于内生门限，提升林地流转政策效力又如何进行配套政策匹配。本部分，分树种讨论了农户林地流转的增收效应，检验门限效应的内生性；分析了农户林地流转的配置政策需求优先序；分类设计了不同情景下的规模经营引导政策。

2. 研究方法

第一，理论研究。①基于效用最大化假设，研究农户为何表现出林地流转低意愿。②应用产权理论，研究不同农户的权能匹配如何影响了林地流转的门限效应。③结合林地经营特征，引入门限原理，揭示农户林地流转行为的门限效应如何表现。

第二，实证研究方法。①成本收益分析。林地作为经济物品，对比不同约束条件下，农户林地流转的收益与成本，剖析流转低意愿的机理。②量化文本分析。收集改革开放以来国家与地方关于林地流转的政策文本，总结林地流转政策的演进特征。③实证分析。通过量化文本分析法，考察土地流转政策对集体林地的非线性影响；运用离散模型估计农户参与林地流转意愿的影响因素并检验理论假设；采用门限回归模型来考察农户林地流转行为存在的门限效应及其影响。

五、结构安排与数据来源

1. 结构安排

根据研究内容，除了导论外，本书章节安排如下所示。

第一章，林地流转与规模经营的演进、表征与走向。总结农村家庭承包制度改革以来的林地流转演进特征，分析不同地区林地流转与规模经营的发展特点，揭示集体林地"三权分置"的价值取向与规模经营的形成动因，描述林地流转的发展态势。

第二章，农户林地流转低意愿的机理与实证。基于效用最大化视角，以数理模型论证林地价值提升与功能延伸对农户林地流转行为的影响，揭示环境约束下农户林地流转低意愿的逻辑，并进行实证检验。

第三章，林地经营权流转政策演变与发展。通过收集改革开放以来关于林地流转相关的政策文本，基于文本量化对政策进行解构，从政策本身分析内容的关联性与有效性，从政策内容的演化，分析林地流转的权利、对象、产权功能、原则、方式等的变迁。

第四章，农民林地流转行为决策的门限机理。分析个体行为决策的效用依赖与风险规避，结合农民普遍存在的生存伦理与经济理性，揭示镶嵌于农村社会结构的农民行为决策存在门限效应，通过构建数量模型推导得出，采用非线性激励政策可能更满足农民林地流转的心理需要。

第五章，土地流转政策效应与林地流转。从政策力度、政策目标和政策措施三方面对林地流转相关政策文本进行量化，基于国家林业局的省级林改监测数据，实证检验政策效力与林地流转规模之间的非线性关系。

第六章，农户林地流转行为的非线性检验。提炼影响农户林地流转行为的关键变量，在区分农户是否参与林地流转及其流转规模两个递进过程的基础上，利用国家林业局的农户跟踪监测数据和课题组的农户调查数据，通过门限回归模型实证检验农户林地流转行为的门限效应。

第七章，门限效应的内生性检验。基于农户增收的视角，通过基尼系数对比了不同地区、不同树种的林地配置差异，进而运用DEA测算农户生产效率，并在此基础上，检验林地流转引发的生产效率变化对农户营林收入的影响，进而判断农户林地流转行为门限的内生性。

第八章，发达国家林地细碎化与反公地悲剧治理。梳理了国外林地产权结构，林地细碎化状况与缘起，和林地细碎化经营可能出现的反公地悲剧现象及其治理途径。

第九章，集体林地规模经营的政策优化路径。基于实证分析与实践调查，提出促进林地流转、分类引导林地规模经营的基本策略。

总体上，按照“问题发现——一般解释——扩展分析——理论检验——政策寓意”的技术路线展开论述，得出如下解释框架，如图 2 所示。

第一，从农户行为逻辑和林地流转政策本身解读林地流转低发生率与低意愿的现象。

第二，结合林地流转小规模与大规模并存的现状，引入个体行为门限原理，重塑农户林地流转行为逻辑，基于此，从省级统计监测数据和农户调查数据两方面进行门限效应检验。

第三，林地流转可能不存在增收效应，未触发门限的行为就可能是外生的，而对于内生门限的农户林地流转行为激励需要完善政策匹配。

第四，通过实证检验，在借鉴国际林地细碎化治理实践的基础上，提出引导林地规模经营的政策建议。

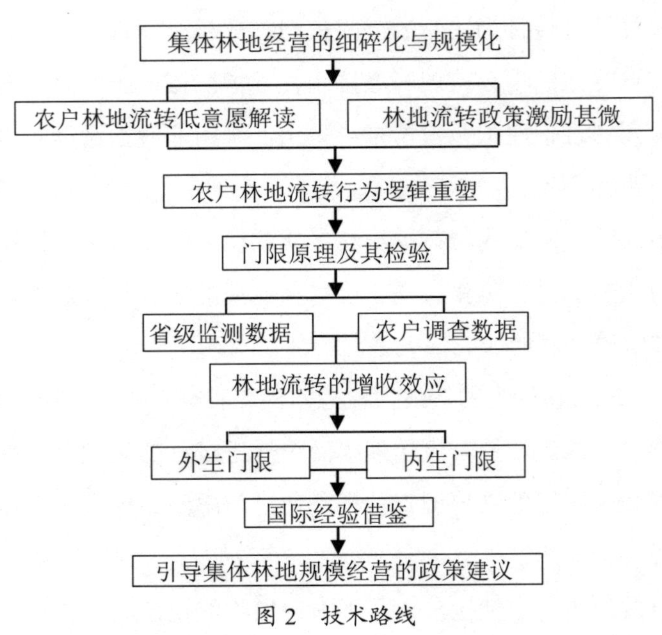

图 2 技术路线

2. 数据来源

第一，调查数据。课题组自2016年起，利用假期时间，对南方集体林区林业经营展开了连续3年的调查，调查方式包括问卷调查和访谈。问卷调查采用随机调查和典型调查相结合的方式。典型调查主要是选取部分林地流转发生率较高的地区，如梅州的蕉岭县。问卷调查内容包括农户家庭基本信息，农户家庭资源禀赋情况，林业经营及其意愿情况，农户林权转出情况，农户林权转入情况，农户林权流转的认知和意愿，林权改革相关专题。一是自主开展的调查。广东梅州调查，共发放200份问卷，收集有效问卷164份，有效问卷率为82%。贵州黔东南地区的调查，共发放农户问卷300份，收集有效问卷258份，有效问卷率为86%。贵州黔东南地区的农户调查由老家居住在该地区的学生，利用暑假回家的时间在本村或周边村开展。二是借助于2017年国家自然科学基金国际合作项目《栖息地管制对生态与生计影响——以大熊猫自然保护区为例》(编号：71761147003）的平台，2018年7月分别对四川绵阳和陕西汉中、安康等地开展农户调查，在同一份问卷中加入了林地流转相关的内容，相比于前期问卷调查的信息收集会有一定局限，收集有效问卷280份，其中本研究能够利用的问卷量为151份。

第二，监测数据。一是宏观监测数据。本研究使用了2009～2018年国家林业局对全国31个省（市、自治区）集体林权制度改革的统计监测数据，监测指标包括林地承包情况、林地经营与流转情况、新型林业经营主体、林业补贴、林业金融、林业社会化服务体系、林下经济发展、林改成效。该统计数据为宏观层面分析集体林地流转的门限效应提供了支持。二是微观农户监测数据。数据来自于国家林业局经济发展研究中心2016年集体林权制度改革监测项目。该项目从2010年开始启动，连续跟踪调查新一轮集体林权制度改革成效，根据地区社会经济状况、森林资源禀赋和区位条件选取样本省和样本县，再通过分层随机抽样选取样本农户，监测样本由最初的5个扩展到7个，包括福建、江西、云南、辽宁、陕西、湖南和甘肃，涉及70个样本县350个村共3500个农户。这部分数据连同农户调查数据一起为从微观层面分析农户林地流转行为的门限效应提供了支持。

第三，案例数据。梅州蕉岭县于2015年2月被国家林业局确立为全国22个集体林业综合改革试验示范区之一，承担集体林地“三权分置”、林业要素市场建设、林权流转机制和制度创新、发展农民股份合作赋予集体资产股份权能改革试点等四项试验任务，本研究以此为研究对象，从村民到村干部、普通农户到经营大户或公司，对林业局到相关协同部门进行访谈和座谈，梳理和讨论了示范区实践过程、实践成效、面临的问题和未来发展方向。案例资料附在报告后。

六、贡献与不足

1. 研究贡献

第一，丰富了农户行为决策理论。与现有研究争论农户行为决策逻辑依经济理性还是生存伦理不同，本研究通过引入门限原理发现，农户行为无论是追求效用最大化还是生存保障，其实本身就隐含着一定门限，只是因自身禀赋差异而呈现不同的门限水平。这也就意味着，不关乎依效用最大化的经济理性或固守生存保障的风险规避，更深层的逻辑在于决策门限的不同。当农户行为决策门限很高时，对外部刺激的敏感性较低，也就显得“保守”，从而被认为是“非理性”；当农户行为易受外部激励而改变时，则可认为农户决策门限较低，此时农户更贴近经济理性的表征。另外，引入门限原理对农户行为决策理论也作了新的补充。

第二，扩展了已有研究对农户土地流转行为的理解。单个因素对农户土地流转行为的影响可能是多维的或双向的，影响因素在不同强度下所呈现的作用效果可能不同，即包括作用程度和作用方向两方面，根据门限原理，本研究将农户土地流转发生率与流转率差异呈现的问题统一纳入到行为决策门限解释中，重塑农户林地流转行为逻辑，规避了以往研究对单项因素是正向激励还是负向激励，以及激励大小的争论，即该项因素在不同门限区域内会呈现不同的作用效果。

第三，发展了农户土地流转影响因素的经验研究。在实证方法上，本研究运用门限回归模型，通过量化政策文本和细分农户林地流转地块，在分别构建了宏观与微观面板数据的基础上，实证检验了农户土地流转行为决策可能存在的门限效应，发现了影响因素的非线性作用，从而丰富了以往研究通过离散模型或线性回归模型，检验影响因素单方向作用的实证估计，提出了新的实证方法以呈现影响因素的多维作用。

第四，响应了现有研究关注土地流转可能加剧农户收入差距的呼吁。本研究通过引入作物异质性，基于权能匹配的视角，分树种论证了农户林地流转对收入影响的作用逻辑，借此检验门限效应内生性的同时，验证了林地流转对农户收入和农户间收入差距的影响是多维的，存在树种依赖。不同于现有研究单向判断土地流转加剧农户收入差距与否，强调树种特征差异，为土地流转对农户收入影响的研究提供了新的思考。

2. 研究不足

在数据收集上，本研究力图分地块构建农户调查的面板数据，实证检验了农户林地流转的门限效应，但无法划分树种构建不同经营树种下的面板数据，门限效应检验未能体现树种特征的差异，分林种或树种的林地流转门限效应检验值得进一步讨论。

在指标选取上，采伐管制是本研究考察门限效应的核心变量，主要通过农户对采伐管制政策的评价来反映，不够客观，未能找到各地区采伐限额指标进行替代，这在一定程度上影响了该因素对农户林地流转行为作用的判断。国家林业局的林改监测统计可考虑增加该项指标。

在实证检验上，由于只获取到了2016年集体林权制度改革监测数据，无法构建多年份的面板数据，又因为受访农户大多只有一块或两块林地参与流转，影响了构建面板数据的整体合理性，在面板门限检验中无法对各个因素进行门限识别，而只能选择几个核心因素，而且构建的林地转出面板数据无法执行程序，可能是受限于样本面板数据不够丰富。研究假设的检验很大程度上依赖于数据的有效性与完整性，国家林业局如能适当公开其跟踪监测数据，监测项目将更具影响力。

第一章　集体林地流转与规模经营的演进、表征与走向

在鼓励农村土地承包经营权流转与规模经营后，集体林经营呈现规模细碎化与规模扩大化并存、农户转出意愿不足与转入意愿强烈并存的态势，本部分通过检测数据来分析林地流转与规模经营的历史演进、表征及其走向。

一、集体林地流转的演进、表征与规模经营的类型

1. 集体林地流转的演进与表征

从林地流转的政策文本分析可以发现，改革开放以来林地流转经历了从全面禁止到逐渐放松的过程。大体上可以划分为四个阶段，如图 3 所示。

一是全面禁止阶段：1978～1983 年。1978 年，党的十一届三中全会彻底改变了过去“以阶级斗争为纲”的政策方针，转而形成以经济建设为中心的改革方向，但仍坚持人民公社制度。1979 年，《中共中央关于加快农业发展若干问题的决定》指出人民公社要继续稳定地实行三级所有、队为基础的制度，集中力量发展农村生产力。土地产权整体归集体所有，由集体落实土地生产经营，直到 1983 年《当前农村经济政策的若干问题》（中发〔1983〕1 号文件）提出的家庭联产承包责任制才改变了过去农村土地长期由集体统一经营的状况，要求“以农户或小组为承包单位，扩大农民的自主权”，土地产权合一走向细分，表现为土地所有权与土地承包经营权的分离，初步形成统分结合的双层经营制度。农村土地经营管制出现了放松的迹象，为允许土地流转奠定了基础。

二是限制性土地流转阶段：1984～1992 年。1984 年，《关于一九八四年农村工作的通知》（中发〔1984〕1 号文件）指出鼓励土地逐步向种田能手集中，荒山可以折价转让，表明国家允许农村土地流转，但同时要求要经集体同意，不能擅自改变向集体承包合同的内容。这一阶段的土地流转内容主要是指土地使用权，转入主体主要是专业户，流转

方式主要是转让，土地流转的功能价值在于提高生产率、解决农民温饱问题，即实现土地要素的经济功能。

三是基本放开阶段：1993～2002年。随着中国市场化改革的推进，1992年，党的十四大明确提出要建立社会主义市场经济体制，而后，1993年，党的十四届三中全会通过的《关于建立社会主义市场经济体制若干问题的决定》指出发挥市场机制在资源配置中的基础性作用，发展生产要素市场。这一阶段土地流转的产权内容从土地使用权转让转变为土地承包经营权流转，且转入主体和流转方式逐渐多样，采取转包、入股等多种形式开展合作经营、租赁经营、股份制经营等规模经营，允许工商资本和外资进入。

四是规范流转阶段：2003年至今。农村土地流转的基本放开激活了土地要素市场，土地流转范围和规模逐渐提高，为规范农村土地流转市场，国家强调严格禁止违背农民意愿强迫流转承包地，防止片面追求土地集中。2003年，《农村土地承包法》明确规定了农村土地的流转原则、流转方式、流转合同条款、流转期限、流转价格等内容。同年，《关于加快林业发展的决定》（中发〔2003〕9号文件）提出“各种社会主体都可通过承包、租赁、转让、拍卖、协商、划拨等形式参与流转[1]”。这一阶段土地产权进一步细分，土地经营权从土地承包经营权中分离出来，由“两权分离”发展到“三权分置”。“三权”即土地所有权、承包权与经营权。这时的土地流转主要是指土地经营权流转。增加了出租、互换和抵押等土地流转方式，特别是抵押功能的实现促进了土地资源变资产，进一步提高了要素流动性及其价值，土地流转附属的价值功能不仅包括经济功能，更重要的是还包括财产性功能。土地转入主体也开始向农民回归，如家庭林场和新型职业农民。

梳理集体林地流转的演变过程可以发现，随着土地流转的推进，土地产权合一不断走向细分，与之匹配的产权价值功能由单一走向多元，多元的价值诉求催生了多样化的流转方式、转入主体和规模经营形式。产权细分内在动力在于土地流转，伴随着价值功能的丰富，土地流转的内在动力在于要素整合，即改善要素利用的规模效率和配置效率。

[1]　土地转让、转包、互换、入股、出租的定义或内涵见《农村土地承包经营权流转管理办法》（2005年）中第三十五条。

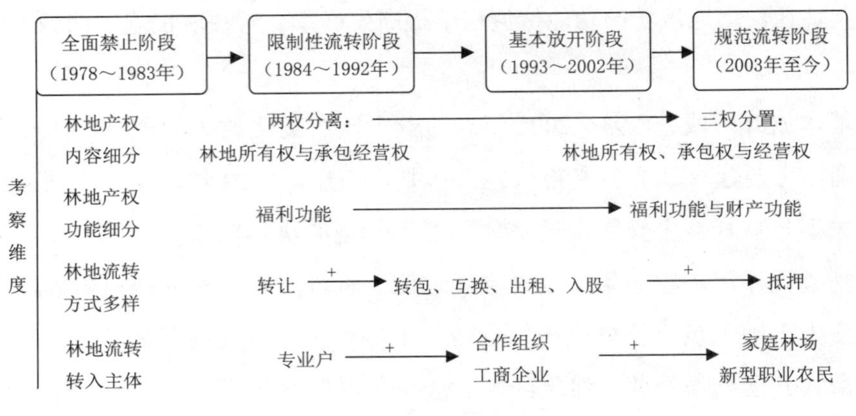

图 3　林地流转演变及其特征

2. 集体林地流转与规模经营

第一，集体林规模经营的内涵与边界。集体林规模经营的多维解读：一是要素投入的视角。以获取规模效益和实现规模经济为目标的规模经营，主要是指生产过程中各投入要素的规模化。土地作为林业生产最基本的投入要素，集体林规模经营则表示依附于林地要素基础上综合其他投入要素的规模化使用，包括林地规模、劳动力规模和资金规模等。二是生产经营的视角。规模效益不仅得益于投入要素规模扩大下边际成本的降低，更重要的是规模扩大形成的社会分工而降低生产过程中的交易成本。集体林规模经营包括种植规模、管护规模和采伐规模。深化生产分工可以降低规模化经营对林地集中与流转的要求，实现规模经济。三是林业产出的视角。木材安全与生态安全的双重功效使林业的产出大体包括经济与生态两个维度，集体林规模经营的产出经济规模不仅体现在产值方面，更体现在单位面积的木材产量，而产出的生态规模由于外部性的存在以及度量的困难，容易被忽视，但仍可借助于指标体系进行评价。一般认为，森林生态对林业经营规模要求更高。对此，本研究涉及的集体林规模经营，是指集体所有下以林地流转或集中为基础的规模化生产，核心是土地这一最基本要求的投入规模，其外延包括林业生产经营的分工与交易。

第二，林地流转发展与集体林地规模经营演变。改革开放后，农村土地制度改革从高度集中的中央治理逐渐过渡到地方分权治理，农村土地所有权与使用权的分离导致我国农村组织结构由集体经营向家庭经营转变，伴随着集体林承包的“分”与“合”的交替演进，林地流转经历了全面禁止、限制性流转、基本放开和规范流转四个阶段，是土地流转管制逐渐放松的过程。在不同发展阶段，集体林地规模经营呈现出不同的特征。

一是林地限制性流转阶段与林地规模经营。林业“三定”时期集体林地由“合”到“分”。1981 年 3 月，中央发布了《关于保护森林发展林业若干问题的决定》，明确提出要稳定山林权属，划定自留山，并落实林业生产责任制（简称林业“三定”）。1984 年，中央一号文件鼓励土地向种田能手集中，包括为大户经营或专业户经营，同时部分承包较多集体山林的农户，规模经营主要有以下三种：一是以林为生，独自经营，即大户经营；二是一家为主、联产承包、分层管理，表现出家庭林场的经营特征；三是牵头承包、集股投资、合伙经营、按股分红，类似于股份制林场（严安云，1984）。

二是林地流转基本放开阶段与林地规模经营。这一阶段对应集体林权制度改革进入林业产权的市场化运作时期，集体林地转而由“分”向“合”。林业“三定”后出现了农民大面积采伐森林的现象，1987 年，中央又规定“对于已分山林要积极引导农民实行多种形式的联合采伐、联合更新造林”，到 1995 年《林业经济体制改革总体纲要》（体改农〔1995〕108 号）开始推进了荒山、荒沟、荒滩、荒丘使用权的承包、租赁、联营、拍卖和其他形式的林地流转。这标志着林业产权市场化运作的开始，由此形成的主要规模经营方式是大户经营，以一个或几个家庭为主的管护经营承包户在承包责任范围内进行造林和资源管护经营，有单纯地荒山造林，也有包括造林和林下养殖在内的复合式林业经营。

三是林地规范流转阶段与林地规模经营。21 世纪伊始，国家颁布了《关于加快林业发展的决定》（中发〔2003〕9 号），推动新一轮集体林权制度改革，以“分山到户”为主要改革形式对集体林地“再分”，林地流转进入到规范流转阶段。2003 年，以“明晰产权、减轻税费、放活经营、规范流转”为主要内容的新一轮集体林权制度改革在福建、江西等省开始试点。2008 年，以稳定和延续家庭承包经营的“均山到户”方式全面推开，并鼓励适度规模经营。形成以家庭经营为基础，林业专业合作组织、股份合作、公司经营、大户经营和家庭林场等多种经营形式并存的局面。

第三，集体林地规模经营的类型：基于林改监测的分析。推进集体林业适度规模经营的实现组织形式有很多，2016 年，国务院颁发的《关于完善集体林权制度的意见》（国办发〔2016〕83 号）指出，引导集体林适度规模经营可通过创新集体林权流转和经营方式，引导各类生产经营主体开展联合、合作经营，兴办家庭林场、股份合作林场。2017 年，进一步将集体林适度规模经营实现形式统一称为新型林业经营主体，国家林业局在《关于加快培育新型林业经营主体的指导意见》（林改发〔2017〕77 号）中指出要大力培育适度规模经营主体，如《关于加快培育新型林业经营主体的指导意见》还对各经营主体的内涵进行了界定。通过对林地流转的政策文本分析可以发现，新型林业经营主体中林业专业户和农民林业专业合作社出现最早，到了20世纪90年代，随着工商资本的进入，逐渐开始出现股份合作社和林业龙头企业，一直到近年来才有了家庭林场的提法。国家林业局关于林改监测的统计工作[1]是从2008年全面推行集体林权制度改革以后开始的，称为“集体林权制度改革进展统计”（2009～2018年），每年年底或下年年初出台这份统计数据。该统计表中关于集体林业适度规模经营的指标主要是林业专业合作社，从2015年开始在统计指标中才出现了“新型林业经营主体”[2],即才有了关于其他经营主体的统计数据。对此，将林业合作社与其他经营主体进行分开统计分析。林业合作社的统计内容包括合作社量、加入合作社的农户数以及合作社经营林地面积三个方面。

部分地区的统计数据不完整，西藏地区的数据整体缺失，2015年，全国各地区关于加入合作社的农户数与合作社经营林地面积的数据缺失。另外，2009年数据缺失的地区包括广东、海南、青海和宁夏，2010年数据缺失的地区包括北京、海南，青海缺2011年的数据，新疆2017年的数据缺失。

首先，林业专业合作社的发展情况。一方面，专业合作社数量的变化情况（如表1所示）。总体而言，林业专业合作社的数量变化波动较大，2010年增长最低，为3693个，2016年增长最高，为17153个，没有明显的增长或下降趋势，可能与政策鼓励程度相关。分区域看，各区域的林业专业合作社增长整体呈上升趋势，但增长幅度有差异，其中西北地区的增幅最大，2016年和2017年分别增加了18125个和10292个，明显高于其他地区的增幅；华南、华中地区增幅较大，2011年、2014年、2016年和2017年的增幅都超过了3000个；华北地区和东北地区的增幅相对较小，甚至出现了负增长，2010年华北地区减少了1017个，2012年和2017年东北地区分别减少了572个和34个，这可能与林地资源分布有关，集体林主要集中在南方地区，农户合作经营的可能性较大，而北方地区多为国有林区，由国家统一集体经营管理。需要注意的是，华东地区的林业专业合作社增长出现了下降趋势，2016年增长了1994个，明显低于前几年增长幅度，2017年出现了负增长，为-87，其中主要是福建省出现了大幅减少的情况，2017年福建省减少了1037个。

---

[1] 这里的林改监测主要是指省级层面的统计，由各省林业厅或林业局上报国家林业局。

[2] 其实，关于新型林业经营主体的提法较早出现在2016年江西省出台的《关于加快培育新型林业经营主体促进林地适度规模经营的指导意见》（赣林改发〔2016〕1号）中，指出新型林业经营主体包括专业大户、家庭林场、农民林业合作社、林业龙头企业，而且对各经营主体的界定更细致。

表 1 林业专业合作社数量变化

地区	2010	2011	2012	2013	2014	2015	2016	2017
北京		847	0	0	-336	37	0	0
天津	0	1	14	-14	293	-226	0	0
河北	-1113	74	10	166	238	20	92	17
山西	71	932	383	382	3506	87	1068	500
内蒙古	25	70	53	71	216	129	-21	10
华北	-1017	1924	460	605	3917	47	1139	527
辽宁	469	918	287	76	189	61	145	-197
吉林	4	1102	-776	111	219	29	136	15
黑龙江	14	146	-83	118	134	175	-93	148
东北	487	2166	-572	305	542	265	188	-34
江苏	-1038	128	2	609	-1326	-389	360	467
浙江	80	428	2	0		3713	-349	161
安徽	-229	590	535	439	0	1149	440	169
福建	137	190	135	45	477	2224	569	-1037
江西	589	248	19	770	196	-192	80	105
山东	525	2603	1742	2395	3444	71	894	48
华东	64	4187	2435	4258	2791	6576	1994	-87
河南	281	889	448	1254	858	464	112	1079
湖北	371	274	148	222	1529	1157	930	1449
湖南	287	588	472	753	957	824	2336	662
广东		1190	9	-1	56	225	167	0
广西	2	336	122	313	193	100	342	37
海南			58	0	127	73	-90	0
华南华中	941	3277	1257	2541	3720	2843	3797	3227
重庆	516	32	233	87	110	405	204	257
四川	1181	-591	742	480	1310	323	-7	711
贵州	25	599	286	142	594	324	466	763
云南	1200	482	0	334	406	2867	-336	-324
西南	2922	522	1261	1043	2420	3919	327	1407
陕西	232	493	176	24	401	367	708	-519
甘肃	102	165	296	746	451	272	334	2044
青海			-44	150	207	13	267	-651
宁夏		45	132	11	947	320	-22	209
新疆	0	95	183	94	753	17153	9005	
西北	334	798	743	1025	2759	18125	10292	1083
合计	3693	13831	5683	9777	14001	17153	9005	

注：对于中间年份空缺的数据，用跨一年的累计数据相减得出，如北京缺 2010 年的数据，2011 年林业专业合作社增长量 =2011 年累计林业专业合作社量 -2009 累计林业专业合作社量。

分省份看林业专业合作社的变化情况，如图 4 所示，仅有贵州省的林业专业合作社发展数量保持了持续增长，到 2017 年增幅达到最高，为 763 个；浙江省的波动最大，从 2015 年增长的 3713 个急剧下降到 -349 个；福建省在 2015 年达到增幅最高后开始下降，2017 年减少了 1037 个；江西省的波动最小，增幅最大的为 2010 年的 589 个，最小的为 2015 年的 192 个；广东省在 2011 年增长达到 1190 个后增幅明显下降，趋于平稳。对比不同省份林业专业合作社发展数量变化可发现，江西省的情况有些“反常”。在 2011 年和 2015 年其他省份的林业专业合作社数量出现明显增长的情况下，江西省反而下降；相反，2013 年和 2016 年浙江、福建、广东出现增幅明显下降的情况下，江西省却存在小幅增长。

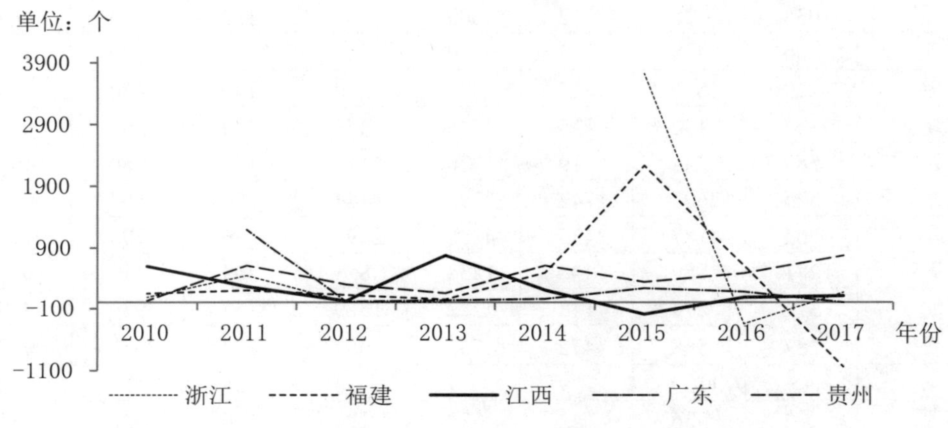

图 4 样本省份林业专业合作社数量变化情况

加入林业专业合作社的农户数量变化，如表 2 所示。总体上看，加入林业专业合作社的农户总量呈上升趋势，但增长幅度波动较大，2011 年减少了 124.048 万户，而后增幅逐渐提高，到 2017 年达到了 20685.6 万户，大幅高于其他年份的增长幅度，主要是 2017 年华东地区的增幅出现了明显变化。分区域看，不同地区加入林业专业合作社的农户数量均存在波动，其中东北地区和华北地区波动较大，最小增幅分别为 2012 年的 -9.686 万户和 2016 年的 -32.1959 万户，最大增幅分别为 2017 年的 4124.942 万户和 15149.18 万户；华北地区的波动最小，最大和最小增幅分别为 2014 年的 16.586 万户和 2010 年的 -24.4626 万户。不同区域加入林业专业合作社的农户数量均存在负增长，表明存在农户退社的情况，如西北地区 2017 年的增幅为 -160.28 万户，即 2017 年有 160.28 万户退出了林业专业合作社，但需要注意的是林业专业合作社数量变动与加入合作社农户数量变动并不统一，尽管2017年西北地区的林业专业合作社的数量仍然增长了1083个，但加入合作社的农户数量却减少了160.28万户。同样的情况还出现在2011年的西南地区，2010年和2016年的华南、华中地区，2011年和2016年的华东地区，2017年的东北地区，2016年的华北地区。仅有2012年东北地区和2010年华北地区的林业专业合作社数量变化与加入合作社的农户数量变化呈同方向变动。

表2　加入林业专业合作社的农户数变化情况

单位：万户

地区	2010年	2011年	2012年	2013年	2014年	2016年	2017年
北京		0.69	0.00	0.00	0.00	-2.00	0.00
天津	0.00	0.00	0.10	-0.10	0.41	-0.35	0.00
河北	-26.50	2.09	2.85	9.34	5.69	0.36	0.01
山西	1.67	5.45	13.42	5.12	9.59	-14.35	-5.09
内蒙古	0.36	1.75	0.06	-0.32	0.90	-1.48	
华北	-24.46	9.97	16.43	14.04	16.59	-17.81	
辽宁	3.74	5.19	4.42	0.12	2.91	22.57	3562.23
吉林	0.32	15.67	-13.24	1.37	2.02	5.82	251.91
黑龙江	-0.86	1.40	-0.86	0.64	1.69	7.05	310.80
东北	3.21	22.25	-9.69	2.13	6.62	35.43	4124.94
江苏	-1.30	0.10	0.10	0.00	30.25	-3.72	11559.36
浙江	3.00	-71.50	1.00	0.00	42.82	-55.14	3614.50
安徽	-5.78	10.91	2.50	2.68	3.28	55.22	2.67
福建	0.00	0.02	0.94	0.49	1.95	-19.69	0.00
江西	7.60	0.98	-2.08	13.50	16.02	-25.85	-2.97
山东	14.43	27.45	10.55	34.92	-21.80	16.99	-24.39
华东	17.95	-32.04	13.01	51.59	72.53	-32.20	15149.18
河南	-41.23	7.28	5.50	3.00	2.70	-28.85	1424.15
湖北	-16.98	39.63	2.26	0.00	3.28	-16.75	46.17
湖南	-48.00	7.05	10.18	18.09	46.57	-42.73	19.50
广东		35.89	2.90	7.16	-19.90	-15.73	0.12
广西	6.00	-4.50	4.30	8.53	-7.00	-0.93	0.18
海南			0.09	0.00	0.67	-0.56	0.00
华南华中	-100.21	85.35	25.24	36.78	26.32	-105.55	1490.13
重庆	-4.00	10.83	24.12	7.49	1.12	-37.87	-6.75
四川	243.80	-260.42	-1.49	3.59	9.24	30.55	59.15
贵州	9.60	6.73	4.03	4.16	13.82	-35.45	55.23
云南	3.48	21.80	4.02	6.73	4.36	199.03	3.00

续表

地区	2010年	2011年	2012年	2013年	2014年	2016年	2017年
西南	252.88	-221.06	30.68	21.97	28.54	156.26	110.63
陕西	2.38	-0.20	12.20	0.10	-0.16	5.74	11.00
甘肃	4.04	0.67	1.73	4.94	1.12	0.76	18.25
青海			-0.36	0.43	-0.71	-1.59	-3.42
宁夏		-0.20	0.59	1.30	0.75	185.13	-186.11
新疆	0.00	-0.02	1.69	-0.08	1.88	219.72	
西北	6.42	0.25	15.85	6.69	2.89	409.75	-160.28
合计	153.22	-124.05	92.36	133.19	153.48	219.72	20685.60

注：由于2015年数据缺失，表格中2016年加入林业专业合作社的农户增量=2016年累计加入林业专业合作社的农户数—2014年累计加入林业专业合作社的农户数。

分省份看加入林业专业合作社的农户数量变化情况，如图5所示。浙江省的波动最大，2017年新增农户数量为3614.501万户，大幅高于其他省份，其他年份的增幅均未超过100万户，2017年的增长情况比较“异常”（该数据未放入图中）。福建省的波动相对最平稳，增幅最大为2014年的1.95万户，增幅最小为2016年的-19.69万户；五个省份中福建、江西到2017年，加入林业专业合作社的农户总量较2009年有所下降，浙江、贵州的增长则较明显。2016年，五个省份加入林业专业合作社的农户数量均出现了下降；江西省有三年为负增长，浙江省有两年为负增长、一年为零增长，福建省有一年为负增长、两年为零增长，广东省有两年为负增长，而贵州省仅有2016年为负增长。由此可以看出，沿海地区和林改试点省份的农户对加入林业专业合作社的积极性不高，这可能与地区经济发展程度有关，如在浙江和广东地区，集体统一经营的比重较高，20世纪90年代就开始探索农业股份制经营，在改革路径依赖下，股份制经营模式延伸到林业经营中，保持集体统一经营，而不是“分山到户”，推行“分股不分山、分利不分林”的改革策略，对此，农户规模经营的途径较多，加入其他经营组织的可能性较高。

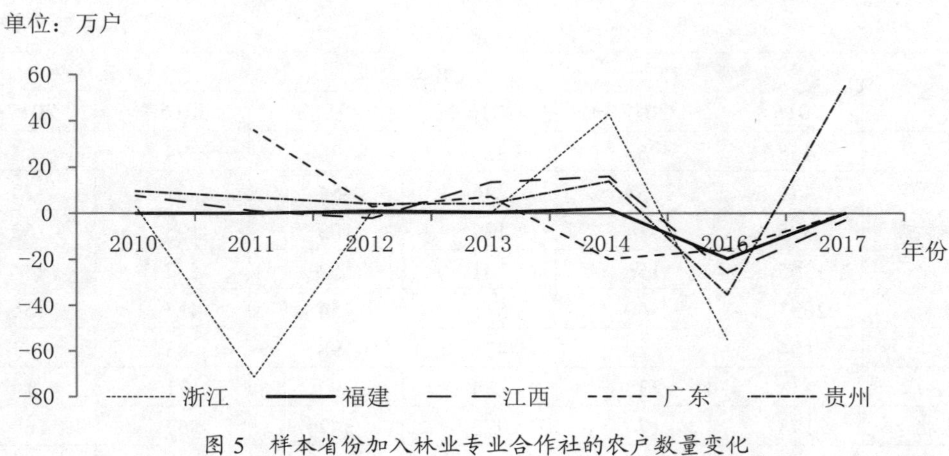

图 5　样本省份加入林业专业合作社的农户数量变化

对比其他新型林业经营主体的发展数量看，如表 3 所示。总体上，专业大户和林业企业的数量有所增长，但家庭林场的数量下降。分区域看，华北地区，东北地区，华南、华中地区和西南地区的专业大户和林业企业的数量不断增长，但除了西南地区外，增幅均有较大程度下降；家庭林场的数量均在 2016 年下降，到 2017 年又有所增加，即增长由负转为正。华东地区和西北地区的专业大户数量均在 2016 年减少后 2017 年又有所增加，即增长也由负转为正，但林业企业数量增幅明显下降，2017 年西北地区呈负增长。这可能与政策推动有关。多数省份的家庭林场数量在 2016 年下降，而在 2017 年又回升，但增幅较小；多数省份的林业企业数量增长保持为正，较为平稳，在新型林业经营主体中占据主导地位，林业规模经营更依赖于林业企业发展；不同省份的专业大户数量变化和家庭林场数量变化的差异较大，这可能与两者发展的关联性相关。专业大户可以进一步发展为家庭林场，而家庭林场也可以回到专业大户 [1]。

表 3　新型林业经营主体的数量变化

单位：个

地区	专业大户		林业企业		家庭林场	
	2016年	2017年	2016年	2017年	2016年	2017年
北京	0	-17	52	-27	-38	0
天津	0	0	-84	0	31	0

[1] 《关于加快培育新型林业经营主体的指导意见》（林改发〔2017〕77 号）指出“林业专业大户经过县级林业主管部门认定，发展成为家庭林场。”江西省《关于加快培育新型林业经营主体促进林地适度规模经营的指导意见》（赣林改发〔2016〕1 号）主要从经营规模和劳动力方面区分了专业大户与家庭林场的差异。

续表

地区	专业大户		林业企业		家庭林场	
	2016年	2017年	2016年	2017年	2016年	2017年
河北	458	53	380	28	-294	4
山西	451	133	246	-54	-61	-23
内蒙古	396	-14	137	105	-195	263
华北	1305	155	731	52	-557	244
辽宁	2031	-69	515	454	-413	155
吉林	104	8	423	-198	-83	-5
黑龙江	38	238	34	93	-71	10
东北	2173	177	972	349	-567	160
江苏	-337	186	3274	134	-351	3
浙江	-2053	-255	3419	-6	-2211	410
安徽	-276	60	509	634	1175	71
福建	-505	528	1872	196	-28	-684
江西	741	374	910	-346	-1545	57
山东	2203	175	5239	2068	-1390	201
华东	-227	1068	15223	2680	-4350	58
河南	142	1520	1812	153	-901	430
湖北	3416	456	147	2108	988	-442
湖南	363	1285	1638	181	-1455	203
广东	1005	187	408	351	-104	146
广西	1065	18	1635	-143	801	0
海南	2	0	112	0	-20	0
华南华中	5993	3466	5752	2650	-691	337
重庆	-159	181	435	0	-349	0
四川	9	5215	3110	-1487	-610	840
贵州	-8	1479	202	1767	-647	-19
云南	3506	163	2901	1490	90	57
西南	3348	7038	6648	1770	-1516	878
陕西	391	0	258	79	-55	15
甘肃	552	2205	-309	10	530	264
青海	43	-2	33	-2	-14	0
宁夏	-3870	6	-12	2	-13	16
新疆	340	-1253	267	-281	-227	-19
西北	-2544	956	237	-192	221	276

分省份看新型林业经营主体的数量变化情况，如图6所示。浙江省仅在2016年林业企业数量和2017年家庭林场数量增长较大，其他年份均为负增长，其中专业大户的

数量下降幅度最大，总体减少了 2308 个。福建省和贵州省的林业企业数量保持增长，但家庭林场数量逐年下降；江西省仅有 2017 年林业企业数量和 2016 年家庭林场数量下降，其他均有所增长；广东省仅在 2017 年家庭林场数量减少，其他年份均表现为增长。可以看出，五个省份在 2016 年的家庭林场数量均下降，但林业企业数量却增加，专业大户数量变化差异较大。

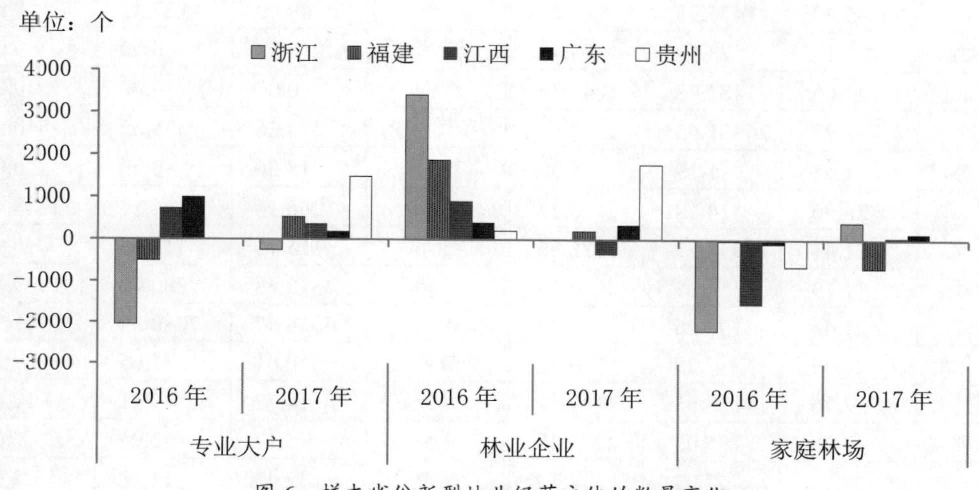

图 6　样本省份新型林业经营主体的数量变化

新型林业经营主体的林地经营面积变化情况，如表 4 所示。分区域看，2017 年专业大户、林业企业和家庭林场的经营面积在东北地区均有所增长，而在华南、华中地区均有所下降，其中，林业企业的经营面积增长最大而家庭林场的经营面积下降最大。2017 年，专业大户、林业企业的经营面积在华北地区和华东地区均有所下降，但家庭林场的经营面积增加；2017 年，专业大户和家庭林场的经营面积在西南地区和西北地区均有所增加，但林业企业的经营面积均有所下降。对比不同区域不同经营主体的林地经营面积变化看，2017 年家庭林场的经营面积明显提升，仅在华南、华中地区有所下降，林业企业的经营面积有明显下降，仅在东北地区有较大增长；专业大户的经营面积变化在不同区域间差异较大。

表4 2017年新型林业经营主体经营面积的变化情况[1]

单位：万亩

地区	专业大户	林业企业	家庭林场	地区	专业大户	林业企业	家庭林场
北京	-13.23	-28.20	0.32	河南	13.20	32.00	-61.20
天津	0.00	0.00	0.00	湖北	1.95	6.11	-506.68
河北	2.69	0.38	0.29	湖南	7.53	169.71	18.37
山西	-5.99	-1477.95	-7.28	广东	49.40	127.82	8.53
内蒙古	-25.13	23.59	48.46	广西	202.18	0.00	0.00
华北	-41.66	-1482.18	41.79	海南	0.00	0.00	0.00
辽宁	-2.97	24951.63	1377.94	华南华中	274.26	335.65	-540.98
吉林	-1.58	-1.19	-5.30	重庆	18.56	0.00	0.00
黑龙江	25.96	-14.19	0.22	四川	266.14	66.15	3768.46
东北	21.41	24936.25	1372.86	贵州	15.13	113.88	-15.94
江苏	11.79	2.65	0.46	云南	4318.63	-7260.42	131959.40
浙江	-21.46	-2102.26	-2.79	西南	4618.47	-7080.39	135711.90
安徽	-26.69	0.28	6.06	陕西	0.01	21.65	7.18
福建	-32.76	-128.55	-1183.87	甘肃	14.72	1.51	17.02
江西	-0.70	105.08	2779.43	青海	5.12	-2.95	0.00
山东	31.26	57.07	-4.55	宁夏	32.43	11.18	0.00
华东	-38.56	-2065.73	1594.73	新疆	-44.23	-136.48	-0.17
				西北	8.05	-105.09	24.03

分省份看新型林业经营主体的经营面积变化情况，如图7所示。2017年，样本省份的新型林业经营主体的经营面积大多减少，其中，浙江省、福建省和广东省在专业大户、林业企业和家庭林场三方面的经营面积均有所减少，而在江西省林业企业和家庭林场的经营面积均有所增加，贵州省专业大户和林业企业的经营面积也均有所增加。其中，经营面积减少最大的是浙江省的林业企业，减少了2102.26万亩，经营面积增长最多的是江西省的家庭林场，增加了2779.452万亩，但福建省家庭林场的经营面积减少了1183.87万亩，最早试点林改的两个省份在发展新型林业经营主体方面的差异较大。

[1] 2015年集体林权制度改革进展统计表中只有各新型林业经营主体的个数统计，未涉及经营面积情况，2016年开始才有统计，对此，只测算了2017年的变化情况。

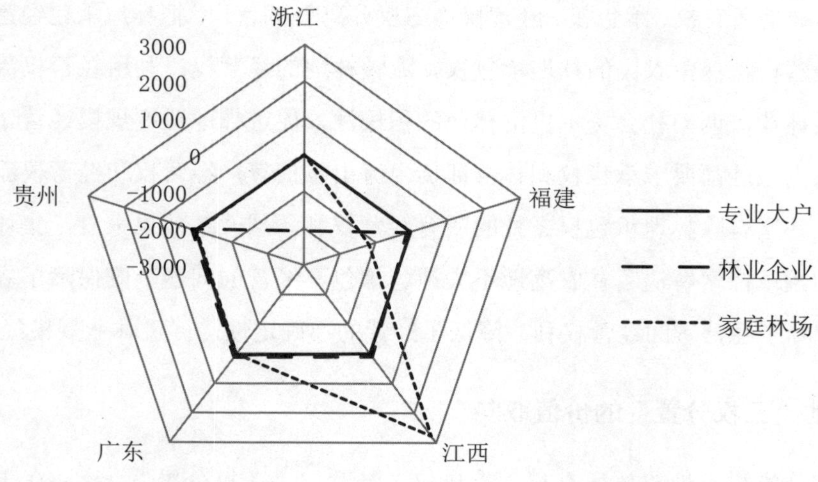

图 7　2017 年样本省份新型林业经营主体的经营面积变化

二、“三权分置”的价值取向与规模经营的形成动因

1. 集体林地“三权分置”的政策演变

坚持农村土地集体所有，实行所有权、承包权、经营权“三权分置”，是我国农村土地制度改革的基本取向，也是农村经营体制改革的又一重大创新。2014 年，《关于全面深化农村改革加快推进农业现代化的若干意见》（中发〔2014〕1 号）指出“允许承包土地的经营权向金融机构抵押融资”。同年，《关于引导农村土地经营权有序流转发展农业适度规模经营的意见》（中办发〔2014〕61 号）明确指出“规范引导农村土地经营权有序流转”，基本形成土地所有权、承包权和经营权“三权分置”的格局。到 2016 年，《关于完善农村土地所有权承包权经营权分置办法的意见》明确提出，深化农村土地制度改革，坚持农村土地集体所有，实行所有权、承包权、经营权“三权分置”，放活土地经营权，确定了“三权分置”运行的制度基础。其实，通过分析政策文本可以发现，关于土地经营权的提法更早出现在林业经营领域，2008 年《关于全面推进集体林权制度改革的意见》（中发〔2008〕10 号文件）就提出开展多种形式的林地经营权流转。集体林地“三权分置”改革试点也起步较早。从 2013 年开始，浙江省丽水市率先探索林地经营权流转证制度，将林地承包权和经营权分离。2015 年，国家林业局批复了北京市房山区等 18 个县级单

位开展集体林地所有权、承包权、经营权“三权分离”试点[1]，把林地承包经营权细分为承包权和经营权，保留农民的林地承包权、流转林地的经营权，利用经营权流转引入社会力量发展林业，调动社会资本投资林业的积极性，促进林地适度规模经营。从改革措施来看，试点地区都要求承包权和林权证仍由流出方拥有，经营权和经营权流转证由流入方拥有，并享有除林地承包权之外的所有经营权利。从改革效果来看，集体林地“三权分置”的改革探索解决了林农离地不失地、承包不经营的问题，既保障了农民的承包权益，又保障了经营者的经营权利，降低了经营的不确定性，促进林业规模经营。

2. 集体林地“三权分置”的价值取向

中央实施农村土地集体所有权、承包权、经营权“三权分置”，核心在于破除土地利用的制度性障碍，推进土地适度规模经营，是农村经济社会发展到一定阶段的必然选择，是符合供给侧改革的内在要求。在改革路径上伴有农村土地制度变迁的路径依赖特征，坚持改革中效率与公平的兼顾，不断深化农村土地制度改革。

第一，符合供给侧改革的内在要求。在应对全球生态危机和全球气候变化的进程中，在中国推进绿色发展和供给侧结构性改革的过程中，森林和木材的作用更加凸显，生态建设和林业产业发展地位更为重要。发展森林资源和林业产业受到了国际社会的鼓励和重视，中国的森林资源和林业产业更是实现了逆势增长，成为全球森林增长和林产品贸易的突出亮点。中国不仅是世界上人工林面积最大和森林资源增长最多的国家，也是世界上林业产业规模最大和林产品贸易及林业休闲服务业增长最快的国家。然而，土地细碎化一直制约林地利用效率的提高，危及中国的木材安全与生态安全。

1978 年，推行家庭联产承包责任制，实现了我国农村土地的集体所有权与农户承包经营权“两权分置”，拉开了我国农村改革的序幕。土地从“两权分置”到“三权分置”，既考虑了林业现代化发展的需要，也考虑到保护农民土地权益的需要。从林业经营效率来看，中国的人均土地细碎化问题比较严重，有近 2.7 亿农村劳动力进城务工，林业机械化应用不足，林业生产成本偏高，如何提升土地经营效率成为一个现实难题。通过农村土地的“三权分置”改革，农村劳动力的持续转移、农民土地经营意愿的不断下降，有利于促进土地经营权的流转，解决因土地细碎化而带来规模难以扩大的困局，为未来

[1] 《国家林业局关于确定集体林业综合改革试验示范区的通知》（林改发〔2015〕17 号）确定了全国集体林业综合改革 22 个试验示范区，包括浙江省龙泉市、福建省三明市、江西省赣州市、广东省蕉岭县和贵州省毕节市等。

规模经营提高生产率奠定现实基础。以推进林业供给侧结构性改革为主线，以维护国家森林生态安全为主要方向，全面推进林业现代化建设，持续改善生态状况，不断提升生态产品和林产品供给能力。

第二，顺应土地功能变迁的现实需要。中国农村土地不仅具有生产性功能，更重要的是承担着社保功能与财产性功能。历史上多次大动荡跟大量的贫困农民失地有很大关系。土地是农民的基本社保，而通过经营权的另立，既是林业产业发展的需要，更是保护农民的需要，可以防止农民失去保命的土地。大量进城的农民工买房和落户压力较大，工作稳定性差，而农村土地成了这部分劳动群体的重要社会保障。中国已有三分之一的土地发生了流转，全国2.3亿户承包土地的农民中，6600万户或多或少地流转了土地。[1]三权分置考虑了农民在经济发展不景气而面临失业的风险，即仍可返回家乡，要回土地，保证基本的生存需要（郑风田，2016）。另外，土地财产性功能的释放需要激活土地经营权。将土地所有权、承包权、经营权“三权分置”，落实到不同的权利主体当中，是对农村土地产权结构的有效调整，土地产权强度的提高能够充分发挥产权的激励作用。经营权流转实现土地规模经营以提高土地的利用效率，与之匹配的包括土地经营权抵押在内的行为能力提升，进一步促进土地作为农民的一项重要的人格化财产的功能实现。土地流转需要尊重农民的意愿，实行自愿有偿流转土地经营权，让农民成为土地适度规模经营的积极参与者和真正受益者。

“三权分置”需要根据各地基础和条件发展，确定合理的土地经营规模加以引导，对工商企业租赁农户承包地，要有严格的门槛，建立资格审查、项目审核、风险保障金制度，对准入和监管制度作出明确规定。坚持依法、自愿、有偿的原则，支持引导农户采取转包、出租、互换、入股、转让或者其他方式流转土地承包经营权，在保障农民权益的同时实现土地功能效用的最大化，鼓励土地向农村特色优势产业流转，带动土地利用向规模、集约、高效方向发展（郑风田，2016）。

第三，遵循制度变迁的路径依赖。诺思将路径依赖解释为“人们过去做出的选择决定了他们现在可能的选择”。这也就意味着“历史是重要的”，一种制度一旦形成，不管是否有效，都会在一定时期内持续存在并影响之后的制度安排。中国农村土地制度变迁带有明显的路径依赖特征。土地产权关系在所有权上实现了从地主所有到农民所有再到

[1]　资料来源：《中央农村工领小组陈锡文：全国三分之一土地已流转》，《京华时报》2016年5月23日，人民网：http://finance.people.com.cn/n1/2016/0523/c1004-28370238.html。

集体所有，在经营权上实现了从农民分散经营到集体经营再到家庭经营的巨大变革。从历次变革所确立的土地产权关系可以看出，每一阶段的土地产权制度都是对前一阶段制度的既否定又继承，具有较强的路径依赖性（覃美英、程启智，2007）。从横向路径依赖看，林地制度改革在很大程度上延续了农地制度的改革路径，家庭承包经营模式的成功示范直接推动了决策者在集体林区实施“均山到户”的制度安排。从纵向路径依赖看，无论是改革开放之初土地所有权与承包经营权的“两权分离”还是新时期土地承包经营权进一步细分下的“三权分置”，都延续了土地权能进一步明晰的路径，都是既坚持了农地集体所有的公有制性质，同时又实现了土地所有权承包权与经营权的分化落实，对当前农地产权制度既有继承又有创新，能够更好地向着产权明晰的方向发展（陈金涛、刘文君，2016）。

3. 集体林地规模经营的形成动因

集体林地规模经营主要表现在生产环节的土地要素集中上。土地要素不单纯是一项传统意义上的生产要素，不仅具有经济价值更隐含着政治机制价值。随着土地价值功能的演化，土地的“两权分离”难以满足新时期土地利益相关者的价值需要，如土地的财产性价值难以实现和保障，依附于土地流转的价值分配需要新的均衡点，基于利益诉求的土地功能演变深化了土地产权细分与利益协调，土地“三权分置”可以被认为是土地相关利益主体博弈的结果，即新的均衡。集体林地规模经营内生于利益主体对林地价值功能的诉求演变，土地流转或规模经营也不单纯是一项要素效用最大化的市场行为，还兼顾着多重利益诉求。

第一，外部动因。一是木材安全堪忧。中国第八次森林资源清查主要结果（2009～2013年）显示：中国木材需求的对外依存度已接近50%，森林资源禀赋低、立地条件差、林地产出率低，国内木材产出能力明显不足。另外，随着全球不断重视生态保护，原木出口限制的提高进一步激发了国内木材供需矛盾。尽管2015年中央一号文件提出“建立国家用材林储备制度”，但林地细碎化经营难以保障木材安全。二是对生态安全的诉求。森林生态是生态文明建设的重要内容，无论是森林碳汇的获取与交易，还是以森林公园与自然保护区为依托的生态保护，都依赖于一定的林地规模，尽管林地细碎化能够避免树种单一的经营风险而维持生态稳定，但生态保护的能力有限。三是对森林生态的社会需求。森林资源的多功能性不仅能够满足居民的观光需要，关键能缓解环境污染形成的生活压力，居民消费结构与生活方式的转变促进了森林旅游的发展，细碎化的林地利用结构难以实现森林的游憩功能，从而对林地集中与规模化经营管理提出了要求。四是政策推动。以完善家庭承包制的“均山”改革，进一步加剧了集体林地经营的细碎化程度，近年来中央一号文件都鼓励土地流转与适度规模经营，特别强调尊重农户意愿，而且地方政府为促进林权流转，成立了林权交易中心，以降低林地流转的交易费用，为集体林规模经营提供了良好的政策环境与市场环境。

第二，内部动因。首先，集体林规模经营内在激励的一般认识。土地经营对规模的要求在于规模报酬或规模经济的内在驱使，由于投入要素的不可分性与一定规模下最低成本的存在，促使要素聚集，然而，要素的规模报酬递减规律限制了规模的扩大，专业化发展与分工深化能够降低规模扩大带来的效益损失，但分工本身与规模又相互制约。根据亚当・斯密对分工与规模关系的辩证，规模效益实际上是分工经济，是由分工带来的效益提升，只是以规模扩大的表象得以体现显得更直观。另外，如果家庭承包制是农地制度改革在集体林权领域的延伸，那么，适度规模经营的倡导也就存在政策推进下的路径依赖。其次，不同主体下集体林规模经营激励的差别化。在新一轮集体林权制度改革过程中，包括地方政府、村干部、农户、林业经营大户与林业企业等利益相关者的利益诉求差异明显（姚顺波、郭志勤，2011）。不同利益主体的力量对比影响着集体林规模经营的发展与方向，如表5所示。一是地方政府。在土地要素逐渐稀缺与价值显著提升的时代背景下，土地成为影响地区经济发展的关键要素，强化了地方政府对土地利用的管制意愿，维持集体林统一经营与管理有利于政府目标的实现，这在城镇化水平较高的地区如广东与浙江显得尤为突出。二是村干部。细碎化经营加大了村干部对集体林地的确权成本，而且权利依赖会强化村干部对集体林的管理控制，特别是在林地价值不断提升的市场条件下，以“分股不分山”等形式维持集体林的统一经营不仅能高效完成行政任务，关键还有利于获取经济收益。三是普通农户。中国土地被赋予了多重而又特殊的功能，农户对土地权利具有强烈而又独特的诉求，尽管土地的人格化在很大程度上限制了土地集中与规模经营，然而，区别于农地，农户的林业依赖程度普遍较低，林业生产的高风险性与对生产行为能力的高要求，权能不匹配导致经营行为的低效率激发了农户通过流转或合作的方式以走向规模化经营的意愿。四是林业经营大户与林业企业。林业经营大户与林业企业存在追求投资收益最大化的内在驱使，难以承受与分散农户合作的高交易费用，集体林地的细碎化经营不利于要素整合。

总体上，集体林规模经营的发展方向主要取决于三个方面的力量的对比：木材与生态的市场需求、林业生产的社会分工、农村的社会分层。农户间的合作与村集体流转形成的规模经营成为集体林地规模化的主要路径。那么，合作或流转又是如何实现的？集体林地经营规模如何决定？

表 5 集体林规模经营的形成动因

外部动因	利益主体	内部动因
木材安全 生态安全	中央政府 地方政府	经济增长转型 路径依赖
行政任务	村干部	执行成本 权利依赖
政策红利 林产品的市场需求 森林旅游的社会需求	普通农户	权能不匹配
	经营大户 林业企业	投资收益最大化 交易费用最小化

第三，集体林地规模化经营的路径。首先，集体林规模经营的树种与林种依赖。集体林经营内容的选择在很大程度上决定了规模发展的取向。一方面，经营周期短的集体林规模发展突显合作。集体林经营周期较短，生产与销售过程的交易费用较高，农户集体林地转出意愿低，合作成为扩大规模的关键选择，集体林规模化经营也表现出多种组织形式，包括联户经营、林业合作组织。另一方面，经营周期长的集体林规模发展更倾向于流转。一是大户或公司经营。由于长周期的林业经营对行为主体的生产能力要求较高，同时为规避与农户合作产生潜在风险，通过农户或村集体的林地流转走向规模经营，特别是在采伐管制较强的地区更容易形成大户与公司经营。二是家庭林场。以获取规模效益又避免农户利益受损的规模推动，会驱使大户经营发展成为家庭林场。

其次，规模差别化的逻辑：内生性视角。规模效益表现在土地、资金与劳动力使用的规模效率上，土地规模的适度提高，可以提高资本与劳动力的使用效率，进而提高土地的平均产出水平。假设林业生产函数为：

$$Y=F(X) \tag{1}$$

式（1）中，Y 表示产出，X 表示投入要素，在不考虑技术进步情况下，林业生产要素 X 的投入与产出 Y 之间的关系如图 8 所示。图中 AY 表示平均产出水平曲线，AE 表示边际产出曲线，所有要素投入的边际产出与平均产出均呈现先上升后下降的趋势，即满足规模报酬递减规律，可以看出，当要素投入规模达到 B 点时，平均产出水平最高；不考虑技术进步，假设资本和劳动力投入不变，林地经营规模大小的选择依赖于现有生产位置，如处于 B 点左右。可以通过提高和降低经营规模来实现总产出最高，而 B 点位置的决定取决于生产特征，包括资本、劳动力、技术水平和林地资源禀赋等，规模的适度具有内生性，不同地区、不同树种的规模选择具有差异。当林权抵押贷款可获得性高、劳动力成本低、立地条件较好，在种植同一树种下，最大平均产出的经营规模相对较大，即 B 点向右移动，相反会向左移动。而林业生产的环境特征又依赖于地区经济发展，集体林经营规模的选择在一定环境约束下难以实现最优，而只是一项次优决策。环境特征不仅塑造了差异性的经营规模选择，也促使形成包括集体经营、大户经营、林业合作组织等多种规模经营形式的局面。对此，值得注意的是，集体林规模经营强调一定要素投入下的最大产出，以及一定环境特征下的经营规模。

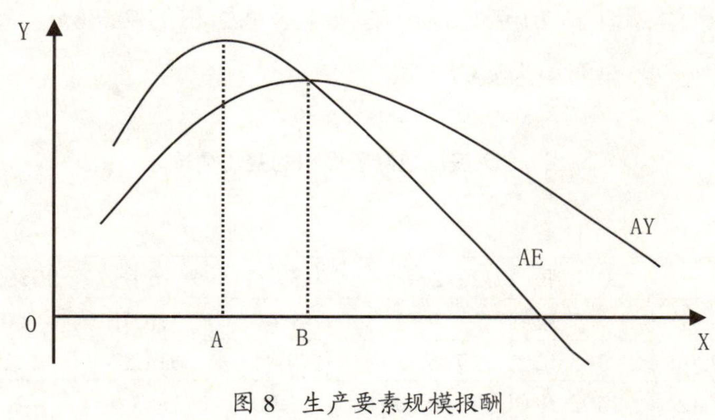

图 8　生产要素规模报酬

三、“三权分置”与集体林地流转的发展态势

1. 不同承包经营方式下的林地面积

《关于全面推进集体林权制度改革的意见》（中发〔2008〕10 号）指出，明晰产权是林改的一项重要内容。2016 年《关于完善集体林权制度的意见》（国办发〔2016〕83 号）仍强调进一步明晰产权，可见“确权”一直是集体林权制度改革的主要任务，新一轮集体林权制度改革促进了林业产权的明晰与细分，包括两方面：以“分山”的形式确权到户和以“分股分利”的形式确权到户。前者由家庭承包，后者维持集体统一经营，即集体林“分”与“合”并存。这也就意味着集体林地转出的主体包括农户和村集体，根据政策文本的分析可以发现，集体林地转入的主体多元，包括专业户、林业合作组织、工商资本、家庭林场等，对于新型林业经营主体的发展情况，即从转入主体的视角了解林地流转和规模经营情况前文已作分析，对此，进一步从转出主体的视角反映林地流转情况，基于家庭承包经营面积和集体统一经营面积的变化来分析。根据国家林业局《集体

林权制度改革进展统计表》指标体系，已确权集体林地面积的分类包括自留山、“均山到户”、联户承包、大户承包、集体股份制经营、集体统一经营、其他承包形式。这几项指标从2009年到2013年有完整统计，2014年统计缺失，2015年及其以后关于已确权的集体林地面积统计分为家庭承包、集体统一经营和其他，其中指明家庭承包经营包括联户承包，对此，考虑到统计指标的连续性，本研究仅对家庭承包经营和集体统一经营部分进行统计对比，其中家庭承包包括“均山到户”、联户承包、大户承包。剔除数据不全的省份，只保留统计数据完整的省份[1]，对比不同地区两方面确权面积的变化情况。截至2016年，我国共有集体林地28.14亿亩，除上海和西藏外，其余29个省（市、自治区）共确权集体林地26.70亿亩，占集体林地总面积的94.88%，家庭承包面积为15.41亿亩，集体统一经营面积为4.97亿亩。

表6 家庭承包经营面积的变化情况

单位：万亩

地区	2010年	2011年	2012年	2013年	2015年	2016年	2017年
天津	10.92	7.32	9.62	-9.62	10.01	0.00	0.00
河北	1199.56	365.42	736.58	79.84	634.52	-551.65	36.89
山西	4636.42	1402.78	0.00	3.00	165.00	-448.42	-45.75
内蒙古	1568.38	16887.42	295.02	-1.02	-383.89	-1318.64	0.00
华北	7415.29	18662.94	1041.22	72.20	425.64	-2318.71	-8.86
辽宁	239.79	0.00	0.00	-0.01	-92.08	-1048.49	241.31
吉林	1139.78	-353.48	127.67	-56.28	1128.48	-1307.40	43.97
黑龙江	576.85	-15.60	0.00	29.40	453.38	-61.70	-64.71
东北	1956.42	-369.08	127.67	-26.89	1489.79	-2417.59	220.57
浙江	1232.70	0.00	-430.00	50.49	538.24	-2238.59	78.13
安徽	-329.44	-495.06	-0.01	517.83	1125.85	-1226.40	0.00
福建	2154.35	-173.30	1430.42	314.47	-1823.88	-1284.15	0.00
江西	-234.43	0.00	460.00	0.00	2464.00	-2672.00	-559.09
山东	973.27	-607.12	229.80	24.89	36.03	-75.50	-33.22
华东	3796.44	-1275.48	1690.22	907.68	2340.24	-7496.64	-514.19
河南	757.20	75.75	212.16	156.20	1334.39	-1202.55	0.00
湖北	1371.11	-1098.02	9.44	1.27	5328.20	-1264.75	-225.65

[1] 由于需要反映不同承包方式下的集体林地面积变化，缺失某一年份的数据都会导致前后当年和后一年份数据的缺失。2014年的数据整体缺失，表中2015年的数据=2015年家庭承包累积面积—2013年家庭承包累积面积，表中2015年的数据=2015年集体统一经营的累积面积—2013年集体统一经营的累积面积。

续表

地区	2010 年	2011 年	2012 年	2013 年	2015 年	2016 年	2017 年
湖南	4948.98	-457.05	-11.50	35.04	2626.23	-1393.53	-102.57
广东	2570.50	-833.12	6.60	-182.63	2414.96	-2151.62	0.00
海南	401.30	0.00	9.70	0.00	182.52	-86.38	0.00
华南华中	10049.09	-2312.44	226.40	9.88	11886.31	-6098.83	-328.22
重庆	817.90	0.00	9.52	7.07	1037.81	706.60	0.00
四川	1401.69	132.40	239.71	576.40	5206.15	-4231.89	34.48
贵州	2407.77	-239.98	-60.60	0.00	1647.12	-2858.68	791.38
云南	2084.13	160.90	0.00	19.22	7901.11	-6437.30	0.00
西南	6711.49	53.32	188.63	602.69	15792.19	-12821.30	825.86
陕西	8487.57	0.00	0.00	5.00	2352.00	-3407.00	0.00
甘肃	4103.68	809.81	0.00	0.00	-29.28	0.00	0.00
青海	827.88	958.23	316.58	3.84	-15.52	0.00	0.00
西北	13419.13	1768.04	316.58	8.84	2307.20	-3407.00	0.00
总计	43347.86	16527.30	3590.72	1574.41	34241.36	-34560.00	195.17

第一，家庭承包经营的集体林地面积增幅下降，如表 6 所示。总体上，集体林地中家庭承包经营的面积总量呈上升趋势，其中 2010 年增长最快，为 43347.86 万亩，但 2016 年下降了 34560 万亩[1]，这与林改推进力度有关。改革之初确权空间大，增量就大。分区域看，不同区域家庭承包经营面积均在林改之初的年份增长较大，而后递减，到 2015 年又大幅增长，而后呈负增长，其中，东北、华东和华南、华中地区的起伏较大，有三个年份出现了负增长。不同区域均在 2016 年出现大幅度的下降，其中下降幅度最大的是西南地区，家庭承包经营面积减少了 12821.3 万亩，其次是华东地区，减少了 7496.64 万亩，但增长最快的是华北地区，2011 年增加了 18662.94 万亩，其次是西南地区，2015 年增加了 15792.19 万亩。综合 2010～2017 年家庭承包经营面积增长量看，华北地区增长最高，为 25289.72 万亩，只有华东地区表现下降，减少了 551.729 万亩。

另外，样本省份的家庭承包经营面积增幅也有所下降且波动较大，如图 9 所示。五个省份均在 2016 年出现下降，其中下降幅度最大的是贵州省，减少了 2858.68 万亩，下降幅度最小的是福建省，减少了 1284.15 万亩，但福建省分别在 2011 年、2015 年、2016 年和 2017 年出现了下降，而江西省也在 2010 年、2016 年和 2017 年出现了下降，

[1]　集体林权制度改革进展统计数据显示 2015 年自愿退出承包权的农户数为 62556 户，但仅在 2015 年显示了该统计指标，2016 年家庭承包经营面积的显著下降可能与之有关。

且 2011 年和 2013 年增长为 0。可以看出，早期林改试点省份的家庭承包经营面积并没有呈现明显的增长，综合 2010～2017 年的增长量看，江西省减少了 541.52 万亩，福建省也仅增长了 617.91 万亩，远低于贵州省的 1687.009 万亩；沿海地区的浙江省和广东省却表现相反，家庭承包经营面积增长最高的是广东省[1]，为 1824.695 万亩，而下降幅度最小的是浙江省，减少了 769.042 万亩。

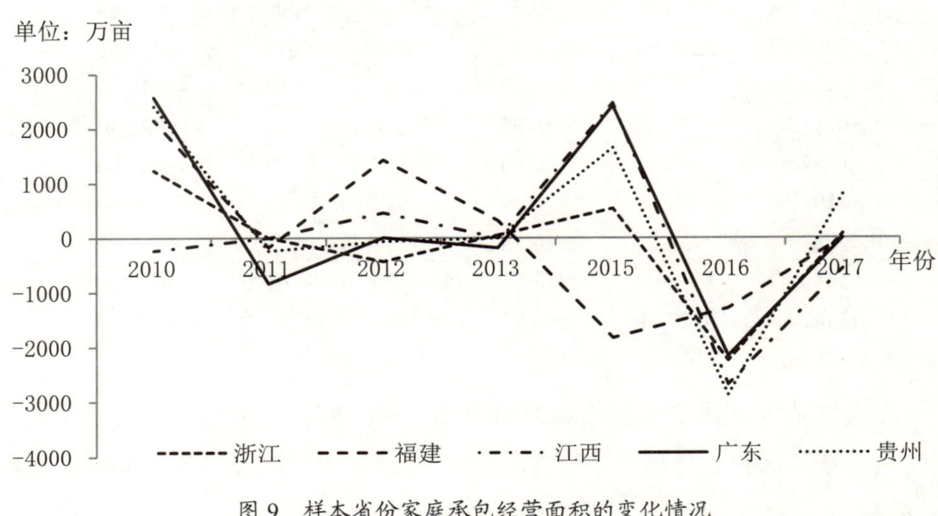

图 9　样本省份家庭承包经营面积的变化情况

第二，集体统一经营的集体林地面积增幅呈先下降后上升的趋势，如表 7 所示。总体上，林改推行“分山到户”，即要求原来有集体统一经营的山林承包到户，林改初期集体统一经营的集体林地面积均为负增长，下降幅度最高的是 2011 年的 1716.31 万亩，但不是所有地区都适合“分山到户”，沿海地区如广东延续了集体统一经营，实行“分股不分山、分利不分林”的改革方式，到 2013 年后集体统一经营的林地面积开始增长，但增长呈递减趋势，增长幅度最大的是 2015 年的 10364.05 万亩。分区域看，集体统一经营的林地面积在东北地区的增幅较小，但不断增加，而其他区域均有负增长的情况，其中，西南地区在 2010 年、2012 年、2013 年和 2017 年表现为负增长，下降幅度最高的是 2010 年，减少了 2104.26 万亩。综合 2010～2017 年的增长量看，西南地区的增幅最高，增加了 7472.36 万亩，其次是华东地区，增加了 4137.567 万亩，仅华北地区呈下降趋势，减少了 760.555 万亩。

[1] 2017 年广东省的数据缺失，综合数据不包括 2017 年。

表 7　集体统一经营面积的变化情况 [1]

单位：万亩

地区	2010年	2011年	2012年	2013年	2015年	2016年	2017年
天津	-3.00	0.02	8.24	-8.24	8.24	0.00	0.00
河北	-568.07	-78.03	-487.50	-339.22	22.20	-2.48	50.25
山西	41.74	247.27	0.00	0.00	223.03	50.58	74.41
华北	-529.33	169.26	-479.26	-347.46	253.47	48.10	124.66
辽宁	13.50	0.00	0.00	0.00	-87.35	40.73	230.45
吉林	65.70	62.01	43.79	32.51	31.49	-6.41	27.31
黑龙江	-34.80	145.50	-0.90	-6.30	87.91	6.65	-1.29
东北	44.40	207.51	42.89	26.21	32.05	40.97	256.47
浙江	-732.00	0.00	0.00	139.69	637.66	142.14	231.47
安徽	70.56	-30.27	0.00	-16.80	141.76	165.14	0.00
福建	1398.03	-1535.13	-11.24	-7.75	1780.49	781.80	0.00
山东	-50.29	414.65	47.29	0.00	321.34	234.27	14.76
华东	686.31	-1150.75	36.06	115.14	2881.24	1323.35	246.23
河南	-12.71	-209.19	-5.00	0.00	[illegible]75.15	-178.52	0.00
湖北	183.58	94.46	2.35	0.00	846.58	212.38	1.66
湖南	974.12	-580.38	110.53	0.33	23.95	215.74	359.44
华南华中	1145.00	-695.11	107.88	0.33	1345.67	249.60	361.10
重庆	195.80	0.00	0.20	0.00	-4.18	31.53	0.00
四川	-54.79	0.00	-5.75	-11.47	1283.89	4355.14	-874.42
云南	-2245.27	238.62	0.00	-2.29	4565.35	0.00	0.00
西南	-2104.26	238.62	-5.55	-13.76	5845.06	4386.67	-874.42
甘肃	69.49	15.97	0.00	0.00	0.02	0.00	0.00
青海	530.41	-501.81	14.74	0.00	6.54	0.00	0.00
西北	599.90	-485.84	14.74	0.00	6.56	0.00	0.00
总计	-157.98	-1716.31	-283.25	-219.54	10364.05	6048.69	114.03

对比已确权集体林地中家庭承包与集体统一经营的林地面积看，两者均表现出一定程度的消长关系，林改之初家庭承包林地面积增长较快而集体统一经营的林地面积下降明显；两者的变化在华北地区和华东地区也呈反向关系，但在东北、华南、华中、西南和西北地区两者呈增长趋势，对比具体年份上会有反向关系 [2]。

[1]　表格中的空缺表示原统计表中对相关数据缺失（下同）。

[2]　样本省份的数据缺失严重，未作进一步的对比分析。

2. 集体林地流转的发展情况

第一，集体林地流转面积占比呈先上升后下降的趋势，如表 8 所示。总体上，累积集体林地流转面积占累积已确权林地面积的比重呈先上升后下降的趋势，到 2015 年达到最高，为 10.67%。分区域看，集体林地流转面积占已确权林地面积的比重，华南、华中区域呈持续增长趋势，到 2016 年达到 15.55%，其他区域均呈现先增长后下降的“倒 U”型趋势，其中，东北地区的平均水平相对较高，2010～2017 年均保持在 12% 以上，到 2016 年达到最高，为 19.75%；华北地区的平均水平相对较低，均未超过 3%，到 2015 年达到最高，为 2.48%；西北地区的平均水平也较低，多数年份在 6% 以下，到 2015 年达到最高，为 14.44%；华南、华中地区保持在 10% 以上，呈递增趋势，华东地区多数年份也保持在 10% 以上。由此可以看出，东部和中部地区的集体林地流转市场相对于西部地区更活跃，各区域集体林地流转面积占已确权林地面积的比重均在 2015 年或 2016 年达到最大值，这可能与政策激励以及林权流转市场的不断发展相关。

表 8 集体林地流转面积占确权面积的比例（%）

地区	2009年	2010年	2011年	2012年	2013年	2014年	2015年	2016年	2017年
河北	1.05	2.38	3.56	3.62	4.48	6.22	6.54	6.76	7.29
山西		0.12		0.2	0.43	0.41	0.49	0.55	0.39
内蒙古	0.71	2.7	1.62	1.59	1.65	1.83	1.97	1.77	1.29
华北		2.1		1.7	1.93	2.32	2.48	2.41	2.16
辽宁	13.67	13.84	12.51	13.02	13.07	12.99	16.67	16.81	13.08
吉林	6.5	8.4	15.16	14.82	15.87	17.97	17.99	21.83	11.21
黑龙江		14.48	7.39	7.39	7.67	21.82	27.33	28.59	13.67
东北		12.5	12.51	12.73	13.05	15.5	18.51	19.75	12.66
江苏	1.81	3.11	3.18	4.33	1.09	3.87	4.06	6.94	1.69
浙江	2.58	14.26	14.64	15.41	15.73	7.12	8.53	6.37	7.22
安徽	8.01	8.82	8.14	11.38	14.24	10.03	16.54	17.58	12.97
福建	5.66	5.87	7.72	8.3	8.59	8.83	14.53	14.43	15.33
江西	2.78	5.41	7.38	8.8	9.94	11.46	14.94	18.97	19.21
山东	10.25	2.32	1.91	2.61	2.93	3.71	6.23	10.55	11.49
华东	4.51	7.41	8.4	9.58	10.27	8.8	12.56	14.18	13.95
河南	6.67	7.07	6.36	7.09	9.6	10.39	10.39	11.9	12.25

续表

地区	2009年	2010年	2011年	2012年	2013年	2014年	2015年	2016年	2017年
湖北	2.29	7.88	10.86	10.97	14.98	16.78	16.83	17.43	17.74
湖南	2.3	3.27	4.84	6	6.57	7.56	7.84	8.38	8.6
广东	29.82	12.31	12.53	13.91	14	14.7	13.9	12.82	11.36
广西			14.09	20.34	20.84	20.97	23.5	24.63	26.11
海南	4.1	7.55	9.17	9.15	9.16	4.73	4.74	4.7	4.71
华南、华中			10.13	12.51	13.71	14.43	15.06	15.55	15.82
重庆	0.4	14.27	7.34	9.28	9.8	9.49	15.08	9.99	10.27
四川	4.09	3.57	5.13	6.7	11.53	11.69	12.07	11.05	8.13
贵州		0.35	1.48	1.92	2.59	3	3.18	1.45	1.87
云南		0.93	3.3	3.57	3.91	5.16	5.56	6.11	6.04
西南		2.69	3.75	4.56	6.17	6.83	7.66	6.86	6.16
陕西		0.27	1.44	1.83	2.48	3.45	19.64	5.27	5.27
甘肃		0.63	0.57	2.69	4.67	5.96	6.9	7.58	
宁夏			0.04	0.24	10.35	1.11	1.39	1.48	1.68
新疆	0.87	54.69	0.13	0.51	0.55	1.1	1.06	1.94	
西北			1.11	1.87	3.4	3.78	14.44	5.41	
合计				7.24	8.25	8.56	10.67	10.15	

第二，样本地区集体林地流转面积占比差异较大。样本省份的累积集体林地流转面积占累积已确权林地面积的比例差异较大，如图 10 所示。其中，2009 年贵州省的数据缺失。福建省和江西省保持增长趋势，到 2017 年分别达到 15.33% 和 19.21%，明显高于其他省份。广东省呈先下降后增长然后再下降的变动趋势，从 2009 年的 29.82% 下降到 2017 年的 11.36%。浙江省的波动也较为明显，从 2009 年的 2.58% 逐渐增长到 2013 年的 15.73%，然后下降与增长交替变化，到 2017 年为 7.22%。贵州省处于最低水平，均未超过 4%，从 2010 年的 0.35% 逐渐增长到 2015 年的 3.18%，然后下降。由此可以看出，林改试点省份的林地流转相对较为活跃，包括林权流转、林权抵押和森林资产评估等配套措施试验较早，为集体林地流转奠定了相对规范和完善的制度基础。沿海地区集体林地流转面积占已确权林地面积的比例呈下降趋势可能与维持集体统一经营的改革措施相关，家庭承包经营流转面积的比例也就相对较小。

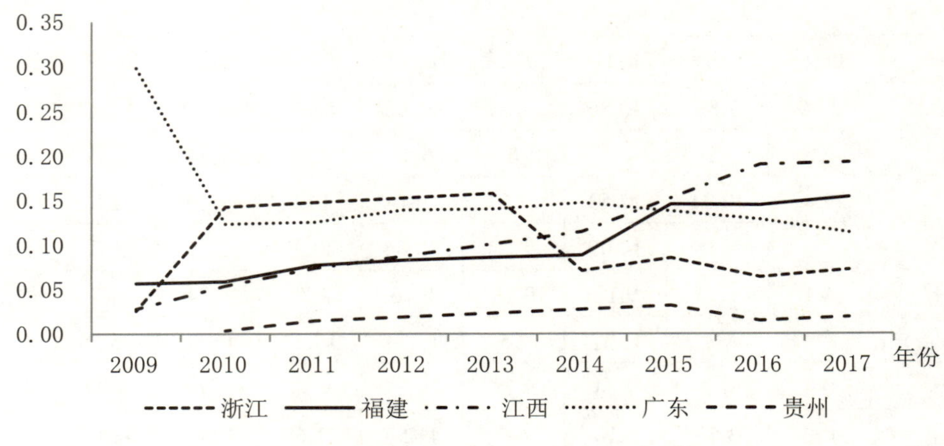

图 10 样本省份集体林地流转面积占确权面积的比例

第三，农户承包集体林地的经营权流转面积下降，而维持集体经营的林地流转面积在增加。集体林地大体上可以分为“分山到户”后由农户承包经营的部分和“分股不分山”仍由集体统一经营的部分，其他经营形式均由这两方面发展而来，通过这两方面的变化来反映集体林地流转情况，如表 9 所示，总体上可以分为由农户承包的林地流转部分和集体经营的林地流转部分。统计数据显示，总体上，2017 年农户承包林地的流转面积比 2016 年减少了 196.79 万亩，而集体经营部分的流转面积则增加了 33.62 万亩。分区域看，农户承包林地的流转面积在不同区域均有一定程度的减少，其中，华东区域减少幅度最大，为 54.88 万亩，华南、华中地区的减少幅度最小，为 12.96 万亩；集体经营部分的流转面积在华东地区增长明显，增加了 68.86 万亩，但在其他地区均出现了一定程度的下降，其中东北地区减少幅度最大，为 10.58 万亩。表明农户林地流转的积极性明显下降，而集体流转林地的积极性有所提高，但幅度较小。

从样本省份看不同林地主体的流转面积差异较大，如图 11 所示。家庭承包林地流转中江西省的流转面积最大，为 64.6328 万亩；浙江省的流转面积最小，为 13.0408 万亩；但广东省的流转面积超过了福建省，为 45.5694 万亩。然而，集体经营部分的林地流转中广东省的流转面积最大，为 115.9036 万亩；明显高于其他省份，浙江省的流转面积高于江西省和福建省，但低于贵州省。由此可以看出，推行“分山到户”的地区，家庭承包经营林地中参与流转的林地面积相对较大，而维持集体统一经营的地区，集体流转的林地面积相对较大。

表 9　不同林地主体下的流转面积变化情况

单位：万亩

地区	农户承包林地的经营权流转面积		集体经营的经营权流转面积	
	2016年	2017年	2016年	2017年
河北	17.27	19.78	1.01	1.25
山西	7.29	0.88	2.11	0.12
内蒙古	31.17	13.69	1.88	1.61
华北	55.73	34.35	5.00	2.98
辽宁	9.30	22.43	1.60	4.90
吉林	94.46	55.30	11.83	4.19
黑龙江	5.43	4.25	6.54	0.30
东北	109.19	81.98	19.97	9.39
江苏	2.10	2.23	3.72	3.05
浙江	13.04	13.64	13.18	42.76
安徽	60.10	44.11	9.20	7.70
福建	38.46	43.45	12.22	9.80
江西	64.63	19.16	5.39	23.05
山东	39.23	40.10	4.67	31.88
华东	217.56	162.69	48.38	118.24
河南	67.70	21.60	34.30	2.70
湖北	29.25	21.32	8.90	12.92
湖南	55.48	37.90	28.78	10.86
广东	45.57	49.40	115.90	142.25
广西	78.83	135.00	145.46	160.22
海南	1.37	0.02	0.08	0.08
华南、华中	278.20	265.24	333.42	329.03
重庆	33.02	31.01	15.66	7.77
四川	51.57	35.57	29.52	17.32
贵州	39.52	52.47	76.79	80.76
云南	93.07	47.27	27.76	24.78
西南	217.18	166.32	149.73	130.63
陕西	167.80	143.34	27.50	27.47
青海	0.56	0.01	0.01	0.00
宁夏	9.66	5.18	0.41	0.30
西北	178.02	148.53	27.92	27.77
总计	1055.89	859.10	584.42	618.04

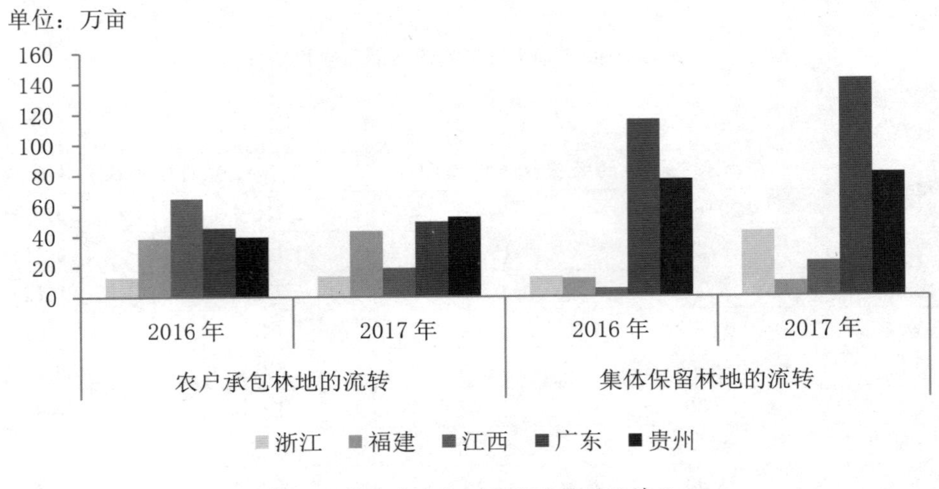

图 11 按林地主体划分林地流转的情况

3. 转出林地的农户量与场内交易

第一，转出承包林地的农户量下降。一般而言，土地流转的转入方总是存在的，只要有农户愿意转出林地，林地流转的交易通常就能实现，林地流转在很大程度上取决于转出林地方，关键在农户是否愿意转出林地。从已有的统计数据看（见表 10），2014 年转出林地的农户量明显高于 2016 年和 2017 年，2015 年的统计表中没有该项统计指标。分区域看，除了东北地区外，转出林地的农户量在其他地区均呈明显下降趋势，其中华东、华南、华中和西南地区的下降趋势比较明显，但转出林地的农户量仍明显高于其他地区。转出林地的农户量在华北地区和东北地区均未超过 100 万户，西北地区最低，2014 年和 2016 年转出林地的农户量分别为 17.7718 万户和 5.6258 万户。分省份看，样本省份中仅有江西省转出林地的农户量有所增加，从 2014 年的 55.03 万户增加到 2017 年的 67.4548 万户，其他省份均有所下降，其中，浙江省转出林地的农户量下降幅度最大，从 2014 年的 422.0102 万户减少到 2017 年的 4.494 万户，广东省从 2014 年的 22.35 万户下降到 2016 年的 2.2652 万户。由此可以看出，农户参与集体林地流转的积极性不断减弱，转出林地的意愿逐渐下降，在南方集体林区尤为明显。

第二，场内交易有所增加。通过林权交易中心实现的林地流转称为场内交易，农户私下交易称为场外交易。总体上，通过林权交易中心流转的林地面积占已确权林地面积的比重较低，远低于林地流转总面积占已确权林地面积的比例，但在 2010 年到 2014 年间逐渐增加，分别为 1.01%、1.78%、2.24%、2.55% 和 2.9%，农户更倾向于选择场外交易。从样本省份通过林权交易中心流转的林地面积看[1]，如图 12 所示。福建、江西、广东呈增长趋势，但增长的幅度较小，其中江西省的流转面积明显较高，到 2014 年达到了 896.9 万亩。浙江省和贵州省均呈先增长后下降的变动趋势，其中，浙江省到 2013 年达到最大，为 350 万亩，贵州省流转的面积最低，从 2010 年的 7.1905 万亩逐渐增加到 2013 年的 90.32 万亩。总体上，随着林权交易制度的不断完善，选择场内交易的量表现出了增长趋势，农户通过林权交易中心流转林地的积极性提高。

表 10　流转出承包林地的农户数

单位：万户

地区	2014年	2016年	2017年	地区	2014年	2016年	2017年
河北	58.66	9.11	9.35	湖北	186.20	11.68	9.41
山西	0.39	0.12	0.07	湖南	103.21	87.05	83.98
内蒙古	4.75	6.14	1.00	广东	22.35	2.27	7.60
华北	63.80	15.37	10.42	广西	108.37	8.83	8.83
辽宁	4.25	0.15	5.83	海南	12.08	2.50	2.51
吉林	16.00	2.50	2.53	华南、华中	439.92	127.35	127.38
黑龙江	72.14	0.85	1.08	四川		48.12	41.09
东北	92.39	3.51	9.44	贵州	257.07	1.94	2.04
江苏	1.98	2.36	2.28	云南	426.33	13.86	13.11
浙江	422.01	3.30	4.49	西南	683.40	63.92	56.24
安徽	81.91	21.51	21.88	陕西	12.35	4.91	6.06
福建	27.21	3.58	3.68	青海	0.18	0.15	0.32
江西	55.03	67.45	67.45	宁夏	1.63	0.52	0.59
山东	10.97	59.77	45.66	新疆	3.61	0.05	
华东	599.11	157.97	145.45	西北	17.77	5.63	
河南	7.71	15.02	15.06				

[1] 《集体林权制度改革进展统计表》中关于场内交易统计数据的时间跨度从 2010 年到 2014 年，2014 年后未再有统计，其中，广东和福建缺 2010 年的数据。

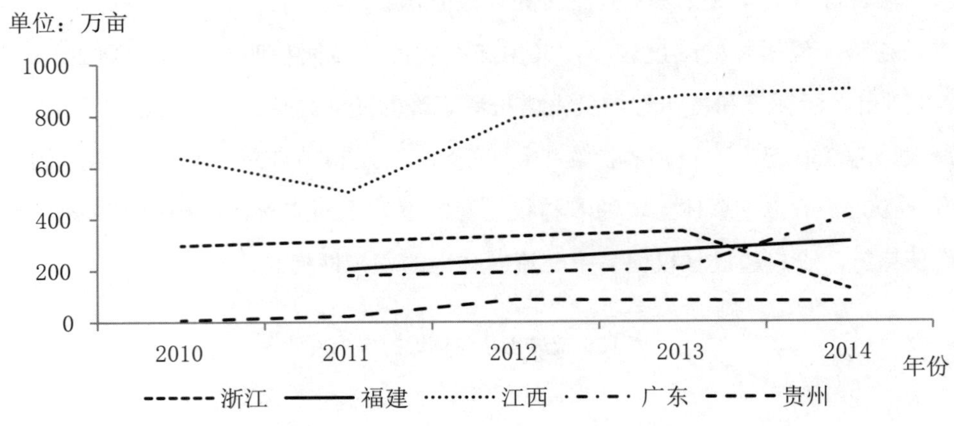

图 12 样本省份林权交易机构中林地流转面积

4. 集体林地的流转方式

第一，转让和出租是林地流转的主要方式。《关于全面推进集体林权制度改革的意见》（中发〔2008〕10 号）指出林地承包经营权可以通过转包、出租、转让、入股、抵押等方式进行流转。《集体林权制度改革进展统计表》中关于林地流转方式的统计指标包括转让、出租、入股和抵押，前三项统计的时间范围只从 2011 年到 2014 年，但抵押未列在林地流转方式的类别下，而是划到林业金融范畴进行统计，在此不作抵押方式的流转统计分析。总体上，通过转让和出租方式流转的林地面积占了较大比重，保持在 80% 左右，成为林地流转的主要方式，而通过入股方式实现林地流转的面积比重较小，保持在 10% 左右。三种流转方式下的林地面积占总林地流转面积的比重比较平稳，表明农户更愿意选择以获取租金形式的出租或转让，尽可能获取现期收益，这可能与股份制合作经营方式的完善程度相关，同时也反映了农户的风险规避心理，入股方式获得股份分红存在不稳定性，收益风险相对固定租金较高。另外，还与农户转出林地的动机相关。《2015 年集体林权制度改革监测报告》显示，林地流转也以转让和出租方式为主，农户流转林地的首要原因是获取租金收入，如果选择以入股方式流转，也就意味着农户接受获取收益的不确定性，但这不符合农户流转林地的初衷。分区域看，以转让和出租方式实现的林地流转面积占比也相对较高。东北地区、华东地区和西南地区的转让占比较高，其中，东北地区最高，均保持在 60% 以上；西北地区的转让占比最低，但呈增长趋势。华南、华中地区、西南地区和西北地区的出租占比较高，其中，华南、华中地区最高，均保持在 50% 以上；东北地区的出租占比最低，均在 15% 以下，但也呈增长趋势。以入股方式实现的林地流转面积占比均较低，其中，华南、华中地区相对较高，均在 14% 以上，华东地区的入股占比也不高，均未超过 10%。一般认为，沿海地区农户家庭收入中农业收入占比较低，对林业的依赖程度也较低，林业资产折现的意愿也就较低，从而更可能选择入股方式的林地流转以获取未来增长收益，然而华东地区的入股占比并不高，这可能与林地转入方为避免农户违约风险有关，当遭遇风险而损失经营收益时，转出林地的农户不能获取收益而可能选择违约，而固定租金形式则规避了该风险。另外，转入方可能更倾向于通过规模经营获取未来林地增值收益，而不选择与农户分红。

表 11　不同流转方式下林地面积的占比情况

地区	转让占比（%）				入股占比（%）			出租占比（%）			
	2011年	2012年	2013年	2014年	2011年	2012年	2013年	2011年	2012年	2013年	2014年
河北	20.08	19.61	16.99	42.08	24.21	25.52	25.71	30.92	30.72	35.55	21.56
山西		85.19	58.7	25.51					14.81	26.97	74.16
内蒙古	61.47	61.33	63.08	11.49		0.04	0.04	24.99	25.32	21.27	77.77
华北	46.37	46.75	44.77	52.37	8.83	9.23	10.15	27.15	27.07	27.1	25.67
辽宁	71.41	70.63	70.73	9.1	1.25	1.21	1.2	12.28	11.88	11.83	71.13
吉林	95.9	89.42	87.91	20.78	2.12	0.16	0.15	0.91	6.43	11.58	66.72
黑龙江	35.7	35.7	38.36	11.52	2.65	2.65	2.52	20.02	20.02	19.06	39.53
东北	76.34	73.57	73.54	63.62	1.64	1	0.98	9.29	10.87	12.33	13.06
江苏			29.33	68.32	2.82	10.41	5.1	97.18	89.59	49.01	11.95
浙江		66.09	66.1	38.63		12.01	11.77		14.99	15.36	43.13
安徽	43.9	38.86	32.63	29.86	14.12	14.16	12.43	37.82	28.3	28.23	44.06
福建	71.81	71.82	71.89	14.35	2.32	2.42	2.34	14.09	14.17	14.58	72.26
江西	62.73	74.67	74.87	17.85	4.8	3.31	3.23	28.82	19.48	19.03	70.46
山东	6.11	14.2	20.43	60.58		0.28	0.41	34.9	44.92	42.7	20.77
华东	38.51	63.67	63.47	60.51	3.38	7.46	7.03	16.92	19.77	19.04	24.05
河南		14.72	20.09	51.16		4.59	7.21	100	71.01	64.85	20.43
湖北	38.82	45.36	51.26	32.52	6.87	7.36	8.55	28.1	31.82	28.49	49.58
湖南	30.03	32.24	30.28	50.36	6.65	6.46	6.54	55.21	49.65	50.64	30.51
广东	14.67	19.32	18.09	46.41	3.71	4.55	5.4	80.18	70.58	63.93	27.11
广西				69.49	30.01	30.09	30.09	69.99	69.91	69.91	
海南	4.97	4.96	5.07	67.61	0.07	0.07	0.07	88.38	87.34	87.24	11.83
华南、华中	14.1	15.51	17.9	20.44	14.49	16.64	16.53	65.37	62.39	58.79	53.97
重庆	3.52	8.12	12.86	70.97	4.76	6.03	5.7	83.5	77.29	73.35	16.06
四川	75.56	73.85	51.27	43.61	7.12	7.73	0.57	14.31	13.68	43.84	50.88
贵州	43.42	36.75	33.89	52.1	7.49	8.72	17.36	30.25	33.29	32.05	27.2
云南	79.05	77.6	88.22	6.84	3.47	3.79	2.34	8.45	9.06	5.73	86.87

续表

地区	转让占比（%）				入股占比（%）			出租占比（%）			
	2011年	2012年	2013年	2014年	2011年	2012年	2013年	2011年	2012年	2013年	2014年
西南	61.78	59.99	54.57	55.91	5.34	6.16	3.26	25.34	25.32	36.4	35.94
陕西	3.76	30.46	37.03	29.76	77.46	1.71	2.67	18.78	55.07	47.9	51.15
甘肃	65.96	34.79	30.13	31.86	3.99	2.19	4.33	30.05	60.89	64.38	27.61
青海		17.68	15.16	95.05		1.43	1.23		80.89	81.16	
宁夏		34.58	5.48	17.9			6.9	100	65.42	83.25	79.6
新疆	48.33	32.58	41.64	7.95				43.33	11.57	57.87	35.58
西北	11.84	31.84	28.63	42.47	67.67	1.83	3.98	20.47	56.91	60.37	30.09
总计	34.76	40.03	40.13	40.51	9.72	10.94	10.2	39.66	40.88	41.27	39.27

另外，样本省份的林地流转也以转让和出租为主，如图 13 所示。以转让和出租方式实现的林地流转面积占比明显较高，其中福建、江西和浙江的转让占比较高，但到 2014 年整体有明显的下降，而广东和贵州却呈上升趋势，到 2014 年已超过前三个省份。相反，出租占比在浙江、福建和江西均有明显增长，到 2014 年分别达到了 43.13%、72.26% 和 70.46%，而在广东和贵州则呈下降趋势，到 2014 年分别减少到 27.11% 和 27.2%。入股占比整体较低，但贵州最高，呈增长趋势，到 2014 年已达到 17.36%，浙江、广东和贵州相对较高，福建的入股占比最低，维持在 2.3% 左右。沿海地区股份制发展较为成熟，但农户选择入股方式流转林地的可能性并不高，这点符合符合以上推断。

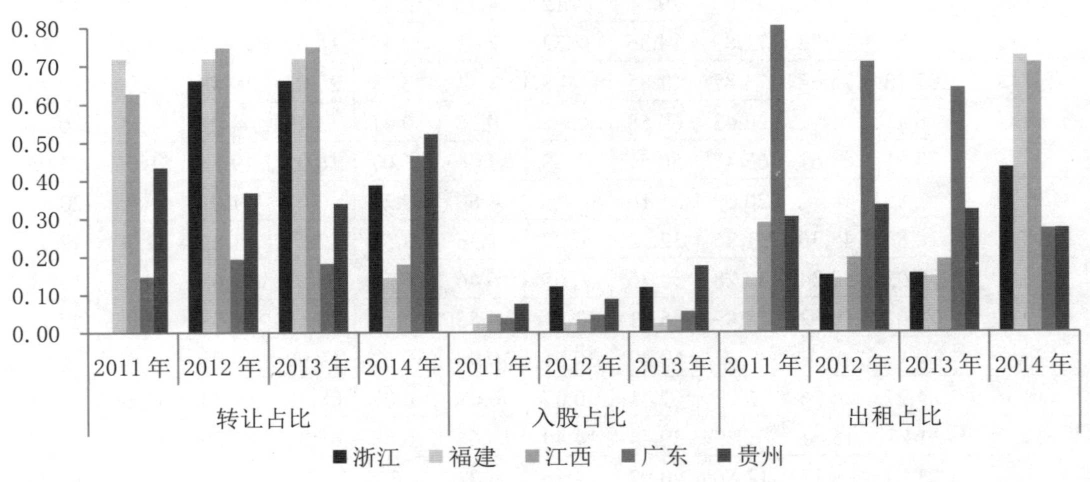

图 13 样本省份不同流转方式下林地面积占比

第二，村集体内部林地流转的占比不高。集体林地流转范围可分为村集体内部流转和流转出村集体外，总体上，集体林地流转面积中在村集体内部流转的比重较低，2013年为32.07%，多数发生在村与村之间流转，从流转范围看村集体间林地流转较为活跃（见表12）。分区域看，华北地区、东北地区和西北地区村集体内部流转的林地面积占比较高，其中，西北地区最高，均超过了60%，而华北和东北也保持在50%左右。相比之下，华东地区、西南地区和华南、华中地区村集体内部流转的林地面积占比明显较低，但前两个地区有所提升，而华南、华中地区有明显下降，总体上南方地区的林地流转更多发生在村与村之间，北方地区更多在村集体内部进行。分省份看，样本省份中浙江省在村集体内部流转的林地面积占比最高，超过了60%，贵州省最低，不超过21%，福建省的占比保持在34%左右，江西省的占比呈下降趋势，而广东省的占比呈上升趋势。

表12　集体林地流转面积中村集体内部流转的占比（%）

地区	2011年	2012年	2013年	地区	2011年	2012年	2013年
江苏	86.63	81.86	62.45	河北	53.06	53.98	56.93
浙江		62.78	61.52	山西		15.43	14.44
安徽	17.43	20.53	31.4	内蒙古	49.27	49.56	50.84
福建	33.77	33.88	33.7	华北	50.65	50.49	51.91
江西	33.63	21.35	18.07	辽宁	47.8	46.6	46.5
山东	60	69.56	62.07	吉林	55.01	44.61	55.25
华东	21.14	39.82	38.44	黑龙江	55.06	55.06	53.96
重庆	11.43	14.31	17.05	东北	50.67	46.66	49.85
四川	19.93	23.5	31.58	河南		27.49	26.41
贵州	17.1	20.17	15.84	湖北	38.78	38.55	29.07
云南	31.71	31.34	34.09	湖南	23.6	27.99	27.77
西南	22.75	24.23	28.84	广东	18.44	18.52	31.29
陕西	90.61	31.85	49.65	广西	78.6	16.02	16.24
青海	91.16	22.46	35.78	海南	2.52	2.48	2.5
宁夏		82.32	79.94	华南、华中	44.53	21.71	23.52
新疆	75.93	92.22	91.44	总计	37.43	29.92	32.07
西北	70	64.02	68.85				

第三，参与林权抵押的林地面积占比较低，但呈小幅增长趋势。林权抵押包括林木抵押和林地承包经营权抵押两方面，本研究通过林权抵押中的林地面积占已确权林地面积的比例来反映，林地承包经营权的抵押情况如表13所示。分区域看已确权林地面积

中林权抵押面积占比情况，东北地区和华东地区相对较高，总体上保持在3%以上，表现出增长趋势；华北地区最低，2009年后明显下降，均未超过0.3%；华南、华中地区和和西北地区均呈递增趋势，前者从2010年的1.45%逐渐增长到2016年的3.41%，后者从2010年的1.49%逐渐增长到2016年的3.65%，两个地区的林权抵押面积占比较相近；西南地区存在频繁波动，很不稳定，但总体上表现增长趋势，到2017年达到4.34%。分省份看已确权林地面积中林权抵押面积占比情况，样本省份的占比差异较大，其中福建省的和江西省的占比相对较高，最高分别为12.36%和8.46%，最低分别为3.2%和2.26%，明显高于其他省份，福建省呈先下降后增长再下降的“N”型变动趋势，和广东省相似，但广东省的占比水平较低，最高为4.43%，波动幅度较小；江西省、浙江省和贵州省均呈增长后下降的“倒U”型变动趋势，但浙江省的波动幅度较大，最高和最低占比分别为8.07%和0.44%，贵州省的整体占比水平最低且波动较小，最高和最低占比分别为1.26%和0.05%。

总体上，林权抵押的面积不断增加与林权抵押贷款制度的不断完善和林地确权工作的推进相关。2013年国家发布了《关于林权抵押贷款的实施意见》（银监发〔2013〕32号），林权抵押的积极性得到进一步提高。

表13 已确权林地面积中林权抵押面积占比（%）

地区	2009年	2010年	2011年	2012年	2013年	2014年	2015年	2016年	2017年
河北	4.38	0.30	0.33	0.39	0.53	0.58	0.63	0.78	0.90
山西	0.02	0.002	0.09	0.20	0.33	0.13	0.14	0.18	0.20
内蒙古	0.02	0.12	0.09	0.09	0.11	0.16	0.16	0.21	0.15
华北	1.94	0.14	0.13	0.16	0.22	0.22	0.24	0.30	0.28
辽宁	3.40	2.48	3.53	4.71	5.29	6.39	9.60	7.92	6.39
吉林	0.03	1.70	0.77	1.38	1.92	2.95	3.51	4.06	4.23
黑龙江			1.01	1.67	1.83	1.84	1.38	0.31	0.28
东北			2.46	3.44	3.94	4.87	6.87	5.86	5.05
江苏	0.53	0.16	0.17	0.93	0.79	1.00	1.03	0.29	0.38
浙江	1.66	3.97	4.45	5.47	7.08	7.27	8.07	4.22	0.44
安徽	0.78	2.63	2.63	2.75	3.70	3.52	4.67	4.80	5.78
福建	0.00	8.16	3.20	4.60	5.30	6.46	8.70	12.36	9.38
江西	2.26	3.81	4.17	5.81	6.76	7.18	7.76	8.46	5.83
山东	0.05	0.14	0.54	0.61	1.02	1.89	2.18	2.31	2.51
华东		4.46	3.31	4.43	5.36	5.86	6.90	7.45	5.24
河南	0.19	0.63	0.73	1.04	1.11	1.27	1.42	1.77	2.27

续表

地区	2009年	2010年	2011年	2012年	2013年	2014年	2015年	2016年	2017年
湖北	6.74	1.38	1.53	1.67	1.97	2.89	3.05	3.06	3.44
湖南	0.66	0.46	0.76	1.51	1.96	2.08	2.37	2.30	1.79
广东	3.95	1.98	2.34	3.18	3.35	4.43	4.13	3.84	3.97
广西			2.03	3.58	3.94	4.67	4.72	4.77	5.20
海南	0.05	1.83	2.59	2.79	3.43	4.50	4.51	4.83	4.83
华南、华中		1.45	1.58	2.42	2.73	3.36	3.42	3.41	3.53
重庆	0.03	1.10	0.94	2.21	3.05	7.93	7.12	6.46	6.88
四川	2.54	0.86	1.21	2.31	2.91	3.43	3.42	3.88	4.42
贵州	0.05	0.07	0.23	0.28	0.38	0.43	1.08	1.26	0.87
云南	0.10	4.10	0.68	1.40	2.26	5.26	5.21	4.03	5.33
西南	0.50	2.13	0.75	1.48	2.11	4.02	4.05	3.67	4.34
陕西		1.89	2.08	2.20	2.29	2.45	2.54	2.79	2.79
甘肃		0.16	0.30	3.22	4.54	5.32	6.59	7.20	2.03
宁夏		1.88	0.004	1.39	1.40	0.23	0.68	0.49	0.40
新疆	1.03	0.91	1.61	0.89	0.93	1.64	2.14	1.64	
西北		1.49	1.50	2.33	2.71	2.96	3.37	3.65	

另外，农户参与林权抵押的积极性在下降见表14所示。集体林权制度改革包括以“均山到户”方式“分”的部分和维持集体统一经营“不分”的部分。通过林权抵押面积中农户承包林地的抵押情况来反映农户林地流转积极性。

表14　林权抵押面积中农户抵押面积的占比（%）

地区	2009年	2010年	2011年	2012年	2013年	2016年	2017年
河北	98.31	74.24	80.26	80.48	76.59	41.61	50.25
山西	100	100	70.16	69.70	67.15	48.47	44.65
内蒙古	98.52	55.09	68.20	74.79	75.61	97.58	64.57
华北	98.32	66.01	73.66	76.07	73.92	68.61	56.21
辽宁	92.53	89.00	76.84	72.48	74.09	64.40	47.48
吉林	100	42.24	31.70	45.84	46.11	61.79	62.06
黑龙江			69.62	65.33	68.68	57.58	69.78
东北			72.76	69.23	70.21	63.64	50.04
江苏	61.91	8.44	8.20	10.64	12.75	3.12	2.48
浙江	91.24	92.55	90.02	84.02	90.59	41.41	50.26
安徽	27.58	18.54	26.22	32.06	25.23	39.38	36.07
福建		14.12	36.04			50.40	49.13

续表

地区	2009年	2010年	2011年	2012年	2013年	2016年	2017年
江西	35.76	43.17	42.78	45.03	40.54	23.98	25.91
山东		28.85	40.26	62.22	61.30	16.29	15.86
华东		35.94	52.39			36.48	39.02
河南	65.19	55.10	38.78	36.89	39.24	35.47	38.02
湖北	84.04	59.14	56.00	52.45	48.20	46.41	48.62
湖南	33.55	43.21	42.29	37.65	36.93	29.77	22.39
广东	97.21	61.62	58.64	35.92	36.14	21.52	20.45
广西			78.56	78.46	77.95	13.47	13.51
海南		9.30	35.72	39.89	45.43	66.07	65.90
华南、华中		94.04	61.90	55.64	54.68	24.66	24.04
重庆	65.33	10.00	39.72	30.10	29.30	15.38	18.33
四川	6.31	9.67	18.32	15.51	16.01	21.57	22.26
贵州	96.75	85.73	81.29	77.21	71.64		43.46
云南	78.03	91.60	52.60	45.49	47.10	48.47	34.83
西南	15.80	79.03	38.39	32.31	34.39	37.60	29.81
陕西		67.86	64.55	63.98	61.95	97.24	93.84
甘肃		84.95	93.31	96.04	90.48		15.40
宁夏		81.63	66.67			18.29	2.93
新疆	0.19		71.74	99.67		76.84	
西北		69.04	66.14	76.69	75.39		

分区域看农户承包林地抵押面积占总抵押面积的比例情况。华北地区、东北地区和西北地区的占比相对较高，均超过了 50%，且多数年份超过了 60%，其中，华北地区 2009 年占比为 98.32%，而后总体上呈下降趋势。东北地区总体上也呈下降趋势，但西北地区有所增加。华东地区和西南地区的占比相对较低，多数年份为 30%～40%，相对较平稳；华南华中地区呈递减趋势，从 2010 年的 94.04% 下降到 2016 年的 24.66%，下降幅度较大，这可能与集体统一经营的林地面积增长有关。分省份看农户承包林地抵押面积占总抵押面积的比例情况。样本省份中浙江省的占比相对较高，2009 年、2010 年、2011 年和 2013 年的占比均超过了 90%，2017 年为 50.26%，下降幅度较大。广东省和贵州省也呈下降趋势，分别从 2009 年的 97.21% 和 96.75% 下降到 2017 年的 20.45% 和 43.46%，但贵州省的占比相对较高。江西省的占比相对较低，均超过 50%，变化波动较小；福建省缺失数据较多，已有数据表现出增长趋势，2010 年为 14.12%，2017 年为 49.13%。

总体上，农户林权抵押面积呈下降趋势，这可能与林地经营形式的转变相关。随着新型林业经营主体的增多，规模经营的面积增加，林业企业和林业合作组织申请林权抵押的积极性提高，从而整体上农户承包林地的抵押贷款比例下降。另外，也可能由于农户自身申请林权抵押贷款的积极性不高，林权抵押制度的实施与完善为农户抵押林权贷款提供了可行性，但交易费用可能影响了农户参与林权抵押贷款的积极性，如同农户更倾向于选择林地流转的私下交易而不通过林权交易中心。

小结

本章对集体林地流转演进阶段及其表征进行了梳理和分析，探讨林地流转与规模经营的内在关联，进而分析了林地流转的发展趋势，主要基于国家林业局集体林权制度改革进展统计表（2009～2018 年）的相关统计数据对林地流转和林业规模经营进行了描述性分析。通过梳理集体林地流转的演变过程可以发现，改革开放以来集体林地流转经历了从全面禁止到逐渐放松的过程：全面禁止阶段（1978～1983 年）、限制性土地流转阶段（1984～1992 年）、基本放开阶段（1993～2002 年）和规范流转阶段（2003 年至今），随着土地流转的推进，土地产权合一不断走向细分，与之匹配的产权价值功能由单一走向多元，多元的价值诉求催生了多样化的流转方式、转入主体和规模经营方式。产权细分内在动力在于土地流转，从而伴随着价值功能的细化，而土地流转的内在动力在于要素整合，即要素的规模效率和配置效率。

通过新型林业经营主体变化反映林业规模经营发展情况，从统计数据的分析结果看，新型林业经营主体中林业专业合作社的数量变化总体上波动较大，没有明显的增长或下降趋势，可能与政策鼓励程度相关。加入林业专业合作社的农户总量呈上升趋势，但增长幅度波动较大。分区域看，沿海地区和林改试点省份的农户对加入林业专业合作社的积极性不高，可能与地区经济发展程度有关。另外，总体上，专业大户和林业企业的数量有所增长，但家庭林场的数量有所下降。多数省份的林业企业数量增长保持为正，较为平稳，在新型林业经营主体中占据主导地位，林业规模经营更依赖于林业企业发展；不同省份的专业大户数量变化和家庭林场数量变化的差异较大，这可能与两者发展的关联性相关。专业大户可以进一步发展为家庭林场，而家庭林场也可以退回到专业大户。

集体林地规模经营主要表现在生产环节的土地要素集中，土地要素不单纯是一项传统意义上的生产要素，不仅具有经济价值，更隐含着政治机制价值。随着土地价值功能的演化，土地的“两权分离”难以满足新时期土地利益相关者的价值需要，如土地的财产性价值难以实现和保障，依附于土地流转的价值分配需要新的均衡点，基于利益诉求的土地功能演变深化了土地产权细分与利益协调，土地“三权分置”可以被认为是土地相关利益主体博弈的结果，即新的均衡。集体林规模经营的发展方向主要取决于三个方面的力量的对比：木材与生态的市场需求、林业生产的社会分工、农村的社会分层。“三权分置”核心在于破除土地利用的制度性障碍，推进土地适度规模经营符合供给侧改革的内在要求，是顺应土地功能变迁的现实需要，是遵循制度变迁的路径依赖。集体林地规模化的实现路径依赖于树种或林种特征以及内生于林业规模经营的要素禀赋特征。

分析统计数据可以发现集体林地流转的发展趋势包括以下几方面。第一，集体统一经营的面积呈增长趋势。集体林地总体上包括家庭承包和维持集体统一经营两方面，对比已确权集体林地中家庭承包与集体统一经营的林地面积看，两者表现出一定程度的消长关系，林改之初，家庭承包林地面积增长较大而集体统一经营的林地面积下降明显；两者的变化在华北地区和华东地区也呈反向关系，在东北、华南、华中、西南和西北地区两者均增长，但对比具体年份上有会出现反向关系。第二，集体林地流转面积变化呈“倒U”型趋势。总体上，集体林地流转面积占已确权林地面积的比重呈先上升后下降的趋势。东部和中部地区的集体林地流转市场相对于西部地区更活跃，而且林改试点省份的林地流转相对较为活跃，各区域集体林地流转面积占已确权林地面积的比重均在2015年或2016年达到最大值，这可能与政策激励以及林权流转市场的不断完善相关。第三，转出集体林地的农户量呈下降趋势。分区域看，除了东北地区外，转出林地的农户量在其他地区均呈明显下降趋势。农户参与集体林地流转的积极性不断减弱，转出林地的意愿逐渐下降，在南方集体林区尤为明显。另外，通过林权交易中心流转的林地面积占已确权林地面积的比重较低，远低于林地流转总面积占已确权林地面积的比例，农户更倾向于选择场外交易。随着林权交易制度的不断完善，选择场内交易的量表现出了增长趋势，农户通过林权交易中心流转林地的可能性提高。第四，转让和出租成为林地流转的主要方式。通过转让和出租方式流转的林地面积占了较大比重，保持在80%左右，比较平稳。而且集体林地流转面积中在村集体内部流转的比重较低，从流转范围看，村集体间林地流转较为活跃。第五，林权抵押贷款发展呈现区域差异。一是从已确权林地面积中林权抵押面积占比看，仅在西南地区的波动较频繁，很不稳定，而其他地区总体表现出增长趋势，其中东北地区和华东地区相对较高。另外，林权抵押面积中农户承包林地的抵押面积在华北地区、东北地区和西北地区的占比相对较高，均超过了50%，华东地区和西南地区的占比相对较低，多数年份为30%～40%，多数区域表现出了下降趋势。

第二章　环境变迁、流转价格与农户林地流转意愿

林地流转的实现，在相当程度上取决于转出方与转入方关于流转价格谈判的力量对比与行为选择。生态文明视域下林地价值的提升与林业经营的社会服务改善，强化了林地流转的“买方市场”特征，农户林地流转意愿较低（见表 15）。基于林地为经济物品而非人格化属性，从农户效用最大化的视角，分析农户林地流转意愿与流转价格间的关系，探讨农户林地流转率低的内在逻辑。

表 15　样本农户流转林地的意愿和态度

年份	流转意向		对流转结果的评价	
	不想流转	想流转	满意	后悔
2010年	79.17%	12.65%	67.54%	27.20%
2011年	79.31%	15.86%	68.18%	12.50%
2012年	81.78%	14.13%	52.94%	21.27%
2013年	80.67%	16.32%	62.20%	18.29%
2014年	82.14%	17.31%	58.78%	25.68%

注：资料来源于《2015 年集体林权制度改革监测报告》。

一、农户林地流转意愿的理论分析

1. 林地流转价格与农户林地流转意愿

借鉴农地承包经营权流转意愿的思路，探讨农户效用最大化下林地流转实现的可能性与流转价格之间的关系（杨卫忠、李勇，2007）。如果在林地最优经营规模 M 下，农户的不同收益组合能使效用最大，则林地的最优经营规模 M 与其现实拥有林地经营面积 M_0 不一致时就会产生林地流转（转入或转出）的意愿或可能性。大体上，可以将农

户效用分为林业收益产生的效用（U^L）与非林业收益产生的效用（U^F），假设农户用于劳动的总时间为T，经营单位林地的劳动时间为t，经营林地面积为M下的劳动时间为tM。当T>tM时，农户其他就业的劳动时间则为（T-tM）；然而，当T<tM时，农户雇佣的劳动时间为（tM-T）。非林业收益或雇佣劳动的支出（R_F）则为：$U^F-U(t, M)$。

$$R_F - w(T-tM) \tag{2}$$

其中，w表示当地农户单位劳动时间的工资。另外，农户林业收益（R_L）包括林地流转收益（R_{LL}）、林业经营收益（R_{LS}）和林业经营的补贴性收益（R_{LB}）。其中：$U^{LL}=U_{R_{LL}}(M)$，$U^{LB}=U_{R_{LB}}(M)$。

$$R_{LL}=P(M_0-M) \tag{3}$$

$$R_{LB}=ZM \tag{4}$$

其中，U^{LL}和U^{LB}分别表示林地流转与补贴产生的效用，P表示单位林地的流转价格；当M_0>M时，R_{LL}表示林地转出收益；当M_0<M时，R_{LL}表示林地转入支出；Z表示单位林地面积的补贴收益。林业经营收益则是在农户效用最大化条件下，基于一定生产技术的林业产出，引入C-D生产函数则表示为：

$$S=AK^{\alpha}M^{\beta}L^{\gamma} \tag{5}$$

其中，K、L、M分别表示资本、劳动与林地投入，S表示林业收益，α、γ、β为K、L、M的生产弹性系数，且都介于0到1之间，$0<\alpha+\beta+\gamma<1$表示生产技术规模报酬递减。单位林地面积的资金投入为k，劳动投入以时间衡量，则林业经营收入可转化为：$U^{LS}=U_{R_{LS}}(K,M,t)$。

$$R_{LS}=Ak^{\alpha}M^{\alpha+\beta+\gamma}t^{\gamma}-kM \tag{6}$$

其中，U^{LS}表示农户林业经营收益产生的效用，则农户的总效用函数为：

$$\mathrm{Max}U=U(k,M,t)=U^F+U^L=U^F+U^{LL}+U^{LS}+U^{LB} \tag{7}$$

$$\mathrm{Max}U=U(M|M=M^*)=w(T-tM)+\mathrm{P}(M_0-M)+Ak^{\alpha}M^{\alpha+\beta+\gamma}t^{\gamma}-kM+ZM \tag{8}$$

在其他条件不变的情况下，农户效用最大化时分别对k、M、t求偏导数可得出林地经营规模选择：

$$\mathrm{M}^*=\left[\frac{A\alpha^{\alpha}\beta^{(1-\alpha-\gamma)}\gamma^{\gamma}}{w^{\gamma}}\right]^{\frac{1}{1-(\alpha+\beta+\gamma)}}\times(P-Z)^{\frac{\alpha+\gamma-1}{1-(\alpha+\beta+\gamma)}} \tag{9}$$

假设：$\tau=\dfrac{1-\alpha-\gamma}{1-\alpha+\beta+\gamma}$，$\pi=\left[\dfrac{A\alpha^{\alpha}\beta^{(1-\alpha-\gamma)}\gamma^{\gamma}}{w^{\gamma}}\right]^{\frac{1}{1-(\alpha+\beta+\gamma)}}$，由于$0<\alpha+\beta+\gamma<1$，则$\tau>1$。

$$M^{*}=\pi\times(P-Z)^{\frac{1-\alpha-\gamma}{\alpha+\beta+\gamma-1}} \tag{10}$$

因此，农户效用最大化条件下，林地的最优经营规模 M*：

$$M^{*}=\pi(P-Z)^{-\tau} \tag{11}$$

由于农户资源禀赋不同，决定农户效用的变量 M、t 和 K 存在明显差异，进而决定了农户在林地流转中的交易地位：当 M_0>M* 时，农户为林地的转出方 SP（供给方）；当 M_0<M* 时，农户为林地的转入方 DE（需求方），由于林地资源总量固定，而且随着林地流转交易量的增加，每实现单位林地面积的流转难度提高，对此，在不考虑林地流转交易费用的条件下，图 14 仅表示农户林地转入与转出意愿和林地流转价格之间的静态关系，并不反映动态特征，其中，横坐标表示林地流转价格 P，纵坐标表示基于最优经营规模下，农户愿转入或转出的林地面积。通常 P>Z，当林业经营补偿收益一定时，即 Z 固定，P 与 M* 呈反向关系，即林地流转价格 P 越高，最优林地经营规模 M* 就越小，从而对于拥有一定林地经营面积的农户来说，当 M_0>M* 时，M* 越小，（M_0-M*）就越大，反之则越小。

如图 14 所示，当林地流转价格 P=P_1 时，M* 较小，林地转出的供给明显小于转入的需求，即 M_3<M_1；当 P=P_2 时即 A 点处，SP=DE，表示林地流转实现了林地资源配置均衡 M_2；当 P 脱离了均衡价格 P_2 时，P 增大使 M* 不断接近于 M_0，需求明显不足，林地流转受限；当 M*-M_0=0 时，表示无林地转入可能，即使存在完善的林权交易市场也难以促进林地流转。实际上，林地流转价格反映了农户的林地流转意愿，流转意愿价格高则林地的转出意愿低，转入难度大，林地流转实现困难。对此，当 $p\in(p_1,p_2]$ 时，农户的林地转出意愿较高，林地需求方能够承受供给方的意愿价格，林地流转市场较为活跃，通过调整林地资源配置实现规模效益的可能性较大；当 $p\in(p_2,+\infty)$ 时，林地流转的抑制性比较明显，调整林地资源配置的可能性较小。对此，林地流转价格 P 所处的位置直接决定了林地流转得以实现的空间，随着林业经营环境的显著改善，林地流转价格 P 直接落入（P_2，+∞）区域的可能性增大，林地流转的现实空间狭小，尽管林业经营的规模收益会增强林地转入方对林地流转价格的容忍程度，但难以改变林地流转的现实困境，而且林地流转交易费用的存在会进一步阻碍林地流转，“分山到户”后林地流转的抑制性可能更为明显。林地流转价格 P 的位置由环境特征决定。

诺斯认为，个体行为镶嵌于社会环境中，受多重因素的影响。奥斯特罗姆进一步提出了制度分析与发展框架（IAD），认为包含森林资源在内的公共池塘资源的利用内生于环境条件，影响个体行为效用最大化的外生因素，包括资源特征、社会特征以及规则。环境因素对行为的作用是通过要素价格来实现的。相对价格的变化能够改变行为主体的激励结构（徐秀英，2004）。对此，农户林地流转行为镶嵌于环境因素中，作用路径通过流转价格来实现，环境变迁影响流转价格变化（相对要素价格变化）进而作用于农户林地流转行为。环境变迁表示环境因素的变化，基于前人的研究，将环境因素划分为三个方面：资源特征、市场特征和制度特征，下面进一步通过 Faustmann 模型来分析三方面因素对林地流转价格的作用机理。

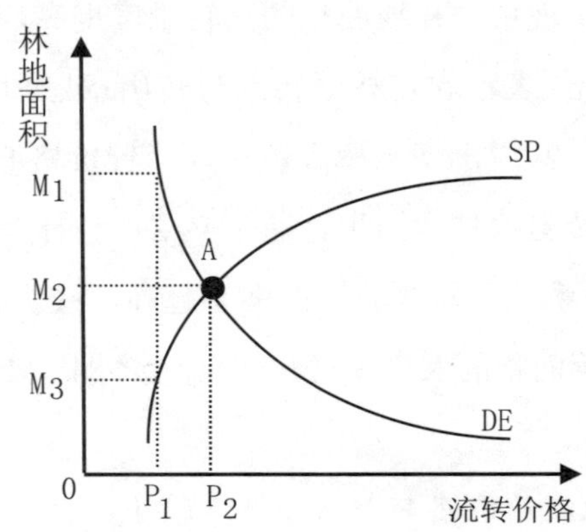

图 14 农户林地流转意愿与流转价格的关系

2. 林地流转价格的决定

林地流转市场上需求往往大于供给，农户林地的转出意愿在很大程度上决定了林地流转与规模化经营得以实现的可能性，在不考虑林地流转交易费用的情况下，反映农户林地流转意愿的林地流转价格 P 依赖于林地收益。

根据林业经营决策的 Faustmann 模型，考虑单位林地面积无限规划期的基本收益情况

$$LEV(T)=-C+[P(T)V(T)-C]e^{-rT}+[P(T)V(T)-C]e^{-2rT}+\cdots\cdots+[P(T)V(T)-C]e^{-nrT}=-C+\frac{P(T)V(T)-C}{e^{rT}-1} \quad (12)$$

LEV(T) 为单位面积林地经营的木材收益，不包括其他经营收益（如林下经营收益）和非木材收益。其中，C 为造林成本，P(T) 为林木价格，V(T) 为林木蓄积量，r 为利率，变量均为常数。林地流转价格 P 取决于 LEV(T)，而 LEV(T) 又会受环境变迁的影响。从 LEV(T) 的表现形式看，影响林地流转价格 P 的市场因素包括林木价格 P(T) 和利率 r，制度因素即造林成本 C，资源因素即林木蓄积量 V(T)。

第一，市场特征的影响。首先，国内木材供需矛盾突出。国内木材需求长期依赖于

进口，国内木材供给严重不足，对外依赖形势在短期内难以改变[1]，国内市场的木材价格具有较大的上升空间，林业经营的市场风险相对较低。另外，农户可以通过调整轮伐期来进一步降低市场价格波动带来的风险损失，尽管最优轮伐期的调整不利于木材的最大产出，但风险规避的内在偏好有利于农户确保经营收益的稳定性。因此，对未来木材价格的上涨预期与抵抗市场风险的自我调整优势，农户林业经营收益的上升趋势比较明显。另外，良好的林业发展前景与相对稳定的收益预期不断地吸引社会资金的进入，林地流转并不是一个完全竞争的市场，不同资本进入的门槛存在显著差异，从而影响利率。新时期林业经营市场特征的变化，为林业经营收益提供了良好的市场预期，进而会抬高林地流转价格。

其次，森林资源非木材效益影响林地流转价格。环境问题的凸显与经济增长方式转型的需要，林业非木材效益的重要性不断显现出来，其中碳汇价值成为关注的焦点[2]。森林碳汇交易有利于内部化林业的外部性，丰富林业收益内容。森林资源多维效益实现的市场信号不仅影响国家对林业发展的宏观布局，如重视生态建设，也作用于微观经营主体——农户的林业经营决策，包括林地流转行为。非木材效益的显现直接表现为生态补偿标准的不断提高与碳汇价值的市场实现，LEV(T) 中需要补充非木材收益，而且随着交易市场的形成与完善，会进一步提升林地价格。

第二，制度特征的影响。2008 年，全国开始实施新一轮集体林权制度改革，林业产权明晰降低了模糊产权下的效率损失，配套制度改革中林业补贴性支出（包括实物与非实物补贴）降低了农户的造林成本，特别是鼓励和引导林业经营社会化服务的发展，包括专业的造林、管护与采伐队伍、组织或机构对降低林业细碎化的经营成本与效率损失，具有明显的制度优势。另外，林权流转增强了林业资产的流动性，不仅提高了农户应对风险的能力，同时也提高了林木资产的市场价值。政策性森林保险的实施则进一步降低了农户的林业经营风险，增强未来收益的稳定性。“还权赋能”的集体林权制度安排在激发农户林业生产积极性的同时，也增强了农户继续持有林地的能力，“均山制”改革降低了农户的林地流转意愿，存在进一步固化林业细碎化经营格局的可能性。

第三，资源特征的影响。林地资源禀赋差异对林地流转的影响比较复杂，可从两个

[1]　2011 年原木进口量已突破了 4 千万 m^3，从 2003 年到 2011 年原木进口的数量与价格的年均增长率分别为 5.81% 和 8.2%（资料来源：2012 年中国林业统计年鉴，整理得出），而且到 2013 年，中国木材进口的对外依存度已接近 50%（资料来源：第八次全国森林资源清查主要结果（2009-2013 年））。

[2]　2011 年 11 月，华东林业产权交易所开始实施林业碳汇交易试点。

方面看。

首先，立地条件差异的影响。土地要素 M 对产出 S 的影响系数 γ 依赖于土地资源禀赋，单位林地面积的立地条件越好，对应的产出 S 就越高，其影响系数 γ 就越大。对此，考虑林地资源禀赋很好与很差的极端情况下，生产系数 γ 极大与极小，其他要素的生产系数组合值相应就极小和极大，由于土地要素对产出弹性的影响占了极大与极小比重，尽管重新调整资源配置与改进生产技术，可以提高其他要素组合对产出弹性的影响，但提升空间很有限，即（$\alpha+\beta+\cdots\cdots$）整体系数仍然较小。可认为，在林地资源禀赋极好与极差的条件下，林地流转实现的规模收益较小甚至趋近于 0，致使这类林地的转入与转出意愿都不高，林地流转的可能性较低。因此，农户间的林地流转通常发生在立地条件处于居中状态的资源条件下，规模效益相对更显著，农户的林地流转意愿则取决于林业经营内容。

其次，林种或树种差异的影响。不同林种或树种的生产周期影响了规模化经营降低组织生产交易费用的边际能力，农户的林业生产周期越短，组织生产的频率越高，相关的交易费用也就越高，应对市场风险的自我调整能力降低，规模化与组织化经营的优势就越明显。假设：规模化经营能够降低单位林地面积组织生产的总交易费用为 C，轮伐期为 T，总的生产周期为 nT，一个轮伐期内组织生产的交易费用为 C_T：$C_T=\frac{C}{nT}$，n=1,2,……，当 $T\rightarrow+\infty$ 时，$CT\rightarrow0$，即生产周期趋近于无穷大时，规模化经营降低 CT 的优势几乎不存在，林地转入意愿较弱；另外，分散经营的农户通过调整轮伐期 T 来应对市场风险的能力很强，林地转出意愿较弱。当 $T\rightarrow0$ 时，$CT\rightarrow+\infty$，林地规模化经营的优势明显，分散经营的农户应对市场风险的能力很弱，林地流转发生的可能性较大。若存在某个点 q，使得 T=q 时，规模化经营降低 CT 的优势与损失应对市场风险的能力所产生的效益相互抵消；那么当 T>q 时，林地转出与转入意愿明显减弱。可以认为，从降低组织生产的交易费用和应对市场风险能力的角度看，当 "T ∈ "(0,q]，林业生产周期越短，林地流转发生的可能性越大。

假设：单位林地面积的非木材收益为 LF，则单位林地面积的林业收益 S：$S=LEV(T)+aL_F+bZ$，随着环境变迁，林业地位的不断提高，非木材收益的系数 a 和政府补贴收益的系数 b 会逐渐增大，进而抬高林地流转价格。从环境变迁表现出的市场特征、制度特征与资源特征对林地流转价格的作用趋势看，“均山”制度安排下农户继续持有林地的意愿会不断增强，林地转入意愿则会逐渐减弱。一方面，林地流转实现规模经营的成本优势降低。林业生产的社会化服务降低了林地细碎化经营的效率损失和生产要素投入不足的约束，缩小了细碎化与规模化经营之间的成本控制与风险抵御能力的差异，林地转入意愿减弱。另一方面，农户持有林地的禀赋效应增强。农户对林业经营收益的良好预期，现实林地流转中农户愿意转出林地的要价远高于实际流转价格，即农户的心理要价会更高，农户林地的转出意愿降低。

图 15 中，R_n 和 R_1 分别表示林业细碎化经营与规模经营的收益曲线，单位林地面积的最高平均收益分别为 a 和 b：$a=\frac{S_n}{M_n}, b=\frac{S_1}{M_1}$；随着林业生产社会化服务的成熟与完善，a 点与 b 点差距会不断缩小。

环境变迁容易促使林地流转价格 P 迅速或直接落在图 14 中（P_2，$+\infty$）区间，农户林地转出意愿明显不足。在缺乏交易诉求的内在驱动下，林地流转的交易费用可能并不是实现规模经营与否的关键，林木交易市场的完善对林地流转的作用导向并不明确。可以认为，林业细碎化经营能够通过获取专业的造林与采伐等社会化服务来降低生产成本，“均山制”改革下，农户不断增强持有林地的意愿促使林地流转经营会逐渐或直接让渡于合作经营。

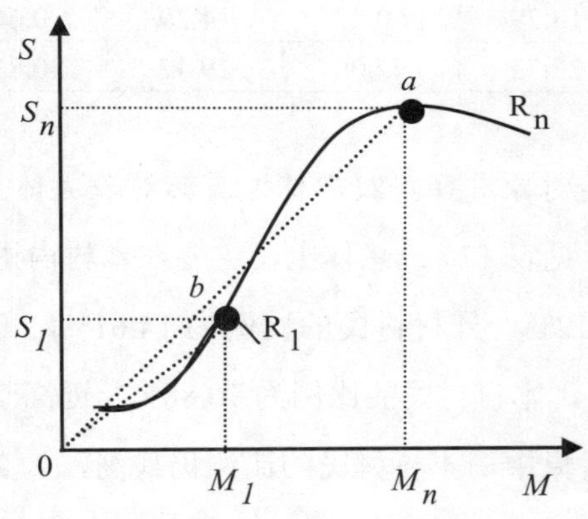

图 15　环境变迁与林业经营收益变化

二、农户林地流转意愿的实证分析

1. 农户林地流转现状分析

第一，农户林地流转方式与流转对象。首先，农户林地的流转方式选择。农户林地流转的方式多样，包括转包、转让、互换、入股、出租和抵押。从农户参与林地流转的方式看（见表 16），总体上，参与林地流转的农户中，选择抵押的比例最低，仅为 0.41%，选择出租的比例最高，达到 47.06%，其次是转让，比例为 22.72%。其中，参与林地转入的农户中，选择抵押的比例也是最低的，为 0.52%，选择转让的比例最高，为 37.5%，其次是转包，比例为 27.6%。参与林地转出的农户中，选择抵押的比例仍最低，为 0.33%，低于总体水平，选择出租的比例最高，为 60.47%，高于总体水平，转让和转包的比例接近，分别为 13.29% 和 14.29%。可以看出，对于林地转出而言，农户更倾向于出租，获取固定租金收益，符合经济要素流动的特征，而对于转入而言，农户主要通过转让的方式获得林地，这可能与社区关系和城镇化发展水平相关，邻里外出务工或迁到城镇，留在农村的承包地就转让给亲朋经营；选择抵押形式的林地流转很少，这与林权抵押贷款制度的完善与执行相关，还涉及森林资源资产评估，程序较多，交易费用较高；以入股形式的林地流转占比较低，农户更倾向于选择更为稳定的租金收益，这可能与地区经济发展程度相关，沿海地区的股份制发展较为成熟，入股形式的土地流转较为普遍。

表 16　农户林地流转方式选择（%）

流转方式	抵押	转让	出租	转包	互换	入股	其他
转入	0.52	37.50	26.04	27.60	1.04	2.60	4.69
转出	0.33	13.29	60.47	14.29	0.66	1.66	9.30
总体	0.41	22.72	47.06	19.47	0.81	2.03	7.51

其次，农户林地流转对象选择。农户林地流转对象大体上包括个人、组织和企业，从农户流转对象选择看（见表 17），总体上，主要在本村内进行流转，即流转对象为本村村民的比例达到了 46.12%，外村村民的比例为 14.61%，工商企业的比例为 15.07%。其中，在林地转入对象中，本村村民的比例为 70.88%，远高于总体水平，外村村民比例为 9.34%；在林地转出对象中，本村村民的比例仍最高，为 28.52%，其次是工商企业，为 25.78%。可以看出，林地主要在本村内部流转，流转对象主要是村民个人，包括村干部、社区能人等，或者是经营大户。工商企业参与林地流转的比例较高，也需要防范工商资本对农户利益的侵蚀。

表 17　农户林地流转对象（%）

流转对象	本村村民	外村村民	合作社	工商企业	城镇居民	其他
转入	70.88	9.34	1.65	0.00	0.00	18.13
转出	28.52	18.36	0.78	25.78	1.17	25.39
总体	46.12	14.61	1.14	15.07	0.68	22.37

第二，农户参与林地流转的年份与对林地流转的评价。一是农户参与林地流转的年份。新一轮林改从2003年开始试点，而后于2008年开始全国推行，本研究以此为节点来看农户参与林地流转的情况。从总体上看（如图16所示），农户林地流转大多发生在2008年后，这一时段参与林地流转的农户比例达到了61.77%，新一轮林改试点前的农户比例最低，为10.15%。其中，参与林地转入的农户，在新一轮林改试点阶段，即2004～2008年的比例最高，为45.76%，新一轮林改试点前的比例最低，为9.6%；参与林地转出的农户，新一轮林改后的比例达到了72.38%，远高于其他时段。随着林改深化，农户转出林地的积极性提高。

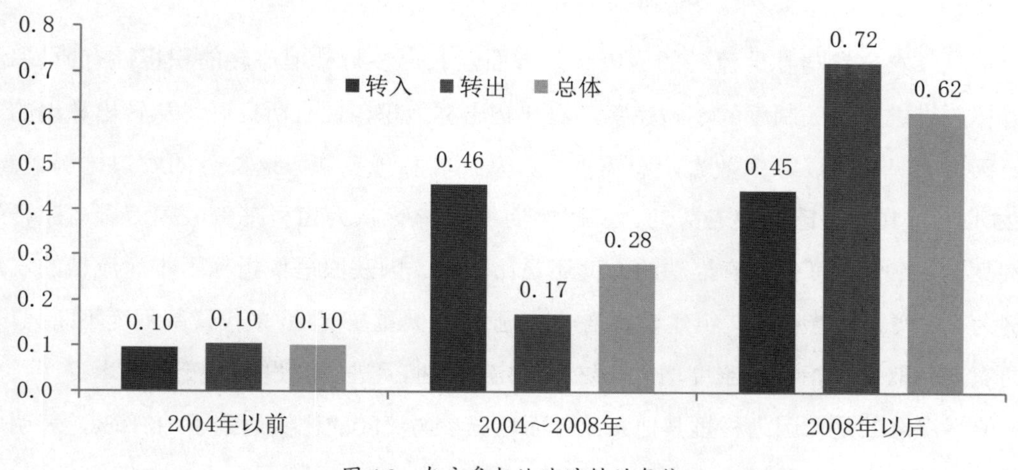

图16　农户参与林地流转的年份

二是农户对林地流转的评价。从林地流转价格、流转费用和流转程序三方面来反映农户对林地流转的满意情况（见图17）。总体上，农户的满意程度较高，其中对流转费用评价为“满意”的农户比例最高，为60.43%，其次是流转程序，为60.18%；对流转价格评价为“不满意”的农户比例最高，为17.76%，其次是流转费用，为10.43%。可以看出，农户对流转程度相对较为满意，表明林权流转制度的完善和林权交易中心的建设在一定程度上降低了农户参与林地流转的交易费用，有利于提高农户参与的积极性。

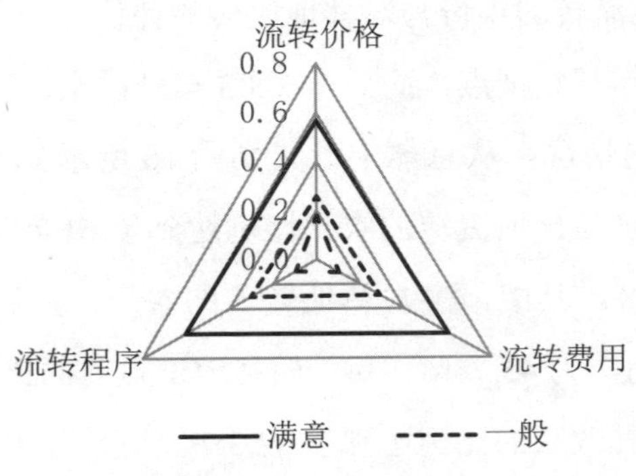

图 17 农户参与林地流转的评价

第三，农户参与林地流转的原因。一方面，农户参与林地流转的积极性有所提高。随着林改推进和相关制度的不断完善，农户转出林地积极性有所提高。从转出林地的主要原因看（见图 18），多数农户急需资金，从而将林地变现，这部分的农户比例最高，为 25.13%，其次是因为缺乏劳动力，比例为 17.38%，认为由村干部鼓励而参与流转的比例高达 13.9%，可见政府推动的力度还是比较大。因获取采伐指标困难而流转的农户比例为 4.01%。随着生态文明建设的推进，林业作为其重要支撑，采伐管制程度不断强化，普通农户获取采伐指标的难度增大，这在一定程度上促进了农户及时变现林木资产。另外，值得注意的是，因为村里其他人流转而自己参与流转的比例达到了 10.16%，表明农户林地流转确实存在羊群效应。

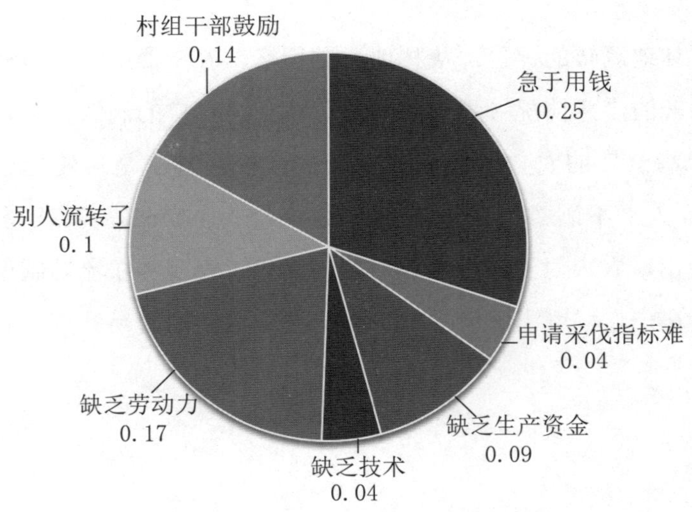

图 18 农户转出林地的原因描述

另一方面，农户参与林地流转的意愿不高。尽管农户的林地流转积极性有所改善，但仍有30.37%的农户认为获取林地流转信息比较困难，认为“容易”的农户比例仅为8.41%，林权交易信息的获取可能在一定程度上限制了农户参与林地流转的积极性。另外，农户林地流转意愿整体不高，甚至存在下降的趋势，从调查问卷看（见图19），农户不想流转林地的原因主要是认为土地作为家庭重要的资产不能随便转出，这反映了土地承载的福利功能。在农村社会保障体制仍不健全的背景下，土地一直是农户维持生产与生活的重要保障，从而不愿转出林地，这部分的农户比例为44.2%。有15.9%的农户认为林地面积太小，不想流转，可能是因为面积小，流转产生的交易费用较高，而获取的流转收益有限。担心流转后失地失山的农户比例为12.77%，由此可见土地仍被看成是家庭的重要资产。

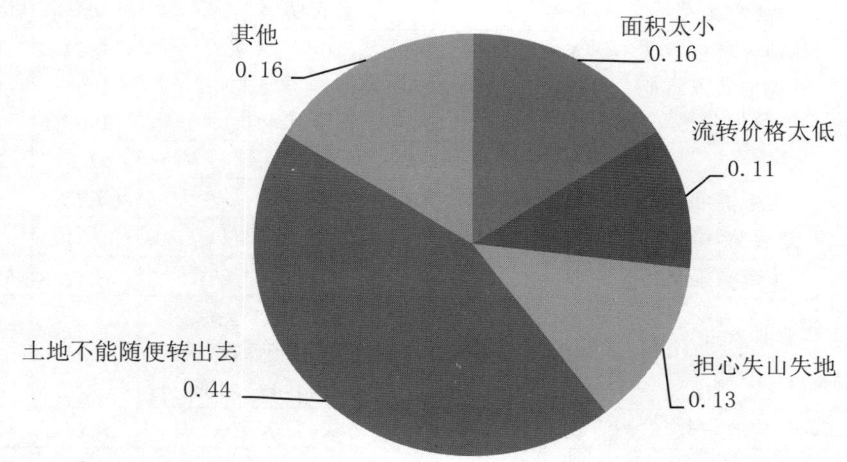

图19　农户不愿转出林地的原因描述

2. 农户林地流转意愿的估计结果

林权流转主要是林地使用权的流转和林木所有权的流转，现有研究更多关注的是前者。从流转层级看，林地使用权流转包括一级流转和二级流转（柯水发等，2012），前者是集体林地“确权到户”，即“分山到户”，后者指二次流转，一、二级流转的形式包括承包、租赁、转让、转包、互换、入股等。从农户调查情况看，林地使用权流转的比例为7.54%，林木所有权流转的农户比例为65.45%。流转形式中，租赁占71.25%，占据主体地位。从流转主体看，林地使用权流转可划分为国有转制型、流转大户型、普通农户型和林业合作社型（罗攀柱等，2010）。普通农户型指一般农户之间的林地流转，也是本研究涉及的主要类型。从流转的主导力量看，流转模式可分为市场主导模式，即自发流转；第三方主导模式，即具有政府职能的组织主导；自组织模式，即农户自愿联合经营（张舟等，2014）。从农户林地流转的情况看，市场主导模式，即农户自发流转的比重为81.21%，占据主导地位。

首先，变量的设定。被解释变量为农户林地流转意愿和实际发生的林地转出，均为二元离散变量，“愿意”和“转出”赋值为1，“不愿意”和“未转出”赋值为0。根据前文的分析，解释变量包括三个方面：农户特征（X_1、X_2、X_3、X_4、X_5），资源禀赋（X_6、X_7、X_8、X_9）和农户认知（X_{10}、X_{11}、X_{12}、X_{13}、X_{14}）。各变量的具体信息见表18，本部分数据不包括林改监测数据。

表18 变量的描述性统计

分类	变量名称	简称	变量说明	均值	标准差
因变量	林地的转出意愿	Y_1	1=愿意；0=不愿意	0.24	0.52
	林地的转入意愿	Y_2	1=愿意；0=不愿意	0.61	0.57
	林地转出	Y_3	1=转出；0=未转出	0.07	0.31
农户特征	年龄	X_1	岁	62.14	21.67
	受教育年限	X_2	年	7.22	5.34
	是否为村干部	X_3	1=是；0=否	0.31	1.46
	家庭劳动力	X_4	人	3.12	5.22
	林业收入占家庭收入比重	X_5	<5% =1；[5%,10%]=2；(10%,20%]=3.变了占比体评级一度约稿；(20%,40%]=4；>40% =5	2.71	8.55
资源禀赋	林地块数	X_6	块	7.13	16.07
	林地面积	X_7	hm2	3.01	211.73
	主要种植经济林	X_8	1=是；0=否	0.23	6.13
	主要种植用材林	X_9	1=是；0=否	0.72	8.21
农户认知	立地条件	X_{10}	很差=1；差=2；一般=3；好=4；很好=5	3.15	2.01
	是否了解森林保险	X_{11}	1=是；0=否	0.92	3.12
	是否购买森林保险	X_{12}	1=是；0=否	0.42	0.78
	是否了解林权抵押	X_{13}	1=是；0=否	0.90	2.31
	是否有过林权抵押	X_{14}	1=是；0=否	0.11	0.74

其次，估计模型的选择。对农户林地流转意愿的估计运用Logistic模型，由于农户实际参与林地流转的个体较少，其中转入林地仅有两个大户，从而只对转出进行估计，可以认为是“稀有事件”，需要对Logistic模型估计系数进行修正，以得到“偏差修正估计”（bias-corrected estimates），通过Stata15.0进行估计。估计结果见表19，LR统计量对应

的 p 值均为 0.00，整体显著，各变量的具体影响结果如下。

第一，农户特征的影响。其中，林业收入占比对林地转入意愿的影响显著，表明新时期林业效益的不断显现，提升了农户林业经营的积极性。农户是否为村干部对转入意愿具有显著的正向影响但对林地转出具有显著的负向影响，表明在新一轮林改中存在村干部借助于信息与权力优势，向农户“圈地”的可能。另外，家庭劳动力对转入意愿的影响不显著，对转出意愿和林地转出均为负向显著影响，但系数较小。随着农村劳动力的进一步转移和林业分工的推进，劳动力约束会逐渐降低。

第二，资源特征的影响。其中，农户经营林地块数对林地转出意愿和林地转出均具有显著正向影响，表明林地经营越细碎，经营成本越高，农户的转出意愿也越高。林地细碎对实际林地转出也具有显著的正向影响。主要林种是否为经济林和是否为用材林分别对转出意愿具有显著的正向与负向影响，表明林业经营周期对林地转出意愿具有显著影响，经营周期越短转出意愿越高，相反越长则转出意愿越低。而对林地转入意愿的影响方面，只有是否主要种植经济林通过了 1% 的显著性检验，表明在林地租金不断上涨的背景下，农户的林地转入行为相对更为谨慎。

第三，农户认知的影响。其中，立地条件对林地转出意愿和林地转出均具有显著的负向影响，表明农户经营林地的条件越好，经营收入相对越高，转出意愿就越低。另外，农户是否购买森林保险和是否有过林权抵押均对林地转出意愿和实际林地转出也具有显著的负向影响。农户是否购买森林保险和了解林权抵押对林地转入意愿具有显著的正向影响，表明森林保险的开展增强了农户林业经营抵抗风险的能力，林权抵押贷款的实施，降低了资金约束，提升了农户林业经营的行为能力，经营意愿增强，林地转入意愿提高，而转出意愿降低，对转出意愿和林地转出均具有显著的负向影响。

表 19　估计结果

变量	转出意愿		转入意愿		林地转出	
	系数	标准误	系数	标准误	系数	标准误
年龄	0.721	0.651	0.821	0.571	0.501	0.102
受教育年限	-0.925	0.781	0.351	0.213	-0.812	0.751
是否为村干部	-0.542	0.324	0.619**	0.051	-1.701*	0.305
家庭劳动力	-0.147*	0.033	0.418	0.215	-0.314*	0.108
林业收入占家庭收入比重	-1.721	0.135	0.712*	0.519	-1.405	0.416
林地块数	0.734**	0.603	-0.627	0.216	0.207*	0.125

续表

变量	转出意愿		转入意愿		林地转出	
	系数	标准误	系数	标准误	系数	标准误
林地面积	0.912	0.135	0.582	0.631	0.531	0.415
主要种植经济林	0.553**	0.503	1.641***	0.151	0.743	0.182
主要种植用材林	-0.901*	0.611	2.247	0.428	-0.091*	0.021
立地条件	-0.711*	0.621	-0.832	0.403	-2.617*	0.221
是否了解森林保险	-0.743	0.104	0.624***	0.559	-0.576	0.536
是否购买森林保险	-0.524***	0.352	0.541*	0.612	-0.732*	0.157
是否了解林权抵押	0.623*	0.306	0.274**	0.128	0.564	0.216
是否有过林权抵押	-0.061**	0.171	0.209	0.302	-1.115*	0.501
常数项	-0.644	0.515	-0.715	0.512	-2.204	0.105
LR值/ Wald值	520.18***		549.35***		87.12***	
伪R2	0.217		0.402		0.501	

注：*、**、*** 分别表示 0.10、0.05、0.01 的显著性水平。

3. 农户林权流转意愿分析

完整的林权包括林地与林木的所有权、经营权、处置权、收益权。其中，林地的处置权与收益权通常附属于林地的经营权。林权流转狭义上是指林地承包经营权和林木的流转。林地流转与林木流转均是林权流转的一部分，随着土地“三权分置”改革的推进，林地流转主要是指林地经营权的流转。从走访调查的情况看，受访农户的立地条件适中，表示在流转价格合理的情况下，愿意转入林地，但转出林地的意愿很低，特别是以杉木种植为主的农户都表示不愿转出林地，而以毛竹种植为主的农户有少部分表示有转出意愿，但要求流转价格与单位面积的林地收益相差不多。然而，农户的林木流转意愿相对较高，且具有进一步增强的趋势。对此，林权特性决定了农户的林权流转。林权流转包括了林地流转和林木流转两方面，构建农户参与林地与林木流转行为意愿的新二维图，分析不同流转行为下的农户心理状态。图 20 中，横坐标表示农户的林木流转意愿，纵坐标为农户的林地流转意愿，H 和 L 分别表示“高”与“低”。

HH 为林权流转的理想状态，表示农户的林地与林木流转意愿都比较高。“均山制”改革实现了集体林权的公平分配，并通过林权流转制度建设和市场培育，引导林地细碎化经营走向规模化，降低效率损失以实现公平与效率在农户与政府间的双重兼顾。然而，林业规模化经营并不必然借助于林地流转，环境变迁不断挤压了农户间林地流转的操作空间与现实基础，从而实现流转林地与林木高意愿的目标成为一种理想状态。

HL 为林权流转的失衡状态，表示农户的林地流转意愿高但林木流转意愿低。集体林经营权与林木所有权的频繁变动会造成农户的趋避心理，林木依赖于林地，流转意愿的不协调反映了农户对改革的矛盾心理，然而，深化改革与林业前景的信号传递，促使这种失衡只是暂时甚至存在的可能性很小。

LH 为林权流转的均衡状态Ⅱ，表示农户的林地流转意愿低但林木流转意愿高；LL 为林权流转的均衡状态Ⅰ，表示农户的林地与林木流转意愿都比较低。林地要素价格的提升降低了农户间林地流转意愿，而林木流转则取决于林权交易市场与社会化服务发展的程度，以及农户的林业生产组织形式，农户间林木流转意愿存在波动性。对此，农户间低林地流转意愿下，林木流转意愿的高低都处于一种相对均衡状态。

林改为林权流转的“理想状态”奠定了制度基础，但环境变迁抬高的流转价格不断吞噬着林地流转的现实基础，林地转入与转出意愿的双重弱化促使为林权流转设计的“理想状态”，落入与环境特征相匹配的“均衡状态Ⅰ”和“均衡状态Ⅱ”，不同环境特征形成不同的“状态”转换路径，如图 20 中路径 a 和路径 c，而路径 b 的现实可能性较小。

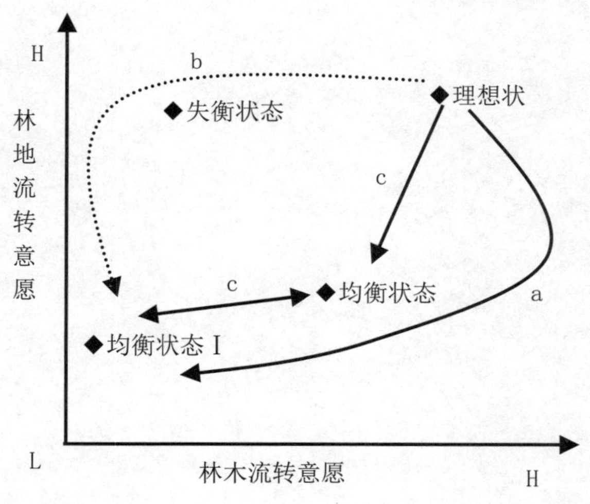

图 20　农户林权流转意愿的二维图分析

小结

在不考虑林地流转交易费用的前提下，从最大化农户效用的视角分析发现，林地流转实现与流转价格之间存在非线性关系，超过一定流转价格水平 P2 下的林地流转实现可能性明显降低，流转受阻。林地流转价格取决于林地经营的收益水平，随着市场特征、制度特征与资源特征的环境变迁，林业经营效益明显改善，新一轮林改后的林地流转价格直接超过了 P2 水平，而且交易费用的存在将进一步加大林地流转的难度。基于农户调查，实证分析了农户林地流转意愿与实际发生流转的影响因素。实际上，林地流转价格的高低反映了农户林地流转意愿的大小，较高的流转意愿价格表明农户转出林地的意愿低，作为林地转出方的农户，因此，林地流转很可能陷入“流动性陷阱”，即无论林地转入方出价多高，农户都不愿转出林地。

值得进一步讨论的是林业生产长周期的“双刃剑”。一般而言，林业生产长周期制约了农民的投资收益，农民的农地依赖度要高于林地，农地对农户家庭具有相对更高的社保功能价值，在农村劳动力转移和农民分化的背景下，林地流转应该更为活跃。然而，林地价值提升在对农户林地低流转意愿的行为影响中，很重要的一点还在于林业生产长周期降低了组织生产的频率，能够避免劳动力不足的约束，而流转租金相比于不断上涨的土地增值预期与林业收益预期，对农户的吸引力明显不足，不同树种经营特征的差异决定了农户对林地流转或合作的意愿不同，以林地要素入股来实现林地集中更能够迎合农户需要。

第三章　集体林地经营权流转政策演变与发展

政策文本通常表现为政府和政府职能部门以文件的形式颁发的相关法律、条例、法令、法规、决定、决议等。文本分析法（Text analysis）也称为内容分析法（Content Analysis）。政策文本分析可分为三种类型（涂端午，2009）：一是文本定量分析，根据政策文本中的一些关键词词频进行统计，分析不同词频变化以从规律性中挖掘可能存在的深层寓意；二是文本定性分析，即选择某一视角对政策文本中的相关表述进行阐释和解读；三是综合分析，即政策文本的定量分析与定性分析的综合，既有政策表述的解读也有政策词频的统计分析。总体上，第二种政策文本分析较为常见，同时量化文本分析的关注程度也不断提高。实际上，文本分析最早来自于计算机语言学领域，计算机语言学与文本分析之间的关系如同生物学对医学或者物理学对工程学。（Kranz，1970）。文本分析涉及通过计算机功能来回答与很多学科相关的问题，包括心理学、政治学、社会学等。在这些领域，语言代表一些利益的焦点结构，此时计算机可以被用来测度这些结构并提供系统的比较，在对比的基础上甚至能发现被研究人员无法注意到的内容，而且研究对象本身也无法呈现，但通过文本分析可以做到（Humphreys and Wang，2018）。在很多情况下，分析文本并不是研究的最终目标，而是用来测试利益结构或变量之间的关系。

集体林权制度改革的相关政策文件是林地经营权流转的重要文本，文本内容在很大程度上反映了政府利益诉求，可认为是利益相关者的均衡结果，通过梳理政策文本，可了解到林地经营权流转的背景，进而探寻集体林地经营权流转可能存在的普遍规律或内在逻辑。

一、文本来源与说明

1. 样本选择

农村土地承包经营权的政策主要包括法律法规类文件、决定类文件、政策意见类文件和其他类文件。文本搜索的途径：一是中央与地方政府工作网站以及农业部和林业局的部门工作网站；二是文本数据库，主要包括“北大法宝数据库”“法律法规全库”“法律教育网”；三是已有相关研究文献，包括相关研究引用的政策文本和直接对政策文本的解读。考虑到与土地流转相关的政策文本较多，需要对其进行一定程度的筛选，原则如下。

第一，时间跨度。政策文本可追溯到改革开放时期，即选择从1978～2018年共40年的政策文件，从时间跨度上包含了集体林权制度改革的几个时期，可进行对比。

第二，文本内容。政策文本主体内容或者部分内容直接与农村土地流转相关。搜索范围上主要以“土地流转”“土地承包经营权流转”“土地经营权流转”“土地使用权流转”“土地规模经营”“土地抵押”为关键词进行搜索，需要强调的：一是政策文本中未直接体现与土地流转相关内容的文件均不包括在内；二是尽管农村承包地包括农地和林地，土地流转也包括农地流转和林地流转，但政策文本只涉及农地流转而未提及林地流转也不包括在筛选范围内。如国务院办公厅《关于积极推进供应链创新与应用的指导意见》（国办发〔2017〕84号）中提及“鼓励承包农户采用土地流转、股份合作、农业生产托管等方式融入农业供应链体系，完善利益联结机制，促进多种形式的农业适度规模经营，把农业生产引入现代农业发展轨道”。文本内容中只强调农业和农业规模经营，而不是整个土地范围内容的规模经营，对此，该文本不列入分析文本。三是政策文本若只是提及“土地流转”一词而未有与此相关的政策内容陈述，则该文本也不列在分析文本内。如国务院《关于印发“十三五”国家信息化规划的通知》中指出要建设农村土地流转管理信息平台，仅提及该内容，重点不是强调土地流转。实际上，这类文本的内容重点与土地流转不相关。

第三，文本权限。文本发布部包括全国人民代表大会、国务院、最高人民法院、国务院各机构。政策除了属于法律范畴的文本外，主要包括由中共中央、国务院及相关部门和省级政府及相关部门颁布并实施的办法、意见、通知等规范性政策文本，其中以“土地流转”为关键词的地方政策文本检索范围太广，转而重点关注涉及林地流转的政策文本，对此，以“林地流转或转让”“林木流转或转让”“林权抵押”“林权流转或转让”为标题进行检索。

第四，文本效力范围。文本效力级别包括法律、行政法规、司法解释、部门规章和团体规定。考虑到文本下发的科层制特征：一方面，抄送文件、转发上级政策文件和国家部门回复地方的复函文本，或不同部门联合发布的政策文本不作重复统计。如2018

年中央发布《关于实施乡村振兴战略的意见》（中发〔2018〕1号文件），而后农业农村部（原农业部）发布了《关于大力实施乡村振兴战略加快推进农业转型升级的意见》，后者就不再单列。又如国家林业局《关于外籍人士及其组织申请采伐林木问题的复函》（林资发〔2012〕258号），文本内容涉及林权变更，但不列入文本统计中。另一方面，由中共中央、国务院等国家部门颁发并在全国范围内实施的政策文件只需列出国家文件不再列出地方文件，如由国务院颁发的《关于加快林业发展的决定（2003年）》，地方跟进中央政策制定了相关意见或办法，对该政策的地方文本就不再单列。但对地方独立拟定的而中央未制定实施的政策文本需要列出，如《广东省林地林木流转办法（2017年）》，需要进一步说明的是，在广东省省级层面出台了该办法后若省内各市跟进出台了相关通知或办法，相关通知或办法也需要列出，如2010年贵州省出台了《森林林木林地流转条例》，2011年毕节市颁发了《森林林木林地流转管理暂行办法的通知》，两个政策文本均需统计。

初始检索的文本超过了350份，基于以上筛选原则，可以梳理出的文本包括法律法规和政策文件共125份，其中，国家层面出台的共有76份，地方出台的共有49份。尽管土地流转包括了农地流转和林地流转，但直接关系到林地流转的政策文本主要是由国家林业局颁发的。国家林业局出台的政策文本单列出来，共有21份。又将国家出台的政策文本分为主要由中共中央、国务院出台的和主要由原国家林业局出台的两部分，前者共有55份，后者共有20份。

从土地流转政策文本的类型划分看（见表20），国家层面的政策文本中意见类和通知类文本占比较高，分别为50%和28.95%，需要说明的是1987年以前的“部署”“纪要”“纲要”等中央政策文件包括中发〔1987〕5号文件都列为通知类文本。其中，在国务院的相关文本中，通知类和意见类文本的占比分别为27.27%和50.91%，明显高于其他文本类型，占总文本数量的44.35%，占比最高。原国家林业局的文本占比相对较低，为16.8%，其中通知类文本和意见类文本的占比仍较高，分别为33.33%和47.62%。另外，地方层面的政策文本占比为39.52%，其中，办法类、意见类和通知类文本占比较高，分别为44.9%、16.33%和14.29%，而且南方地区的文本相对多于北方地区。

表20 土地流转政策文本的类型划分

文本层级	部门/省份	文本类型	文本数量（件）	占比（%）	
国家（76）	中共中央、国务院（55）	法律法规	5	9.09	44.35
		通知	15	27.27	
		指示	1	1.82	
		决定	6	10.91	
		意见	28	50.91	
	国家林业局（21）	办法	1	4.76	16.8
		通知	7	33.33	
		规定	1	4.76	
		意见	10	47.62	
		复函	2	9.52	
地方（49）	福建省	条例、意见	2	4.08	39.52
	江西省	条例（2）、方案（1）、意见（1）、办法（1）	5	10.20	
	浙江省	办法（2）、意见（3）、通知（1）	6	12.24	
	黑龙江	办法（1）、通知（2）、方案（1）	4	8.16	
	云南省	办法（3）、意见（1）	4	8.16	
	重庆市	办法	2	4.08	
	海南省	规定	1	2.04	
	贵州省	条例、通知	2	4.08	
	河南省	办法	1	2.04	
	辽宁省	办法、意见	2	4.08	
	安徽省	办法、意见	2	4.08	
	甘肃省	办法、通知	2	4.08	
	山东省	办法	1	2.04	
	山西省	办法、通知	2	4.08	
	广西省	办法	1	2.04	
	湖北省	条例	1	2.04	
	内蒙古	办法	1	2.04	
	新疆	办法	1	2.04	
	四川省	办法（3）、通知（1）	4	8.16	
	湖南省	办法（2）、意见（1）	3	6.12	
	广东省	办法	2	4.08	
合计			125		100

2. 政策文本编码

筛选政策文本后需要对文本进行编码以便于识别和统计描述，主要对政策文本中涉及土地流转相关的内容进行编码，同样不对文本内容中只是提及土地流转一词的句段进行编码，而是对土地流转有实质性内容描述的句段进行编码。另外，对以土地流转为标题的整个政策文件进行编码。总体上，按照文本意思表达完整的原则以政策文本出台年份、文件号、条款序号、内容段落进行编码，即以“文本年份－文件号－文本条款－文本内容段”的形式对筛选的政策文本进行编码。土地流转政策文本内容的编码表如表20和表21所示。由于政策文本较多，编码表只展示了其中的一部分，完整的编码见附录1中的表1。

表21　土地流转的法律法规与中央政策文本

文件号	文本名称	文本内容	文本编码
相关法律	《宪法》（1982年通过并实施，1998年修订）	第十条第四款：任何组织或个人不得侵占、买卖或者以其他形式非法转让土地，土地的使用权可以依照法律的规定转让。	1982-10-4
	《土地管理法》（1987年开始实施，1988年、1998年、2004年修订）	第二条：任何单位和个人不得侵占、买卖或者以其他形式非法转让土地。土地使用权可以依法转让。	1997-2
	《森林法》（1984年通过并实施，1998年和2009年修订）	第十五条：森林、林木、林地使用权可以依法转让，也可以依法作价入股或者作为合资、合作造林、经营林木的出资、合作条件，但不得将林地改为非林地。	1998-15
	《农村土地承包法》（2002年通过，2003年实施）	第二十六条内容中：承包期内，承包方全家迁入设区的市，转为非农业户口的，应当将承包的耕地和草地交回发包方。 第三十二条：通过家庭承包取得的土地承包经营权可以依法采取转包、出租、互换、转让或者其他方式流转。	2002-26 2002-32
	《物权法》（2007年通过并实施）	第一百二十八条：土地承包经营权人依照农村土地承包法的规定，有权将土地承包经营权采取转包、互换、转让等方式流转。流转的期限不得超过承包期的剩余期限。未经依法批准，不得将承包地用于非农建设。	2007-128

续表

文件号	文本名称	文本内容	文本编码
中发〔1980〕75号	《于进一步加强和完善农业生产责任制的几个问题》（1980年）	第六点内容中：（1）要保护集体财产，不可拆毁平分，迅速确定林权，禁止乱砍林木；（2）重申不准买卖土地，不准雇工，不准放高利贷；……。	1980–75–6
……	……	……	……
发改农经〔2018〕124号	关于印发《生态扶贫工作方案》的通知（2018）	第三部分第三点内容中：大力发展生态旅游、特色林产业、特色种养业等生态产业，通过土地流转、……，拓宽贫困人口增收渠道。	2018–124–3–3

随着国家政策的不断变迁，政策文件也可能被废止或被新的政策替代。尽管在原国家林业局关于林地流转的政策文本中部分文件已废止或被更替，如《关于切实加强集体林权流转管理工作的意见》（林改发〔2009〕232号，被林改发〔2016〕100号替代），但为了解政策轨迹，仍有必要列出已废止的政策文本（见表22）本。而且，可以注意到的是，原国家林业局关于林地流转的政策文本从2004年开始的，在国家开始推行新一轮集体林权制度改革以后，即在国家发布《关于加快林业发展的决定》（中发〔2003〕9号文件）后，这在一定程度上可以看出国家对林业生产的经济功能关注程度相对不高，而更加重视林业的生态保障功能，如较早的政策文本是《关于加强南方集体林区森林资源管理，坚决制止乱砍滥伐的指示》（中发〔1987〕20号文件[1]）。表22只展示了其中的一部分，完整的编码见附录1的表2。

表22　原国家林业局关于林地流转的政策文本

文件号	文本名称	文本内容	文本编码
林计发〔2004〕89号	《森林资源资产抵押登记办法（试行）》（2004年，已废止）	第三条：可用于抵押的森林资源资产为商品林中的森林、林木和林地使用权。 第七条内容中：资产管理部门负责办理登记或变更登记手续。	2004–89–3/ 2004–89–7

[1]　1985年，中共中央、国务院颁布了《关于进一步活跃农村经济的十项政策》（中发〔1985〕1号文件）指出“集体林区取消木材统购，开放木材市场，允许林农和集体的木材自由上市，实行议购议销。”政策实施后出现了南方集体林区滥砍乱伐林木的现象，森林资源遭到严重破坏。对此，国家发文严禁乱砍滥伐，保护森林资源。

续表

文件号	文本名称	文本内容	文本编码
林策发〔2004〕228号	《关于合作（托管）造林有关问题的通知》（2004年）	第一点内容中：积极鼓励和支持各种社会主体投资发展林业。 第二点内容中：国家鼓励各种社会主体参与林业建设，但市场经济条件下从事林业生产经营必须符合法律规范。	2004–228–1/ 2004–228–2
……	……	……	……
林改发〔2017〕77号	《关于加快培育新型林业经营主体的指导意见》（2017年）	第七点内容中：鼓励发展股份合作社。鼓励农户以承包的集体林地经营权、林木所有权量化或作价入股，发展林地林木股份合作社。	2017–77

二、政策文本分析

1. 政策文本的语句解构

第一，政策文本语句解构的框架。公共政策文本分析，从符号分析和文本解读视角，考察公共政策现象中的话语符号及其传播模式。主要包括公共政策文本的符号展示意义分析、公共政策文本的语法意义分析和原政策文本分析。实际上，政策话语包括语言与非语言材料、文本材料与口头材料，现有研究更多关于语言类的文本材料。根据定义，以建构主义、现象学、诠释学为基础，政策话语分析通过对与政策相关的文本、口头表达、历史事件、论辩等一系列语言和非语言材料的研究，来展现和批判人们对政策问题的意义建构过程（李亚等，2015）。公共政策话语在很大程度上体现了政治系统的运行特征。公共政策文本为研究者提供观察政府行为和政治过程的窗口，研究路径包括语义学和语法学路径、语用学路径、政策内容路径、文献计量路径和社会网络路径（任弢等，2017）。前三个路径都与政策文本内容解读相关，文献计量侧重于文本量的统计分析，将社会网络分析法引入文本分析通过刻画政策文本在中央与地方之间、部门之间、地区之间的空间布局，为公共问题的跨区域治理、部门协同提供一个视角。总体上，政策文本分析以语句解构的方式来分析政策寓意最为普遍。公共政策以规划结果形式呈现，指向特定的利益关系状况，并对该集体内部成员具有普遍性意义。一个完整语法逻辑的公共政策表述包括：现实事态（“实是”语句）、它符合的价值标准（“评价”语句）、应该采取的行动（“行动”语句）和遵从与否的后果（“后果”语句）。因此，政策文本的语句可以解构为“实是”语句、“评价”语句、“行动”语句和“后果”语句四个部分（见

表 23）。在解构的基础上，通过政策语句四个部分的系统性与关联性可以在一定程度上判断政策本文的有效性，有别于政策文本实施后的实证判断。

表 23 政策文本语句解构

语句解构	语句用意	语句有效性
“实是”语句	对既定公共事态或公共事件基本状况的认知和描述	公共事态或公共事件描述的真实性向度
“评价”语句	对公共事态或公共事件进行价值判断	事态状况与评价标准之间的符合性向度
“行动”语句	设定了相关主体的行为方式或行为取向	行为方式的可行性向度
“后果”语句	遵从“行动”语句与否后的利益得失前景	断言利益得失成为现实的真诚性向度

第二，政策文本语句结构应用：以意见类文本为例。政策文本中的法律法规类、办法类和条例类文本直接指向行动，作为一种规章通常不含“实是”语句和“后果”语句，“行动”语句占据主体，而意见类文本包括了语句解构的四个部分。由于政策文本量较大，因此分别以《关于全面推进集体林权制度改革的意见》（中发〔2008〕10 号）和《关于实施乡村振兴战略的意见》（中发〔2018〕1 号文件）为例，运用政策文本语句结构框架来分析关于林地流转的语句结构。

通过对《关于全面推进集体林权制度改革的意见》中有关集体林地流转的语句分类，形成表 24。一是“实是”语句具有很高的真实性向度。改革开放以来，中国经历了多次集体林权制度改革，大致分为三个阶段：20 世纪 80 年代的林业“三定”，标志性文件是《关于保护森林发展林业若干问题的决定》（中发〔1981〕12 号）；20 世纪 90 年代的集体林产权主体多元化，标志性文件是《关于森林资源资产产权变动有关问题的规范意见（试行）》（林财字〔1995〕67 号）；21 世纪伊始实施的新一轮林改，标志性文件是《关于加快林业发展的决定》（中发〔2003〕9 号）。由于林地勘界技术有限和林权多次改革，林地四至边界仍不够清晰，时常存在林地纠纷；林地经营仍以家庭经营为主，社会投资林业的积极性不高，林业税费负担较重。“实是”语句的事态描述符合当时实际，具有真实性向度。

二是“评价”语句具有很高的符合性向度。“评价”语句的描述符合利益相关者的价值观念，即突出效率，强调发展林业生产力，又兼顾公平强调构建和谐社会。效率和公平一直是国家改革的两项重要标准，尽管比较笼统，但已内化为行为准则。

三是“行动”语句具有较高的可行性向度。林地承包经营权和林木所有权均可以多种形式进行流转，强调流转行为的合法性，且具体如何流转的可行性在随后2009年《关于切实加强集体林权流转管理工作的意见》（林改发〔2009〕232号）中指出，2005年《农村土地承包经营权流转管理办法》（农业部令第47号）中对转包、出租、转让、入股、互换等流转方式的具体内容有明确说明，但对抵押方式未作说明。2013年出台《关于林权抵押贷款的实施意见》（银监发〔2013〕32号）后，林权抵押的可行性才明显提高。从实际执行情况看，抵押的推行仍面临诸多难题，如国家政策不落实或落实不彻底、林权抵押贷款条件苛刻、程序复杂（刘浩、刘璨，2016），建立健全产权交易平台的相关操作缺失，没有具体明细的补充办法或条例。从实际情况看，农户通过产权交易平台进行的林权交易量仍有限，更可能选择场外私下交易。大多数小规模林农选择私下交易，而没有参与林权交易市场的场内交易（谢煜等，2016）。总体上，行动语句本身使用的词汇比较宏观、抽象，没有明确相关行为主体及其具体行为措施。

四是“后果”语句具有真诚性向度。“后果”语句的描述针对的是整个集体林权制度改革，集体林地流转只是扮演了其中一个角色。按照文本行动要求推动明晰产权、放活经营权、保障收益权的改革措施显然有利于促进资源增长、农民增收、生态良好、林区和谐，但集体林地流转与否并不决定这四个维度目标的实现，即使这四个维度的标准比较笼统且改善的程度可能不高，但总体符合真诚性向度。总体上，通过对《关于全面推进集体林权制度改革的意见》文本中关于集体林地流转的语句解构发现，“实是”语句和“评价”语句的有效性较强，“行动”语句和“后果”语句的有效性相对较弱。从政策文本语句结构的角度看，集体林地流转的落实或执行可能难以符合政策预期，农民集体林地流转的积极性不高。截止2014年年底，全国7个省样本地区累计流转林地面积只占林地总面积的9.4%，转出林地户数占农户总数仅为5.63%，2014年有82.14%的农户表示“不愿转出林地”（国家林业局“集体林权制度改革监测”项目组，2016）。

表24　中发〔2008〕10号文件有关集体林地流转的语句解构

语句解构	政策文本内容
“实是”语句	集体林权制度虽经数次变革，但产权不明晰、经营主体不落实、经营机制不灵活、利益分配不合理等问题仍普遍存在，制约了林业的发展。
“评价”语句	进一步解放和发展林业生产力，促进传统林业向现代林业转变，为建设社会主义新农村和构建社会主义和谐社会作出贡献。

续表

语句解构	政策文本内容
“行动”语句	在不改变林地用途的前提下，林地承包经营权人可依法对拥有的林地承包经营权和林木所有权进行转包、出租、转让、入股、抵押或作为出资、合作条件，对其承包的林地、林木可依法开发利用。
	在依法、自愿、有偿的前提下，林地承包经营权人可采取多种方式流转林地经营权和林木所有权。
	加快林地、林木流转制度建设，建立健全产权交易平台，加强流转管理，依法规范流转，保障公平交易，防止农民失山失地。
“后果”语句	逐步形成集体林业的良性发展机制，实现资源增长、农民增收、生态良好、林区和谐。

从中发〔2018〕1号文件中有关林地流转的语句解构看（见表25）：一是“实是”语句具有很高的真实性向度。农产品的需求价格弹性较低，农民在参与市场竞争中一直处于弱势地位，而且随着农业生产机械化和信息化水平的提高，对农业劳动力的技能要求也不断提高，加之城镇化的推进加深了农村劳动力转移的程度，农业生产队伍越发薄弱。二是“评价”语句具有很高的符合性向度。中国市场化进程一直是由行政计划不断转向市场调控的过程。党的十七大报告指出“从制度上更好发挥市场在资源配置中的基础性作用”，十八届三中全会则进一步明确将市场在资源配置中的“基础性作用”升级为“决定性作用”。完善要素市场化配置显然具有符合性向度。三是“行动”语句具有很高的可行性向度。通过农村承包土地经营权融资和入股已经有了相关办法，如《关于林权抵押贷款的实施意见》（银监发〔2013〕32号文件），可操作性强。关于土地承包权的退出机制文本强调“引导”而不是“推进”，为操作的可行性留有空间，但关于深入集体林权等领域改革的词语较抽象，考虑到已有参照政策文本《关于完善集体林权制度的意见》（国办发〔2016〕83号），该项措施具有可行性。四是“后果”语句具有较高的真诚性向度。提高农业生产要素的流动性有利于改善农业生产效率、促进农业发展，农民增收则有利于改善地区贫困状况，而且土地要素的流动增加了农民的财产性收入，但未必能缩小城乡居民生活水平差距。

表 25　中发〔2018〕1 号文件有关林地流转的语句解构

语句解构	政策文本内容
“实是”语句	农民适应生产力发展和市场竞争的能力不足，新型职业农民队伍建设亟需加强。
“评价”语句	以完善产权制度和要素市场化配置为重点，激活主体、激活要素、激活市场，着力增强改革的系统性、整体性、协同性。
“行动”语句	农村承包土地经营权可以依法向金融机构融资担保、入股从事农业产业化经营。
	维护进城落户农民土地承包权、宅基地使用权、集体收益分配权，引导进城落户农民依法自愿有偿转让上述权益。
	全面深化供销合作社综合改革，深入推进集体林权、水利设施产权等领域改革，做好农村综合改革、农村改革试验区等工作。
“后果”语句	农业综合生产能力稳步提升，农业供给体系质量明显提高，农村一二三产业融合发展水平进一步提升
	农民增收渠道进一步拓宽，城乡居民生活水平差距持续缩小
	现行标准下农村贫困人口实现脱贫，贫困县全部摘帽，解决区域性整体贫困

总体上，通过对《关于实施乡村振兴战略的意见》文本中关于林地流转的语句解构发现，解构各类型的语句均满足有效性特征，同样，解构的语句不能判断有效性的实现程度，这与政策文本具体落实条件相关。

政策语句的解构包括完整性和有效性，两方面共同影响公共政策的执行效力，从以往政策执行效果看，不同政策的执行效果存在差异，影响政策执行效果的因素众多，但从政策语句本身解读的较少，执行效果在一定程度上与政策本身的解构语句的完整性与有效性相关。一般而言，政策文本的语句解构能够保证完整性，但在实现语句的有效性上存在差异，除此之外更为关键的还在于语句之间的关联逻辑，即解构语句的系统性与关联性。

2. 政策语句的系统性与关联性

首先，政策语句的系统性。政策语句的系统性表现在解构的政策文本语句中，包括“实是”语句、“评价”语句、“行动”语句和“后果”语句四个完整的部分，但不是所有的政策文本都明确显示了这四个语句，部分语句可能隐含在同一语句中和其他相关政策文本中，如《广东省林地林木流转办法》（2017 年广东省人民政府令第 244 号）中没有明确的“实是”语句和“评价”语句，这部分语句内容的描述已在《关于规范集体林权流转市场运行的意见》（林改发〔2016〕100号）文本中体现。另外，该文本的“后果”语句，即“为了规范林地林木流转，保障林地林木流转双方的合法权益，促进林业改革与发展”，本身在一定程度上隐含了“实是”语句，即现有林地林木流转不够规范，流转双方的权益未得到有效保障，不利于林业改革与发展。一项公共政策的效力需要政策语句的系统性，但各部分政策语句的优化不意味着政策整体的优化，因为不同类型语句之间还需要有关联性，但部分政策语句的弱化必然会影响政策整体的效力。除了政策语句的完整性，还需要考虑政策语句本身的有效性。“实是”语句的信息量不足，“评价”语句的“以言行事”能力较为强势，由于相关利益相关主体对更广泛的利益关系状况的信息认知有限，“行动”语句的行为效力、“后果”语句的断言警示效力就会受到一定程度的削弱，主要表现为利益相关主体参与公共政策的被动性（杨正联，2006）。其次，政策语句的关联性。政策文本在完整的政策语句上还需要构建语句间的关联性，即“评价”语句在多大程度上覆盖了“实是”语句反映的相关利益主体关系状况并满足了各自的利益归属，“行动”语句是否按照“评价”语句的导向实现“实是”语句描述的事态状况向公益方向发展，毕竟公共政策是“公共”的，“后果”语句能否实现个体利益与集体利益的紧密集合（见图21）。

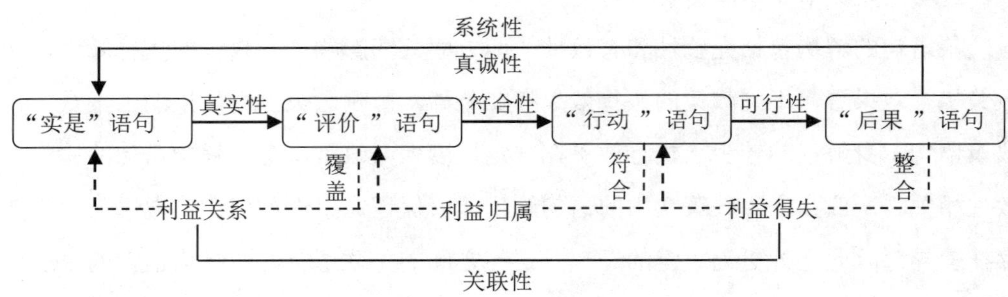

图21 政策文本语句的系统性与关联性

同样以《关于全面推进集体林权制度改革的意见》为例，该政策文本解构的语句完整，包含了四个类型的语句，且具备有效性，但在关于集体林地流转这点内容上的关联性稍有不足。“实是”语句不仅信息量充足而且具备真实性向度，揭示了利益相关主体的关系状况，即国家需要林业发展、地方需要利益分配合理、农民需要明晰的产权并放松经营管制。但在“评价”语句中更多提及发展林业和建设新农村，未能覆盖到农民群体，而农民利益诉求则在“后果”语句中才体现出来。“后果”语句中的四个维度仅增收与农民切身相关，而“行动”语句中的林地流转与否并不必然影响农民收入，也就意味着在这一点上“行动”未必能引致“后果”。从实际情况看，集体林地流转的政府意愿较强，农民参与的积极性不高，带有“被动性”。

从利益相关性角度看，集体林地流转能够改变林地细碎化经营特征，提高资源利用效率，促进资源增长、生态良好，甚至林区和谐，但这些维度更符合国家、地方政府和村委利益诉求，并不完全体现农民利益。“行动”语句的可行性会影响“后果”语句在真诚性向度上的实现程度，尤其在农民增收维度上的真诚性向度较弱。诚然，农民增收还可以通过政策文本提及的减免税费的“行动”得以实现，但通过集体林地流转“行动”实现农民增收存在不确定性[1]。从“后果”上未能实现个体利益与集体利益的相容，针对集体林地流转这点“行动”，“评价”语句在引导“行动”促使“实是”向公益方向发展的关联性上稍有不足。从而形成一个悖论：国家利益实现在一定程度上依赖于农民集体林地流转积极性，而政策文本关于集体林地流转的行动措施又尚未有效关切农民的利益诉求。

对比不同政策文本的语句解构情况看，通知类、意见类、决定类文本的四类语句相对完备，其中，“实是”语句、“评价”语句和“后果”语句通常都满足有效性特征，“行动”语句的有效性可能不足。法律法规类、条例类和办法类政策文本通常缺失“实是”语句和“后果”语句，“评价”语句和“行动”语句通常满足有效性特征。总体上，从政策文本解构的语句本身看，可在一定程度上判断政策落实达到政策预期的程度，其中“行动”语句的有效性与“后果”语句的关联性是关键。

3. 政策文本的关键词分析

通过研读收集到的每一篇政策文本，从中选取描述集体林地流转相关的语句或语段，再从该语句或语段中提取与集体林地流转相关的词汇，即筛选出关键词及其词频变化来了解政策变迁及其内涵。关键词的词频分析是文本分析的重要统计测量工具，通过词频变化反应政府在一定时期内对该问题的重视程度及认知变化。关键词分析主要考虑国家层面的政策文本，根据政策文本的筛选原则，考虑到中央政策文本通常是针对整个农村承包地的内容，而国家林业局的政策文本是直接面向林地流转的内容，关键词上存在差异，因此，本研究同样将中央政策文本与原国家林业局的政策文本分开统计分析，其中，

[1]　这项假设，我们在后面的章节进行了实证检验，发现不是所有树种经营的林地流转都有利于农户增收。

中央政策文本的关键词选择包括：土地转让，买卖土地，土地使用权流转，土地承包经营权流转，土地经营权流转，森林、林木、林地使用权转让，林地承包经营权流转，林权流转，林地经营权流转，规模经营。其中，“森林、林木、林地使用权转让”中的“转让”也指“流转”。原国家林业局的政策文本中关键词选择包括：林权抵押，森林资源资产转让，森林、林木、林地使用权转让，林地承包经营权流转，林地经营权流转，集体林权流转，规模经营。

需要说明的是，一个政策文本可能会有多项内容涉及林地流转，对同一关键词不做重复统计。另外，根据政策文本筛选原则的第三点，对于政策文本如只是提及“土地流转”一词为以辅助表述其他政策内容而不是描述“土地流转”本身，则该文本不列入统计中。同理，对这类词汇在政策文本中也不做统计。以关键词是否出现在文本为标准，无论该关键词词频多高，在同一文本中只统计一次，本研究主要观察关键词在不同政策文本中的变化：一是同一关键词在不同政策文本中是否重复出现；二是不同关键词在不同政策文本出现的先后顺序，反映政策变迁。

第一，中央政策文本的关键词分析。根据集体林权制度改革的三个阶段，即林业“三定”时期（1980～1994 年）、林权市场化运作时期（1995～2002 年）、新一轮集体林权制度改革时期（2003 年以来），将关键词统计以三个阶段进行区分（见表 26）。总体上，关键词的总词频为 116，不同阶段的关键词频呈上升趋势，2003 年以来的关键词频明显较高，占总体的 61.21%。横向对比看，政策重点在于激活土地要素。词频较高的关键词包括“土地使用权流转”“土地承包经营权流转”“土地经营权流转”“森林、林木、林地使用权转让”“林权流转”和“规模经营”，占比分别为 11.3%、14.78%、9.57%、11.3%、7.83% 和 32.17%。林地流转的政策目标在于实现规模经营以提高资源利用效率，与土地流转相关的政策内容通常会涉及规模经营，从而该关键词的词频较高。林地流转主要表现在林地使用权转让、承包经营权流转、经营权流转，体现在林地的利用上，而林权流转比较笼统，还包括林木所有权的流转，可以看出以实现规模经营为目标的政策激励主要体现在林地产权的经营权或使用权流转上，落实经营权流转一直是政策关注的重点。尽管林地规模经营可以从服务环节来实现，但政策更倾向于强调生产环节的土地集中。

纵向对比看，不同阶段的关键词及词频变化差异明显。1980～1994 年的词频较高的关键词包括“土地转让”“土地使用权流转”“规模经营”，占比分别为 16.67%、25%、33.33%。1995～2002 年的词频较高的关键词包括“土地使用权流转”“土地承包经营权流转”“规模经营”，占比分别为33.33%、19.05%和33.33%。2003～2018年词频较高的关键词包括“土地承包经营权流转”“土地经营权流转”“森林、林木、林地使用权转让”“林权流转”和“规模经营”，占比分别为18.31%、15.49%、14.08%、12.68%、30.99%。纵向比较可以发现，从林改第二阶段开始出现了“土地承包经营权流转”。关键词“土地经营权流转”且词频在林改第三阶段明显提高，逐渐淡化了“土地转让”“土地买卖”“土地使用权流转”的表述。林改第三阶段未出现“土地流转”“土地使用权流转”“土地买卖”这几个关键词，而有关于“林地承包经营权流转”和“林地经营权流转”的表述。可以认为，林权内容不断明晰且不断丰富和细分，林地流转的产权内容逐渐明确。

表26　中央政策文本中关于林地流转的关键词统计

关键词	1980～1994年		1995～2002年		2003～2018年		合计	
	频数	占比（%）	频数	占比（%）	频数	占比（%）	频数	占比（%）
土地转让	4	16.67	0	0	0	0.00	4	3.45
土地使用权流转	6	25	7	33.33	0	0.00	13	11.21
土地买卖	3	12.5	0	0	0	0.00	3	2.59
土地集中	2	8.33	1	4.76	1	1.41	4	3.45
土地承包经营权流转	0	0	4	19.05	13	18.31	17	14.66
土地经营权流转	0	0	0	0	11	15.49	11	9.48
森林、林木、林地使用权转让	1	4.17	2	9.52	10	14.08	13	11.21
林地承包经营权	0	0	0	0	2	2.82	2	1.72
林地经营权流转	0	0	0	0	3	4.23	3	2.58
林权流转	0	0	0	0	9	12.68	9	7.76
规模经营	8	33.33	7	33.33	22	30.99	37	31.90
合计	24	20.69	21	18.1	71	61.21	116	100

从关键词在政策文本中的分布情况看（见附录2的表4），“森林、林木、林地使用权转让”“土地承包经营权流转”“规模经营”三个关键词在整个政策变迁过程中的时间跨度较长；在较早政策文本中关于土地流转的关键词如“土地转让”“土地买卖”“土地集中”很快淡出政策文本，这与宏观经济变迁相关。“土地使用权流转”的提法持续到20世纪90年代，随着改革的推进，政策文本逐渐强调土地承包经营权或土地经营权的流转，然而，关于林地流转的表述一直保持着林地使用权转让或流转的提法，如《关于稳步推进农村集体产权制度改革的意见》（中发〔2016〕37号）中指出，开展农村承包

土地经营权、集体林权、“四荒”地使用权、农业类知识产权、农村集体经营性资产出租等流转交易。另外，“土地经营权”在政策文本中逐渐接替“土地承包经营权”。土地流转还包括土地承包权流转，2013 年后突出土地的经营权流转。然而，可以看出的是“林地经营权流转”的提法最早出现在 2008 年的政策文本中。《关于全面推进集体林权制度改革的意见》（中发〔2008〕10 号）指出，林地承包经营权人可采取多种方式流转林地经营权和林木所有权。同年中央一号文件《关于切实加强农业基础建设进一步促进农业发展农民增收的若干意见》（中发〔2008〕1 号）指出，按照依法自愿有偿原则，健全土地承包经营权流转市场，仍以土地承包经营权为关键词强调土地流转。对此，可以看出，集体林权制度改革在部分改革领域并不落后甚至超前于农村土地制度改革或农地制度改革，长期以来，集体林权制度改革被认为是对农地制度改革经验的复制，尽管带有路径依赖的制度变迁降低了政策制定成本和执行风险，然而集体林权和林地经营表现出更丰富的制度内涵却可能不容易受到重视，这可能会在一定程度上影响政策执行效果。实际上，改革开放初期的林业“三定”是对农地家庭承包经营制度改革的一种复制，由于制度安排的移植会受到产业特性、资产特性的约束，制度安排未能取得农地制度改革的成效[1]（罗必良，2004）。

第二，国家林业局政策文本的关键词分析（见表 27）。从关键词的统计词频看，“林地经营权流转”、“林权流转”、“森林、林木、林地使用权转让”、“林权抵押”和“规模经营”的词频较高，其中强调“林地经营权流转”的词频较高，为 19.44%，但强调“林地承包经营权流转”的词频仅一次，明显低于中央政策本文中“土地承包权”的统计词频。“林权流转”和“森林、林木、林地使用权转让”包含的内容较广泛，在政策文本中出现的词频相对最高，均为 19.44%。林业产权内容包括林地产权和林木产权，不同于农地经营特征，激发林地要素利用效率，包括林地流转和林木流转两方面，林地流转有利于土地要素的整合产生规模效益，而林木流转则有利于提高资产变现能力，降低林业投资风险。对此，政策文本关于林地流转的内容中通常会强调林权流转或林木流转。另外，从纵向看，“林地经营权流转”的提法在 2008 年全面推进集体林权制度改革后比较频繁地出现在政策文本中，显然要早于农地经营权流转的提法，而林地承包经营权流转的提法仅有一次，也明显低于中央政策文本中关于土地承包经营权流转的统计词频。总体而言，关于林地

[1] 林业“三定”后，国家放开了一家进山收购木材的管制，林木可以自由买卖，因此出现了农民大规模砍伐山林的现象。据全国第三次森林资源清查（1984—1988 年）结果显示，南方集体林区活立木总蓄积量减少 18558. 68 万立方米，森林蓄积量减少 15942. 46 万立方米。

流转的关键词词频在2008年后明显提高，以“林地经营权流转”和“林权流转”最为突出，而且词频占比也很高，分别为19.44%和22.22%。这也表明，在2008年后国家加快了推动林地流转的改革步伐。

表27　国家林业局政策文本中关于林地流转的关键词统计

关键词	文本编码号	2004～2017年	
		频数	占比（%）
林地流转	2014-160-4-4，2016-100	2	5.56
林地承包经营权流转	2009-253-4	1	2.78
林地经营权流转	2009-190-21，2009-232，2016-100，2016-168-3-4，2017-47-3，2017-77，2018-47-2	7	19.44
林权流转	2009-232，2011-214，2013-39，2013-157，2016-100，2017-47-3，2017-57-2-6，2018-47-2	8	22.22
森林资源资产转让	2006-529-2-9	1	2.78
森林、林木、林地使用权转让	2007-33-3-1-2，2007-252-1-5，2009-253-4，2013-32-1，2013-39，2014-55-27，2016-100	7	19.44
林权抵押	2004-89-3，2004-89-3，2009-190-21，2013-32-1，2018-47-2	5	13.89
林地规模经营	2006-529-2-9，2009-170-2，2014-160-4-4，2017-47-3，2018-47-2	5	13.89
合计		36	100

第三，地方关于林地流转的政策文本。地方政府关于林地流转的政策文本较多，选择“林地流转或转让”、“林木流转或转让”、“林权抵押”和“林权流转或转让”为“标题”而不是“关键词”进行筛选，即文本标题出现以上关键词列入文本中（见表28）。尽管1984年中央一号文件就提出荒山可以折价转让，一直到1995年《林业经济体制改革总体纲要》才进一步明确提出“四荒”拍卖和使用权流转，地方关于林地流转的政策文本最早也是在1995年后，即从集体林权制度改革的第二阶段——林业产权市场化运作阶段开始。

一是东部地区。东部地区中出台的关于林地流转的政策文本是1997年《福建省森林资源转让条例》。该文本指出森林资源转让是指林木所有权和林地使用权按一定的程序，以有偿方式，由一方转移给另一方的经济行为。该文本还具体明确了森林资源的转让范围、转让程序和转让管理等内容。2015年，福建省又出台了《关于引导林权规范流转促进林业适度规模经营的意见》（闽林〔2015〕25号），而广东省直到2017年才出台了《广东省林地林木流转办法》。浙江省最早的政策文本是2006年浙江丽水市发布的，一直到2009年省级层面才出台了《关于为推进农村土地流转和集体林权制度改革提供司法保障的意见》（浙高法〔2009〕250号），而辽宁省和山东省没有搜索到省级层面的政策文本。

表28 地方关于林地流转的政策文本

区域	省份	政策文本号	政策文本名称
东部	辽宁	本溪市人民政府令〔2001〕第79号	《森林资源转让管理办法》
	浙江	丽政发〔2006〕24号	《国有和集体森林林木和林地流转招标拍卖挂牌办法（试行）》
	福建	1997年福建省第八届人民代表大会常务委员会第三十三次会议通过	《福建省森林资源转让条例》
	山东	东营市人民政府令〔2012〕第165号	《集体林权流转管理办法》
	广东	2017年广东省人民政府令第244号	《广东省林地林木流转办法》
	海南	2009年海南省第四届人民代表大会常务委员会第十一次会议	《海南经济特区集体林地和林木流转规定》
中部	山西	晋政办发〔2013〕90号	《山西省集体林权流转办法》
	黑龙江	黑政发〔2007〕5号	《黑龙江省森林、林木、林地流转试点管理办法》
	安徽	林改〔2011〕11号	《关于规范农村集体林权流转的意见》
	江西	2004年江西省人大常委会公告第49号	《江西省森林资源转让条例》
	河南	2010年河南省人民政府令第130号	《河南省森林资源流转管理办法》
	湖北	2014年湖北省第十二届人民代表大会常务委员会第十一次会议	《湖北省森林资源流转条例》
	湖南	湘林策〔2005〕12号	《湖南省森林、林木和林地使用权流转办法（试行）》
西部	四川	遂府办发〔2009〕8号	《遂宁市集体林权流转管理暂行办法》
	重庆	渝林政法〔2009〕17号	《重庆市森林资源流转管理办法》
	贵州	2010年贵州省第十一届人民代表大会常务委员会第十六次会议	《贵州省森林林木林地流转条例》
	云南	云府登〔2008〕519号	《云南省集体林地林木流转管理办法（试行）》
	甘肃	甘林发〔2013〕84号	《甘肃省集体林权流转管理暂行办法》
	广西	2014年广西林业厅发	《广西壮族自治区集体林权流转管理暂行办法》
	内蒙古	乌政办发〔2014〕111号	《乌兰察布市集体林权流转管理暂行办法》

二是中部地区。中部地区最早出台关于林地流转政策的是江西省，2004年，江西省

发布了《江西省森林资源转让条例》。该文本对森林资源转让的定义在福建省的基础上更进一步，指出森林资源转让不仅是有偿转移还可以是互换，而且转让原则、范围和管理办法等内容更明确。而后2005年湖南省出台了《森林、林木和林地使用权流转办法（试行）》，而湖北省直到2014年才出台了《湖北省森林资源流转条例》。值得注意的是，中部地区均是省级层面出台了关于林地流转的政策文本。

三是西部地区。西部地区云南省出台关于林地流转的政策文本最早，即2008年出台的《云南省集体林地林木流转管理办法（试行）》。该办法同样规定了集体林地、林木流转的原则与范围、流转管理等内容。而后，重庆、贵州也相继出台了相关政策，四川省最早的政策文本是由遂宁市和自贡市2009年发布的，直到2014年从省级层面出台了《四川省集体林权流转管理办法》（川林发〔2014〕93号），而内蒙古只搜索到地市级及其下级政府出台的政策文本。

由此可见，地方关于林地流转的政策文本主要集中在2003年后，即中央发布《关于加快林业发展的决定》（中发〔2003〕9号文件）以后，归属于新一轮集体林权制度改革阶段。另外，关于林地流转的表述主要是“林地使用权流转或转移”“林地承包经营权流转转移”“集体林地经营权流转或转移”。这也表明关键词表述的变化与中央政策文本相关。

三、政策内容的演进分析

根据林地流转相关关键词的词频变化以及关键词的变化，可以看出政策文本内容在不断的完善和具体，同时也可以借此探究其隐含的政策意图。

1. 林地流转管制：从全面禁止到逐渐放松

改革开放以来，林地流转的政策内容呈现从全面禁止、限制性流转、基本放开到规范流转的变化过程。1980年，中央发布的《关于进一步加强和完善农业生产责任制的几个问题》强调不准买卖土地，而后1982年的中央一号文件进一步明确指出土地不准买卖、出租、转让。这可能与计划经济时期意识形态相关，流转或买卖被认为是带有资本主义色彩的行为意识，与当时社会主义建设的思想意识不符，从而不被允许。随着改革开放的推进，以意识形态决定行为准则的状况逐渐改变。1984年，中央一号文件指出鼓励土地逐步向种田能手集中，荒山谁种谁有，长期不变，可以继承，可以折价转让，表明国家开始放松土地流转管制，但仍有限制，但同时也强调自留地、承包地均不准买卖，不准出租。随着20世纪90年代市场化改革的推进，土地流转限制基本放松。1993年，中共中央十四届三中全会通过的决定中指出本着群众自愿原则，可以采取土地转包、入股等多种形式发展适度规模经营。1995年，《林业经济体制改革总体纲要》鼓励农民在山地使用权有偿流转中优化配置，规模经营。伴随着土地流转的政策激励不断增强，土地流转纠纷也不断增多。对此，2003年《农村土地承包法》完整地指出了土地流转的原则、流转方式、流转合同条款、流转期限、流转价格等内容。2005年，《农村土地承包经营权流转管理办法》（农业部令第47号）则进一步确定了关于土地流转的各项条例。土地流转进入规范化发展阶段。发展阶段的变迁内容如图22所示。

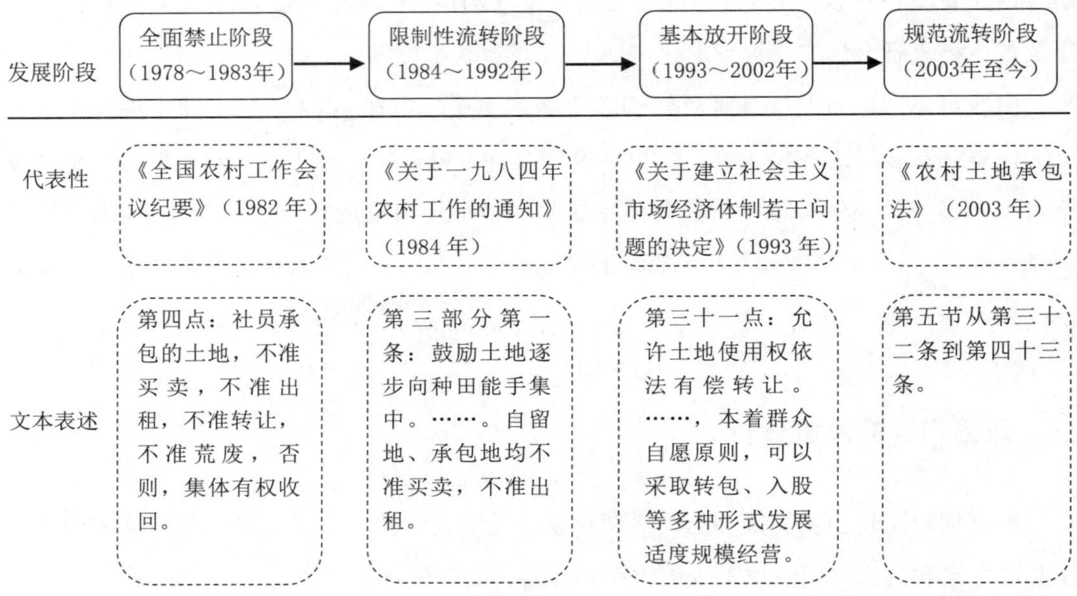

图22 林地流转管制放松阶段与代表性文本

2. 林地流转权利：从承包经营权到经营权

所谓完整的林权包括林地的所有权、经营权、处置权、收益权和林木所有权、经营权、处置权、收益权，一共八项权利（李周，2008）。一般而言，除林地所有权外的权利归为承包经营权范畴，即家庭承包经营制下的“两权分离”，林地流转附带林地产权的流转，较早的政策文本并没有细分土地流转中的产权内容，统称土地流转，一直到1984年《关于一九八四年农村工作的通知》（中发〔1984〕1号）提出了“土地使用权”概念，1987年《把农村改革引向深入》（中发〔1987〕5号）中指出的双层经营等经济形式体现了生产资料所有权和使用权既统一又分离、不同所有制交叉融合的趋向。尽管1986年《中华人民共和国民法通则》中就提出了“土地的承包经营权”概念，但直到1995年《关于稳定和完善土地承包关系的意见》中才明确提出建立土地承包经营权流转机制。土地承包经营权进一步细分成土地承包权和土地经营权，即从“两权分离”发展到“三权分置”，尽管关于土地“三权分置”的提法直到2016年《关于完善农村土地所有权承包权经营权分置办法的意见》（中办发〔2016〕67号）才成形，但早在2008年《关于全面推进集体林权制度改革的意见》（中发〔2008〕10号）中就提出开展多种形式的林地经营权流转。而且土地经营权还延伸出抵押权能，根据2015年《关于开展农村承包土地的经营权和农民住房财产权抵押贷款试点的指导意见》（国发〔2015〕45号）的要求，部署在全国232个县（市、区）开展农村承包土地的经营权抵押贷款试点工作。其实，关于地方抵押权能在2003年《关于加快林业发展的决定》（中发〔2003〕9号）中就指出林地使用权可依法抵押，2013年《关于林权抵押贷款的实施意见》（银监发〔2013〕32号）则进一步明确了林权抵押贷款的具体办法。土地产权内容不断细分和丰富，林地流转附带的产权内容也不断具体和多样（见表29）。

表29　林地流转的产权细分与代表性文本

<table>
<tr><th colspan="2">土地产权细分</th><th>文本名称</th><th>文本内容</th><th>文本编码号</th></tr>
<tr><td colspan="2">产权合一</td><td>《关于一九八四年农村工作的通知》（1984年）</td><td>第三部分第一条：鼓励土地逐步向种田能手集中。……。自留地、承包地均不准买卖，不准出租。</td><td>1984-1-3-1</td></tr>
<tr><td colspan="2">“两权分离”</td><td>《把农村改革引向深入》（1987年）</td><td>第一部分第四点：双层经营、……、不同所有制间的联合经营等，体现了生产资料所有权和使用权既统一又分离、不同所有制交叉融合的趋向。</td><td>1987-5-1-4</td></tr>
<tr><td rowspan="2">“三权分置”</td><td>抵押权</td><td>《关于加快林业发展的决定》（2003年）</td><td>第十四点：森林、林木和林地使用权可依法继承、抵押、担保、入股和作为合资、合作的出资或条件。</td><td>2003-9-14</td></tr>
<tr><td>经营权</td><td>《关于全面推进集体林权制度改革的意见》（2008年）</td><td>第十五条：规范林地、林木流转。林地承包经营权人可采取多种方式流转林地经营权和林木所有权。</td><td>2008-10-15</td></tr>
</table>

3. 林地流转对象：从单一个体到多元主体

集体林地的转出方主要是农民，即土地承包者，林地的转入方则比较多元，2003年

《关于加快林业发展的决定》（中发〔2003〕9号文件）就指出各种社会主体都可通过承包、租赁、转让、拍卖、协商、划拨等形式参与流转。然而，林地转入主体并不是一开始就是多元的，而是随着农业发展与改革的需要逐渐形成了多元化主体，且不同时期政策鼓励或允许的转入主体不同，强调的转入对象也存在差异。

梳理政策文本可以发现（见表30），农村土地转入方主要包括专业户、合作经济组织、村集体、工商企业、家庭林场、新型职业农民，其中，专业户一直是农村土地转入对象之一，包括专业种植户、种田能手、大户等，村集体包括村小组和村委会。农村土地流转可允许的转入对象开始只是专业户，1984年《关于一九八四年农村工作的通知》（中发〔1984〕1号文件）鼓励土地逐步向种田能手集中。1995年《林业经济体制改革总体纲要》提及的林地流转对象开始包括村集体和合作经济组织，林地转入对象由个体走向集体或组织。随着市场化改革的逐渐推进，经济发展程度的不断提高，国家开始鼓励社会资本投资林业、发展林业，2001年《关于做好农户承包地使用权流转工作的通知》指出土地流转可以通过“公司＋农户”的形式实现规模化经营，同时也鼓励引进外资，但限定投资范围。

林地转入对象从农村区域扩展到整个市场范围。而后，为进一步保障农民土地收益权益，国家对工商资本进入农业或林业有比较严格的限制，力图将农村土地制度改革的红利留在农村、留给农民，林地转入对象又开始回归到农民个体和农户家庭。2016年《关于落实发展新理念加快农业现代化实现全面小康目标的若干意见》指出，引导林权规范有序流转，鼓励发展家庭林场。随着农村劳动力的不断转移，农业或林业的现代化发展，土地经营对劳动力技能的要求不断提高，对此，国家政策鼓励培育新型农民、职业农民、新型职业农民，早在2005年农业部《关于实施农村实用人才培养“百万中专生计划”的意见》中提出培养职业农民，又于2012年《新型职业农民培育试点工作方案》（农办科〔2012〕56号）中鼓励土地流转向新型职业农民倾斜，鼓励城镇人才资源向农村流动，发展现代化农业与林业。

需要说明的是，包括合作经济组织、家庭林场等在内的林业经营主体可能在更早的政策文本中就有提及，如1984年中央一号文件就鼓励发展合作经济组织，1995年《林业经济体制改革总体纲要》中就允许兴办私营林场，但政策内容未明确指明与土地流转之间的关系，强调林业经营的多样化形式，未必与土地流转相关。

表 30　林地流转的多元主体及代表性文本

流转对象	文本名称	文本内容	文本编码号
专业户	《关于一九八四年农村工作的通知》（1984年）	第三部分第一条：鼓励土地逐步向种田能手集中。……。自留地、承包地均不准买卖，不准出租。	1984–1–3–1
合作经济组织	《林业经济体制改革总体纲要》（1995年）	第八点：允许尚未开发的集体林宜林荒山（坡）、……的使用权有偿流转；允许农民和乡村林业合作经济组织引进外资合作开发山区。	1995–108–8
村集体	《林业经济体制改革总体纲要》（1995年）	第四十一点：鼓励集体和农民在山地使用权有偿流转中优化配置，规模经营，共同开发和经营荒山荒地。	1995–108–41
工商企业	《关于做好农户承包地使用权流转工作的通知》（2001年）	第三点：工商企业投资开发企业，……，采取公司加农户和订单农业的方式，……。……。外商在我国租赁农户承包地，必须是农业生产、加工企业或农业科研推广单位。	2001–18–3
家庭林场	《关于落实发展新理念加快农业现代化实现全面小康目标的若干意见》（2016年）	第二十六点：完善集体林权制度，引导林权规范有序流转，鼓励发展家庭林场、股份合作林场。	2016–87–17
新型职业农民	《新型职业农民培育试点工作方案》（2012年）	第三部分第三点：农业产业发展支持政策（如土地流转、生产补贴、技术服务、金融信贷、农业保险等）向新型职业农民倾斜。	2012–56–3–3

4. 林地流转的产权功能：福利功能到财产功能

“土地是财富之母。”作为一种生产资料，土地要素具有经济功能。鉴于我国人多地少的禀赋特征，土地还承担了社保功能，对农民而言是重要的社会保障载体。尤其是在改革开放之初，农民收入来源渠道有限，形成了严重的土地依赖，土地被农民认为是“命根子”。随着农村人口对土地压力不断增加，土地对农民的社会保障功能越来越突出，土地功能逐渐转向“福利化”（温铁军，2000）。而福利功能总是以经济功能为基础的，表现为以更高效的土地利用和劳动生产为基础。改革开放初期的中央一号文件关于土地流转或经营的政策内容均强调提高生产效率，如 1984 年中央一号文件指出鼓励土地向种田能手集中，出现的专业户要带头勤劳致富。1988 年，中央一号文件强调引导农民实行适度的规模经营，以进一步提高农业劳动生产率。到 2007 年《物权法》把土地承包经营权列为用益物权，可以进行抵押；2015 年《开展农村承包土地的经营权和农民住房财产权抵押贷款试点的指导意见》（国发〔2015〕45 号）中则明确指出落实“两权”（农村承包土地的经营权和农民住房财产权）抵押融资功能，盘活农民土地用益物权的财产属性。2017 年中央一号文件则进一步指出要增加农民的财产性收入。

表 31　林地流转的产权功能演化与代表性政策文本

土地产权功能		文本名称	文本内容	文本编码号
福利功能		《关于一九八四年农村工作的通知》（1984年）	第三部分第一条：鼓励土地逐步向种田能手集中。……，出现的专业户要带头勤劳致富。	1984-1-3-1
财产性功能	拍卖	《关于农业和农村工作若干重大问题的决定》（1998年）	第五部分：推进荒山荒沟荒丘荒滩使用权的承包、租赁和拍卖。	1998-5
	抵押	《物权法》（2007年）	第一百三十三条：通过招标、……等方式承包荒地等农村土地，……，其土地承包经营权可以转让、入股、抵押……。	2007-133
		《开展农村承包土地的经营权和农民住房财产权抵押贷款试点的指导意见》（2015年）	第二部分第一点：落实“两权”抵押融资功能，……，盘活农民土地用益物权的财产属性，……。	2015-45-2-1

5. 林地流转的一致要求：从流转原则到流转方式

随着林业发展与林业地位的变化，政策文本中关于林地流转的内容也不断在调整，如以上提及的林地流转管制、流转权限、土地功能、转入对象等，但在政策文本中也有部分内容基本是稳定不变的，主要包括林地流转原则和流转方式两方面（如表 32）。

第一，林地流转的原则。政策文本关于林地流转需要坚持的原则有三个。一是自愿、有偿原则。政策文本一直强调坚持自愿、有偿的原则流转农村土地，1984 年中央一号文件鼓励土地向种田能手集中，要求双方协商，由转入户为转出户提供一定数量的平价口粮。而后关于土地流转的政策表述均强调本着农民意愿进行有偿转让或流转。如 2001 年《关于做好农户承包地使用权流转工作的通知》指出农户承包地使用权流转必须坚持依法、自愿、有偿的原则。

二是不能改变土地用途的原则。1984 年中央一号文件中指出，因无力耕种或转营他业而要求不包或少包土地的，可由社员自找对象协商转包，但不能擅自改变向集体承包合同的内容。1993 年，《关于当前农业和农村经济发展的若干政策措施》（中发〔1993〕11 号）明确提出，土地流转要坚持集体所有和不改变土地用途。

三是适度规模经营原则。国家鼓励土地流转实现土地集中是在一定规模范围内的土地经营，强调因地制宜地作适当调整，不可不顾条件强制推行。1986 年中央一号文件就指出鼓励耕地向种田能手集中，发展适度规模的种植专业户。随后关于土地流转的政策文本中均强调适度规模经营。

第二，林地流转方式。1993 年《关于建立社会主义市场经济体制若干问题的决定》指出土地流转可以采取转包、入股等多种形式发展适度规模经营。在此之前的政策文本中未涉及具体流转方式，统一称土地流转或转让。1995 年《关于稳定和完善土地承包关系的意见》进一步丰富了土地流转方式，包括转包、转让、互换、入股；2005 年《农村土地承包经营权流转管理办法》则进一步完善了土地流转方式及其内含，增加了出租的内容；2007 年《物权法》中增加了土地流转还可以通过抵押的方式实现的内容；2008 年《关于全面推进集体林权制度改革的意见》中指出林地承包经营权可以通过抵押流转。

第三，林地流转范围。集体林权流转包括集体林地经营权、林木所有权、林木使用权依法全部或者部分转移。除了权属不清或有争议的林地、未经取得林权证等情况下林权不能流转外，集体承包的公益林流转受到限制，从林业分类经营的视角看，林地可以笼统地分为公益林和商品林，林地流转主要是指经营商品林的林地流转。2016 年国家林业局出台的《关于规范集体林权流转市场运行的意见》（林改发〔2016〕100 号）指出“区划界定为公益林的林地、林木暂不进行转让，允许以转包、出租、入股等方式流转”。

表 32　林地流转的一致要求及其代表性政策文本

<table>
<tr><th colspan="2">一致要求</th><th>文本名称</th><th>文本内容</th><th>文本编码号</th></tr>
<tr><td rowspan="3">流转原则</td><td>自愿、有偿</td><td>《关于做好农户承包地使用权流转工作的通知》（2001年）</td><td>第二点：农户承包地使用权流转必须坚持依法、自愿、有偿的原则。</td><td>2001–18–2</td></tr>
<tr><td>不改变土地用途</td><td>《关于当前农业和农村经济发展的若干政策措施》（1993年）</td><td>第一点内容中：在坚持土地集体所有和不改变土地用途的前提下，经发包方同意，允许土地的使用权依法有偿转让。</td><td>1993–11–1</td></tr>
<tr><td>适度规模经营</td><td>《关于一九八六年农村工作的部署》（1986年）</td><td>第四点：……，鼓励耕地向种田能手集中，发展适度规模的种植专业户。</td><td>1986–1–4</td></tr>
</table>

续表

一致要求	文本名称	文本内容	文本编码号
流转方式	《关于全面推进集体林权制度改革的意见》（2008年）	第十一条内容中：林地承包经营权人可依法对拥有的林地承包经营权和林木所有权进行转包、出租、转让、入股、抵押……。	2008-10-11
流转范围	《关于规范集体林权流转市场运行的意见》（2016年）	第一点内容中：区划界定为公益林的林地、林木暂不进行转让，允许以转包、出租、入股等方式流转。	2016-100-1

6. 林转的地区差异：从集体林区到非集体林区

南方集体林区包括福建、浙江、江西、安徽、广东、广西、湖南、湖北、贵州、海南等 10 省区（乔永平、曾华锋，2013）。林地包括国有与集体两方面，集体林主要集中在南方，林地流转主要是指集体林地流转，集体林权制度改革将集体林地下分到户，由农户承包经营，林地流转转而主要是指农户承包集体部分的林地流转，具体是林地经营权流转。显然对于非集体林区而言，集体林比重较小，地方对此重视程度存在差异，对比不同地区出台的关于林地流转的政策文本可以发现：一是南方集体林区出台的政策文本效力更高。1997 年《福建省森林资源转让条例》、2004 年《江西省森林资源转让条例》、2009 年《海南经济特区集体林地和林木流转规定》、2010 年《贵州省森林林木林地流转条例》、2012 年《浙江省林权流转和抵押管理办法》和 2014 年《湖北省森林资源流转条例》均属于地方人大法规，而非集体林区出台的政策文本大多是由地方林业厅或林业局发布的地方规范性文件，甚至是地市级及其下级政府出台的政策文本，如山东省仅能检索到的《东营市集体林权流转管理办法》为涉及省级层面的相关文件。二是南方集体林区出台的政策文本时间更早。南方集体林区均从省级层面出台了与林地流转相关的办法或条例，其中，福建省最早于 1997 年出台《福建省森林资源转让条例》，江西省、辽宁省和云南省等试点省份出台关于林地流转的政策文本相对较早，而广东省最晚于 2017 年出台了《广东省林地林木流转办法》。非集体林区中黑龙江最早于 2007 年出台了《黑龙江省森林、林木、林地流转试点管理办法》。三是集体林区出台的政策文本数量更多。集体林区出台的政策文本量为 31 份，占地方政策文本量的 63.27%，其中，福建省、江西省、浙江省、云南省和四川省关于林地流转的政策文本相对较多，南方集体林区的改革意愿较为强烈（见表 33）。

表 33　集体林区与非集体林区出台的政策文本时间、效力与数量差异

维度	集体林区	非集体林区
时间	《福建省森林资源转让条例》（1997年）	《黑龙江省森林、林木、林地流转试点管理办法》（2007年）
效力	省级层面（地方人大法规和地方规范性文件）	省级层面（地方规范性文件）和地市级层面
数量	31（63.27%）	18（36.78%）

7. 林地流转的政策工具：从需求型到供给型与环境型

政策工具被认为是针对社会问题采取的一系列政策措施以实现政策目标。关于政策工具分类的研究很多，其中具有代表性的是 Rothwell 和 Zegveld（1985）。他们将政策工具分为需求型、供给型与环境型三个基本类型。其中，需求型政策工具与供给型政策工具对林地流转具有直接推动和拉动作用，而环境型政策工具具有间接作用。需求型政策工具主要是指政府通过各种方式鼓励林地流转，降低管制，如参与流转主体，流转途径等；供给型政策工具主要是指政府通过技术、信息和资金等手段，直接提供土地流转所需条件，如流转信息平台、农村产权交易中心等；环境型政策工具主要是指优化林地流转环境推动林地流转的间接措施，如生产社会服务、林业金融服务等。

从政策工具的时间分布情况看，关于林地流转的政策工具从需求型逐渐向供给型与环境型转变如表 34 所示。20 世纪 80 年代的政策文本允许土地流转给种田能手或专业户，到了 20 世纪 90 年代进一步放松管制，土地转入主体还可以是工商企业甚至包括外资企业，流转方式从转让发展到出租、转包、互换、入股和抵押等多种形式，土地规模经营也从简单合作发展到产业化经营，表现出对土地流转的需求提高，需求型政策工具不断丰富，同时逐渐出现了包括提供土地流转合同管理、流转信息服务、林权交易中心和农村产权交易中心等供给型政策工具，而且推动林地流转的相关支持性措施，即环境型政策工具也不断跟进，如《森林资源资产评估管理暂行规定》（财企〔2006〕529 号文件）、《关于林权抵押贷款的实施意见》（银监发〔2013〕32 号文件）。由此可以看出，国家在鼓励林地流转中不断完善供给型与环境型政策工具，提高农民参与林地流转的积极性。

表 34 政策工具的类型与对应阶段

政策工具	政策工具子类		林改阶段
需求型	林地转入主体	从专业户到工商企业	整个林改阶段
	林地流转方式	从转让到出租、抵押和入股等	
	规模经营类型	从联户经营到股份制、产业化经营	
供给型	流转信息平台、土地流转合同管理、产权交易中心		第二、三阶段
环境型	金融服务	林权抵押、森林资产评估、森林保险、林权收储、信贷担保	第三阶段
	生产性服务	专业种植与采伐队伍	

小结

本章基于文本分析法对改革开发以来关于林地流转的政策文本进行梳理统计和分析，最终能够筛选到的政策文本共 125 份，其中，国家层面出台的共有 76 份，地方层面出台的共有 49 份。政策文本类型包括通知、意见、决定、办法、条例和指示等，其中意见类、通知类和办法类文本占比较高。一方面，一个完整语法逻辑的公共政策表述包括：现实事态（“实是”语句）、它符合的价值标准（“评价”语句）、应该采取的行动（“行动”语句）和遵从与否的后果（“后果”语句）。通过解构政策文本的语句发现，通知类、意见类、决定类文本的四类语句相对完备，其中，“实是”语句、“评价”语句和“后果”语句通常都满足有效性特征，“行动”语句的有效性可能不足，进而形成一个悖论：国家利益实现在一定程度上依赖于农民集体林地流转积极性，而政策文本关于集体林地流转的行动措施又尚未有效关切农民的利益诉求。以往研究很少从政策本身关注林地流转率低、农民林地流转意愿不高的问题，政策文本分析可提供一个分析视角。另一方面，从中央政策文本的关键词的统计特征看，横向上关键词词频较高的包括“土地使用权流转”、“土地承包经营权流转”“土地经营权流转”“森林、林木、林地使用权转让”“林权流转”，纵向上不同阶段的关键词及词频变化差异明显，林权内容不断明晰且不断丰富和细分，林地流转的产权内容不断明确。通过关键词统计分析可以发现，集体林权制度改革在部分改革领域并不落后甚至超前于农村土地制度改革或农地制度改革，如对土地经营权及其流转的提法。长期以来，集体林权制度改革被认为是对农地制度改革经验的复制，尽管带有路径依赖的制度变迁降低了政策制定成本和执行风险，然而集体林权和林地经营表现出更丰富的制度内涵却可能不容易受到重视，这可能会在一定程度上影响政策执行效果，这为反思林改政策提供了一个对比视角。

最后，通过政策文本内容的演进分析，可以发现林地流转的几个特征。一是林地流转经历了从全面禁止到逐渐放松的过程。二是林地流转的权利内容从承包经营权衍生出经营权。三是林地流转的转入对象从单一个体，如专业户，到多元主体。林地流转的转入对象包括合作经济组织、村集体、工商企业、家庭林场、新型职业农民。四是林地流转的产权功能从一项经济功能或福利功能的转让发展到一项财产性功能的转让。五是林地流转的原则和流转方式贯穿于不同时期的政策文本，其中林地流转原则包括自愿、有偿原则、不能改变土地用途的原则、适度规模经营原则，林地流转方式包括转包、转让、互换、入股、出租和抵押。六是林地流转政策的效力级别、出台时间和数量在集体林区和非集体林区存在差异。七是林地流转的政策工具逐渐从需求型向供给型与环境型转变。

第四章　农民土地流转行为决策的门限机理

农户林地流转意愿低，单向线性激励未能实现政策预期，农户林地流转行为可能存在门限效应，本研究回归农户本身，探讨其行为决策的逻辑起点，从门限原理解读农户林地流转行为逻辑。

一、个体决策行为的门限特征：从期望效用理论到前景理论

1. 个体行为选择的效用依赖

就选择行为来说，经济学家们认为所有涉及效用的问题，都是一个消费束的效用是否比另一个消费束的效用更高的问题，即消费者进行选择是为了实现他们的效用最大化，表现为对消费束（x_1，x_2）的效用高于对消费束（y_1，y_2）的效用。效用指派的唯一重要特征在于它对消费束所进行的排序。效用最大化成了个体行为决策的内在逻辑，由于决策总是面临不确定环境，不确定环境条件下的效用函数不仅取决于消费水平，还取决于它们的概率，个体行为决策的偏好就可以通过期望效用函数来表示。在 Kahneman 和 Tversky 提出前景理论（Prospect theory）以前，对不确定条件下个体如何选择的主导理论是期望效用理论（expected utility theory）。该理论最早于 1738 年由 Bernoulli 提出，到 1947 年成形于冯诺依曼和摩根斯坦，期望效用理论是现代经济学理论的基石，为解释个体行为提供了强有力的公理（Pratt，1978）。考虑一组风险选择，$P=(p_1,x_1;p_2,x_2;\cdots\cdots;p_n,x_n)$，选择结果 x_i 对应的概率是 p_i，$\sum_{i=1}^{n} p_i = 1$，根据期望效用理论，行为选择 P 的期望效用为$U(P) = \sum_{i=1}^{n} p_i u(x_i)$，其中，$u(x_i)$ 为对应选择 x_i 的效用水平。在期望效用下，风险偏好完全被效用函数的形状所俘获。厌恶风险的决策者的效用函数 $u(x_i)$ 式凹的，即曲线斜率随着 u 的增加而越来越平坦；而偏好风险的消费者的效用函数是凸的，即曲线斜率随着 u 的增加而越来越陡峭；对于风险中性的消费者效用函数式线性效用函数。一般而言，效用函数是凹的，而且决策者越是厌恶风险，效用函数凹得越厉害，相反曲线

就越凸。为什么多数人属于风险厌恶型？一种标准解释是随着人们越来越富有，增加的财富所带来的效用在减少，即边际效应的递减规律（Stigler，1950）。本研究可以通过一个简单的例子来说明期望效用最大化原理（范里安，2009）。

假设决策者拥有w美元的财富，正考虑对一种风险资产投资x美元。这种资产在“好”的情况下可实现报酬r_g，在“坏”的情况下可实现报酬r_b。本研究可以把r_g看作正报酬，而把r_b看作负报酬。对此，决策者的财富在“好”与“坏”的条件下分别为：

$$W_g=(w-x)+x(1+r_g)=w+xr_g \tag{13}$$

$$W_g=(w-x)+x(1+r_b)=w+xr_b \tag{14}$$

假设“好”的情况发生的概率为p，而“坏”的情况发生的概率为(1–p)，如果决定投资x美元，则决策者的期望效用为：

$$EU(x)=pu(w+xr_g)+(1-p)u(w+xr_b) \tag{15}$$

对上式求关于x的微分，本研究可以得到效用随x变动而变动的方式：

$$EU'(x)=pu'(w+xr_g)r_g+(1-p)u'(w+xr_b)r_b \tag{16}$$

本研究在求期望效用函数的二阶导数：

$$EU''(x)=pu''(w+xr_g)r_g^2+(1-p)u''(w+xr_b)r_b^2 \tag{17}$$

可以看出，如果决策者是风险厌恶型，则效用函数应该是凹的，即$u''(w)<0$，期望效用的二阶导数就为负，表明期望效用将是x的凹函数，当$EU'(x)=0$时，期望效用达到最大，进而决定了决策者对x的最优选择。

关于最优化方面的经济思考关注的是世界上的事物，是真实存在的选项（alternatives），也就是说，是理性行为者最理解的那种选项，被精确地描述但与感知无关，这个观点存在一个问题：人们实际上并不会选择世界上的物件，而是按照这些物件在他们心中被表示的那样来选择。决策不是关于世界的客观的（外延的）状态，而是关于那些状态的精神上的（内涵的）表示（mental representation）。而且，这种精神上的表示会受到内容丰富的心理影响，这种心理涉及感知、渲染、诠释和曲解（Peter，1988）。非常有趣的是，期望效用理论以基于心理认知的“效用”构造了效用函数，其结果单一化了个体行为决策，而忽视了个体心理对行为更广泛的影响。如果将所有的行为动力和特征纳入行为函数中，个体行为将变得极其复杂而难以分析，传统经济理论为了一般化行为决策的逻辑而简化了效用函数模型，核心假设就是理性经济人，“理性”剥离了“血肉”而显得机械化。经济学家与心理学家在学科敏感性上显示出了典型差异。就心理学家而言，他们更关心发生于两眼之后两耳之间的令人着迷的活动，而经济学家对行为是如何产生的则更感兴趣（戴蒙德、瓦蒂艾宁，2011）。

2. 个体行为的心理基因

随着经济学研究逐渐回归社会价值，原有的经典假设越来越不能满足解释实际问题的需要，对个体行为的研究开始逐渐加入心理因素，具有代表性的研究是卡尼曼（Kahneman）和特维斯基（Tversky）提出的前景理论。前景理论对期望效用理论进行批判，认为人类行为与传统经济学假设存在三方面的偏离：人类表现出的有限理性（bounded rationality）、有限意志力（bounded willpower）和有限自利（bounded self-interest）。由于信息不完全和个体认知能力有限，行为选择通常只能是满意的而非最优的，即使面临最优决策，由于有限意志力本研究也很难实现最优选择，而且选择往往是基于短期利益而非长期利益，表现有限的自利行为，三者内在逻辑一致。总体上，研究个体行为需要考虑个体心理特征，而不是完全抽象的假设。其实，早在亚当·斯密的《道德情操论》中就提及个体行为的心理因素，随着实证主义被经济学广泛接受并大力发展，行为研究的心理学基础被忽视了，尽管把个体行为与心理基础割裂开来也受到了许多批评，但直到西蒙（Herbert A.Simon）等在探究消费行为时又重拾心理因素的作用，提出了"有限理性"假说（周业安，2004）。卡尼曼和特维斯基提出的前景理论对新古典预期效用理论的批判或修正引起了轰动，关于个体行为决策的研究逐渐开始重视心理学的基础。本研究通过一个例子来说明前景理论对期望效用理论的反驳。

假设个体面临一项选择：一是关于彩票的投机行为。获得1000美元的概率是50%，同时有50%的概率一分不得，显然，这项投机行为的预期效用为500美元，即500=(0.5×1000+0.5×0)。二是获得确定收益500美元。尽管彩票投机的期望效用与确定性收益都是500美元，按照随机性原则，个体在两者之间的选择也应该是随机的，但实验的结果是试验者会选择确定性收益500美元，可以看出个体行为选择并不没有遵循期望效用理论，而且多数人都是规避风险的，但风险规避在面临确定性损失时会发生反转。假设同一个人再做另外一个实验：一是有50%的概率损失1000美元，同时有50%的概率免于损失；二是确定会损失500美元。期望效用仍然是500美元，但这时的实验结果是被试者会选择带有风险性的损失，而不是确定性损失。该实验证明预期效用理论并不适用，个体行为选择并没有按照期望效用理论的逻辑发展，即个体行为决策在面临确定收益是风险规避，在面临确定性损失时转为风险偏好，特维斯基和卡尼曼进一步发现这种模式在概率小的情况下会发生切换（Tversky and Kahneman，1992）。

考虑两种选择：一是购买彩票有1%的概率获得100美元；二是确定获得1美元。这个时候赌博显得合理，毕竟1美元太少，而投机却有获得100美元的可能，即使面临确定性收益，个体选择变成风险偏好。同样当情况发生改变时：一是确定会损失1美元；二是有1%的概率损失100美元。当面临确定性损失时，个体选择又变成了风险规避。总体上，以上风险偏好的四重模式是从中等概率到大概率收益的风险厌恶，对小概率收益是风险偏好，对中等概率到大概率的损失是风险偏好，对小概率的损失是风险规避（Chiu and Wu，2010）。由表35可以看出，不同概率水平下个体行为决策的风险偏好类型及其变化，当预期收益的概率发生变化时，个体行为决策可能会发生逆转。

表35　风险偏好的四重模式

情景	概率	收益		期望效用E(U)	选择	风险类型
		A	B			
情景Ⅰ	50%	A_1=1000	B_1=−1000	E(A)=50%×1000=100%×500	A_2	风险规避
	100%	A_2=500	B_2=−500	E(B)=50%×(−1000)=100%×(−500)	B_1	风险偏好
情景Ⅱ	1%	A_3=100	B_3=−100	E(A)=1%×100=100%×1	A_3	风险偏好
	100%	A_4=1	B_4=−1	E(B)=1%×(−100)=100%×(−1)	B_4	风险规避

3. 行为选择的参照依赖

前景理论通过一系列实验对期望效用理论发起挑战，验证了个体行为决策存在框架效应、非线性偏好、风险规避和共同后果效应等，这些发现都颠覆了期望效用理论对个体行为决策的假设，提出了更加准确描述个体行为的模型，即价值函数（Value Function）（如图23）。

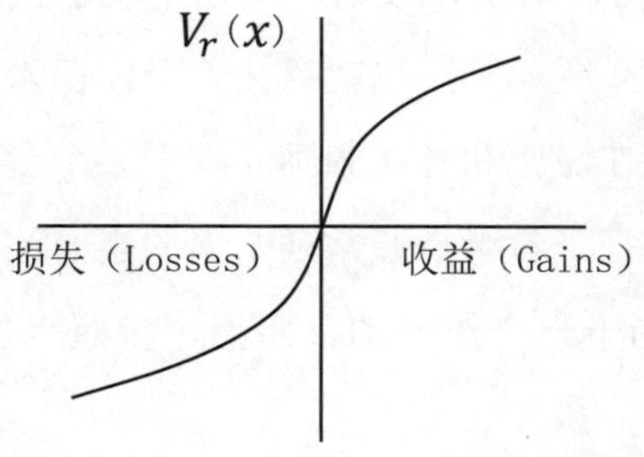

图23　前景理论的价值函数曲线

和预期效用理论的假设一样，前景理论假设个体会选择主观评价最高的一项，但不同的是：一方面，决策者可能在概率 P 选择结果为 x 的选项，假设这项选择的效用 U=p×u(x)，结果效用的评估由价值函数 v(x) 决定，而概率的赋值由概率的加权函数 π(P) 决定，因此，这项选择的最终价值可表示为 v(x)×π(P)。前景理论描述个体决策以损益为基础而不是最终效用水平，即当选择结果高于或低于某个参照点时，决策者衡量价值函数在多大程度上获得高于参照点的收益或少于参照点收益水平的多少损失。个体行为决策存在参照点效应而不是选择的最终效用水平，参照点效应形塑了价值函数曲线。前景理论的价值函数的基本特征（Tversky and Kahneman，1992）：一是对于收益而言，效用函数是凹的，而对于损失而言，效用函数则是凸的，而且凸的曲线部分比凹的曲线部分更陡峭；二是概率刻度的非线性变换，即重量级小概率和弱化中等概率和高概率。

在价值函数中个体偏好可以被描述为偏好关系的集合，选项 x 优于选项 y，可表示为 $x>_r y$，即在给定参照点 r 的条件下，选项 x 要优于选项 y。在给定参照点 r 的条件下，如果个体偏好是完备的、可传递的和连续的，本研究可以确定一个价值函数 $V_r(x)$，测算偏离参照点 r 的值（Fershtman，1996）。需要强调的是，决策者对待收益与损失是非对称的。“损失一笔钱的痛苦程度比获得同一笔钱带来的喜悦程度要大”，$-V_r(-x)>V_r(x)$，即存在损失规避（loss aversion），这也就意味着损失部分对应的曲线比收益部分对应的曲线要陡峭，而且两者均遵循边际效应递减规律，即灵敏度递减（diminishing sensitivity），表明随着收益或损失的不断增加，对应价值函数的边际值 $V_r(x)$ 呈递减的趋势。本研究可以通过函数来表示参照点的价值：

$$V_r(x)\begin{cases}= w(x-r), & if\ x\geq r\\ = -kw(r-x), & if\ r<x\end{cases} \quad (18)$$

式（18）中，w(指示函数形式) 表示单调递增的凹函数，k>1 表示损失规避。

显然，当选择结果 x 大于 r 时表示收益，反之则表示损失，个体行为决策是基于参照点 r 的水平进行选择，而不是 w(x)，也就意味着个体行为决策存在门限时，并不是单向的，而是当激励（包括内在激励和外在激励）高于某个参照点或门限值是，决策者会表现出明显不一样的行为特征。参考点通常是个人的当前位置，是动态的，随每个选择而变化，过去的选择会成为下一个选择的参照点，参照点属于选择集（Apesteguia and Ballester，2009）。

尽管前景理论修正期望效用理论，在解释个体行为决策上具有更强的说服力，然而，影响人类行为的因素过于复杂了，个体行为决策的门限特征会受到很多因素的影响而表现出异质性。行为经济学将新古典经济学推崇的同质性、抽象化个体行为研究引回到关注异质性经济行为动机考量上（贺京同等，2007）。

个体异质性会反映到行为及其门限的异质性，而且细微的异质性都可能对行为产生极大的影响。存在这样一些特性，人们并不公开宣称他们在乎它们，甚至人们根本未察觉到它们，但是，它们一旦被引入到行为决策的背景中就可能对选择产生重大影响（戴蒙德、瓦蒂艾宁，2011）。例如，一些人在餐馆里被女服务员轻轻地触碰了一下肩膀，他们给小费的时候比那些没有被触碰肩膀的人给得更多，而且，当后来被问及此事时，他们都将多给的小费归因于餐馆的服务质量，而对触碰肩膀的影响一无所知（Crusco and Wetzel，1984）。不同于关注公正，甚至不同于对损失的厌恶，没人会承认肩膀被轻轻触碰一下会预先使他们倾向于作出一个极不一样的决策，或者没有人愿意考虑这种可能性，因为选择行为是多种认知和情感过程的结果。本研究有意识地认可甚至坚持这些认知和情感过程中的一些内容（如感受损失规避），然而其他内容本研究不能以内省的方式接触到，也不能控制（如肩膀被轻轻触碰）（Bargh，1997）。正是这样一个认知和情感交织的过程突破了传统经济学家们的统一的、"便携式的"（portable）理论及其假设。对此，戴蒙德和瓦蒂艾宁（2011）感叹到，拥有这样一个理论是相当可敬的，毕竟人类行为过于复杂，只是在研究和预测本研究的古怪行为之前还需要进行重大的结构调整。那么，本研究不禁想问，当带有普遍意义的一般理论具体到特定群体如农民时，个体行为特征又会如何呈现？行为决策的门限特征表现得更明显还是更隐蔽？就像无法内省的认知与情感对行为的影响一样。

二、农民行为：生存伦理抑或经济理性

1. 农民行为的内生门限

美国农民学家丹尼尔•托尼曾说，即使在当代发达工业化国家，"农民与农民的子孙"仍构成人口的多数。这在中国显得尤为突出，农民学成为现代化研究的重要部分，农民研究对国家改革发展具有重要的功利价值（秦晖，1994）。农民问题的研究涉及多学科交叉融合，随着社会学对"经济人"假设的修正，从道德伦理出发，以农民为关注对象，基于生产伦理的视角对农民行为的解构引起了广泛关注。最具代表性的成果是1976年詹姆斯•C•斯科特教授出版的专著《农民的道义经济学：东南亚的反叛与生存》。Scott（1976）通过对东南亚的调查发现，对于小规模土地经营的农民而言，行为决策的基础并不是传统经济学意义上的经济理性而是关注传统乡村道德与道义基础上的生存伦理。

“道义经济学”[1]（the moral economy）的提法最早出自爱德华•帕尔默•汤普森（Edward Palmer Thompson），最初是针对英国18世纪的粮食骚动提出的。在《英国工人阶级的形成》一书中，汤普森批评了粮食骚动解释中对经济因素的过分强调，严重低估了非经济因素所起的作用[2]。汤普森认为农民作为劳动者，农民行为在其思想观念的支配下产生的可用善恶标准来评价的行为，而不是完全以利益最大化为标准。或者说如果利益最大化的结果被认为是“恶”的，那就不被农民所接受，保障农民生存安全被认为是“善”的就容易被接受，农民有自己的一套“秩序”与“规则”。斯科特更进一步指出，农民行为侧重于生存而不是利益最大化，生存伦理根植于农民社会的经济实践和社会交易之中，尤其是在生存受到威胁的时候，农民行为的生存取向非常明显。对东南亚农村的调查发现，农民更愿意接受分成地租制而不是固定租金制，这种确保农民生存优先的“安全第一”原则就构成了农民行为的决策门限，只是危及农民生存的农产品市场风险、农村社会变迁风险和国家改革的制度风险会影响农民生存保障的能力，从而改变农民行为的门限。生存伦理的决策门限显然是一种“非经济”或“非理性”行为[3]。实际上，前苏联经济学家恰亚诺夫早就提出，农民不同于资本主义背景下的“经济人”，是两者不同的文化，小农的经济行为是“非理性”的：一是小农依靠自身劳动而不是雇工；二是农产品生产主要是满足家庭消费而不是市场交易，是以劳动的供给与消费的满足为决定因素的运行机制（恰亚诺夫，1996）。

然而，认为农民行为以生存伦理为基础，“安全第一”为原则的观点受到的不少学者的批评，其中最具代表性的是西奥多•舒尔茨。舒尔茨认为将农民归为落后、不理性的范畴都是一种“幼稚的文化差别论”，农民是理性的，生产行为都是在内生边际收益驱动下实现的。斯科特对“安全第一”原则的描述主要是针对处于生存边缘的农民群体，他们的抗风险能力较弱，保障生存的动力越大，“安全第一”原则的约束越强。对于保

[1] 也有研究将the moral economy翻译为道德经济学，斯科特专著的英文名为The Moral Economy of the Peasant：Rebellion and Subsistence in Southeast Asia，其中The Moral Economy也翻译为道义经济学，对此，我们都统一将the moral economy译为道义经济学。

[2] 1971年，汤普森在《过去与现在》杂志上发表了《18世纪民众的道德经济学》才比较体系地提出了道义经济学。

[3] 在马克斯•韦伯的《新教伦理和资本主义精神》著作中提到的一种现象进一步验证了农民行为的非理性。现象是，在19世纪德国农场主提高计件工资不仅没有提高产出，反而使其下降，他发现，农民不是想着一天工作多少能挣更多，而是我应该做多少工作才能挣得以前的收入，农民不是追求更多，而是在够用的水平下如何付出更少，这种“传统主义”的心态显然会影响经济现代化的发展（张兆曙，2004）。

障生存安全基础以上的农民群体的行为更有可能表现为经济理性，也就是舒尔茨所表述的农民理性。波普金支持舒尔茨关于农民是理性的主张，进一步指出农民劳作不仅是为了生产，也希望通过投资获取更多收益以改善生活水准，利益最大化和优化资源配置仍是农民的行为动机。农民生产伦理根植于理性心理，生存危机并不影响甚至消除农民的经济理性，农民并不缺乏理性精神，可以认为是一种生产理性（张兆曙，2004）。如果农民是理性的，那么前景理论的行为解释也就适用于农民，即农民行为无论是遵从于生存伦理还是经济理性都存在门限作用。其实，张五常在《佃农理论》中论述了农民的生存保障与利益追求并不对立，甚至生存伦理与经济理性可以是统一的。以斯科特的研究发现农民基于安全原则更多选择分成地租制为例，张五常发现无论是按一个固定的地租把土地出租给他人耕种，或地主与佃农分享实际的产出，两种方式所暗含的资源配置都是相同的。

基于这样的一种考虑：固定租金条件下，农民上缴一定数额之后，全部剩余都归自己所有；而分成租金条件下，农民所有的劳动产出都要分出一部分上缴给地主，这会打击农民的劳动积极性。假设土地一年的产出为 I，固定租金为 A，分成比例为 r，则固定资金条件下农民的剩余为 $I-A$，而分成制下为 $I(1-r)$，如果分成制下农民所得超过固定租金制度下所得，即：$I(1-r)> I-A$，则，$rI<A$，即 $I<A/r$，A/r 即为选择固定租金与分成租金的临界点。也就是说，农民的生存保障与临界点相关，与选择地租方式没有本质联系，只是对于临近生存边缘的农民群体而言，临界点表现的过高而选择分成租金更为理性。在私有产权和竞争的约束下，人们会追求个人利益最大化[1]。

无论是生存伦理还是经济理性，农民行为的“安全第一”原则是普遍存在的，风险规避表现得更为突出。根据表 35 的风险偏好的四重模式，农民面临小概率损失时仍然会选择风险规避，但面临小概率收益时，如果这份收益能够改变生存状况，那么农民可能将不再是风险偏好，而选择风险规避，选择确定性收益，即使这份收益很小。也就意味着农民行为的生存伦理基础依赖于生存状况，生存状况的变化隐含着农村经济、社会、文化的变迁，而这种变迁又作用于农民行为决策的参照点或门限。

土地保障已不能承担起全部生活风险，土地作为农民生活保障的最后一道防线正在逐步“虚化”（梁鸿，1999）。分阶段看，传统农业社会农民的生存伦理特点表现为依靠土地、亲邻接济、村民互助；社会转型期农民的生存伦理特征演变为农民工缺乏归属感、对土地

[1]　资料来源：https://wenku.baidu.com/view/14f53bf6900ef12d2af90242a8956bec0975a5d1.html

依赖下降、生存目标多元；新时期农民的生存伦理特点则是土地的多重功效、风险规避、行为能力的脆弱性（高志东，2007）。社会变迁与市场改革增加了农民面临的各种风险，使得农民的生产与生活处在更大、更复杂的波动当中（陆宏生、李利浩，2009）。从生存伦理出发，国家需要通过完善农村社会保障制度承担起农民的生存保障职责，缓解风险规避心理，降低行为门限水平，促进现代化发展（刘金源，2001）。以土地流转为例，在工业化与城镇化不断深化的背景下，即使农村人地关系已经发生了重大变化：人地矛盾逐步松动，土地的收入保障功能与农民的弃农机会成本不断降低，但农民的土地转出意愿仍旧较低（罗必良，2013）。内生于“安全第一”的行为门限一直未改变，甚至存在强化的趋势，而且生存伦理不仅关系到农民个体还镶嵌于整个农村社会中。

2. 农民行为的外生门限：集体行为的影响

长期以来，许多学者认为社会影响会造成理性选择的偏差，因此抑制了对经济生活的社会学分析，也导致修正主义经济学家修正幼稚的心理学假设以改革经济学，不管经济分析的心理学假设多么幼稚，但主要的问题还是在于他们忽视了社会结构（格兰诺维特，2007）。个体行为并不是完全孤立的，行动选择的成本收益还取决于其他人如何选择，这就是格兰诺维特提出的镶嵌于社会环境中的个体行为存在“门槛”：一个人会看到多少人或多大比例的人采取一个决定时，才会采取相同决定。如土地流转，一个农民会根据周边农民土地流转的情况来判断自身是否进行土地流转。为什么会产生如此效应？格兰诺维特（2007）对此进行了解释。一方面，示范效应的作用。由于较强的风险规避心理作用，农民相对保守，他人行动结果产生的示范效应会改变自身风险规避心理，如果是正向的，则会降低风险防范心理，促进农民参与该行为；另一方面，参与的人数与参与的风险成反比。参与行动的人越多，参与的风险相对就越低。对于土地流转而言，风险未知，同一村庄参与土地流转的人数越多，应对未来风险该群体的谈判优势越大，单个农户承担的风险相对越低，参与的积极性就相对越高[1]。到底是“多少人”或“多大比例的人”依赖于示范效应和风险考虑后设定的心中门槛。格兰诺维特把个体行动引向集体行为，认为可从一群人的门槛分配几率开始，这种集体行为的模型可以计算出最终或“均衡”地采取此一决定的人数，进而提出了关于集体行为的门限模型（Threshold Models of Collective Behavior）。

---

[1] 这里不存在搭便车的情况，按照行为经济学的推理，面临确定性损失的时候，个体行为偏向于冒险，农民更可能积极参与；而搭便车更多是对于不确定性收益时。

以大众参加暴动为例来说明集体行为的门槛模型（Granovetter，1978）。x 表示门槛，f(x) 是门槛的几率分配，而 F(x) 则是累计分布函数，表示门槛小于 x 的人数比例。r(t) 表示在时间 t（使用非连续时间）时参加暴动的人数比例，假定本研究知道在特定时间点 t 的 r(t)——比如在 t=2 时有 60% 的人参加了暴动，那么在 t=3 时会有多少人加入呢？答案是门槛小于或等于 60% 的所有人，这个过程的数学表达是一条差分方程：

$$r(t+1)=F[r(t)] \tag{19}$$

这个频率分布是个简单形式，在任何时间 t 上差分方程都可以求解得到 r(t)。若函数形式比较复杂，则不能保证均衡值的存在，但由于参与暴动后就不能退出，均衡值可以靠向前循环求解，设定 r(t)=r(t+1)，则均衡值存在。如图所示，y 轴表示累积分布函数，x 轴表示门槛，如前假设，r(t) 已知。既然 r(t+1)=F[r(t)]，本研究观察下一次暴动的人数比例相当于从 x 轴的 r(t) 箭头上指的那一点。为了使其还原到 x 轴上找到 r(t+1)，本研究画一条对角线，使 F(x)=x，这个过程不断重复，可以找出 r(t+2)= F[r(t+1)]，以此类推，当 r(t) 趋近于极限时是 re——也就是均衡点，这个极限值就是曲线首次从上面跨过对角线的位置，代数上，这一点表示 F(r)=r（如图 24 所示）。

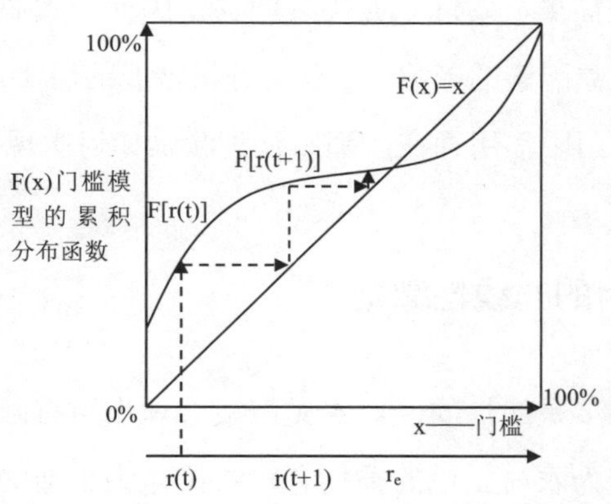

图 24　图解方式找出门槛分配的均衡点（Granovetter，1978）

注：r(t)= 在时间 t 上暴动人数比例

大多数集体行为理论假定参与者都是理性，相互之间是陌生的，没有社会关联（Aveni，1977）。实际上，个体行为是镶嵌于社会结构中的，当均衡不稳定时，社会结构的效果会完全改变个人偏好的结果。尽管如此，格兰诺维特注意到了个体行为门槛的情境依赖性：一是门槛内生情景。门槛会受到影响个人行为因素的作用，包括社会经济背景、社会阶层、教育和职业等，可能会影响门槛均衡值的稳定性。二是门槛外生情景。以暴动为例，有些情景会让一部分行动者觉得更有理想性，但别人可能感觉更危险，对“理想”与“危险”的判断又带有很强的个人主观色彩。有学者进一步质疑到，个人行为存在不受参与者的比例影响的情景，如下雨撑伞[1]（Weber，1978）。而且，也很难确定或估计初始参与暴动的人数比例。对此，格兰诺维特（2007）解释到，本研究不去考虑极端情况，毕竟个体偏好不是孤立的，门槛会因情境因素而改变但不会使原有的模型失效，不然本研究很难理解暴动行为会一直坚持下去[2]。在日常生活中构建现实时，总是构建一个平顺的社会运作系统，而不是期望不连续或不能理解的事件（Berger and Luckmann，1996）。

把格兰诺维特的集体行为的门槛模型引入农民社会中可能更具有适用性，毕竟包含地缘、亲缘和血缘关系的农村社会结构的影响更为突出，但最关键的是集体行为的门槛动机都与农民行为的风险规避相契合。以土地流转为例，农民的土地流转意愿镶嵌于农村社会网络中，从亲朋的土地流转行为中获得信念，作为自身流转决策的参考（杨卫忠，2015）。进而建议通过“示范效应”来促进农村土地流转，降低农民行为门槛。尽管本研究可以认为农民行为存在门限特征，然而影响个体行为的因素过于繁杂。对此，秦晖（1994）追问到，研究农民面临的第一个问题，或者说农民研究的全部逻辑前提是：什么是农民？这个问题看似简单，实际上并不好回答。因此，本研究重点关注农民土地流转行为的门限特征及其收益因素的影响，如前文分析涉及的对土地依赖度和风险认知等。既然农民土地流转行为的门限作用存在，那么行为激励如何实现？

三、农民土地流转行为的非线性激励

以往研究的激励措施多是线性的，对农民门限心理作用有限，应考虑非线性激励的政策措施。如果将国家作为农村土地的委托者，农民作为土地的管理者，以提高土地利用效率为目标，本研究借鉴 Palomino 和 Prat（2003）研究资金管理者的激励机制，讨论国家对农村土地流转的激励逻辑。

---

[1] 韦伯（Weber）认为，假如在大雨之初，大家都撑起了伞，这绝对不是人们相互作用的结果，而只是大家都需要撑伞避雨。

[2] 格兰诺维特解释到，假如在暴动中受到政府镇压，显然会增加参与者的“成本”，对这部分群体而言是“危险的”，然而对于暴动的理想主义者而言，这却是在主观上增加了“收益”，是“理想的”，集体行为的累积效用仍然存在，也能够发现门槛均衡，只是门槛分配的均衡稳定性更重要了。

农村土地流转能够改变土地细碎化经营格局，提高土地资源的配置效率，农民的土地流转行为就反映了经营土地的努力程度。对于土地流转市场而言，只要存在转出意愿，土地转入需求总是存在的（姚洋，2004）。对此，本研究重点关注农民转出土地的行为激励。假设农民转出土地的努力程度为θ，$\theta \in [0,1]$，当θ=0 时，表示农民没有意愿调整土地资源配置，继续持有现有土地资源。当 θ >0 时，农民存在土地转出意愿而且为土地流转做出了努力，支付了努力成本 c，c>0。x 表示农民土地经营的随机收益，由于土地流转经营存在风险，土地流转的努力程度θ会影响风险收益 x，$x \in [\underline{x}, \overline{x}]$，假设满足单调递增，即 x 会随着$\theta$的增加而增加。随机收益 x 的期望值为 u，风险为 r，r>0。土地经营的随机收益 x 不仅来源于农民通过土地流转带来的资源配置效率提高，也依赖于土地流转经营风险 r，则随机收益 x 的概率函数为$F(x|u,r)$，概率密度函数为$f(x|u,r)$。当 u'>u'' 时，$f(x|u',r) > f(x|u'',r)$，即概率密度函数满足一阶随机占有；当 r'>r'' 时，$f(x|u,r'') > f(x|u,r')$，即概率密度函数满足二阶随机占优。u=m(r)，是二阶可微的凹函数，表明 x 的期望值 u 在某一风险水平 r=r* 下达到最大值（如图 25 所示）。

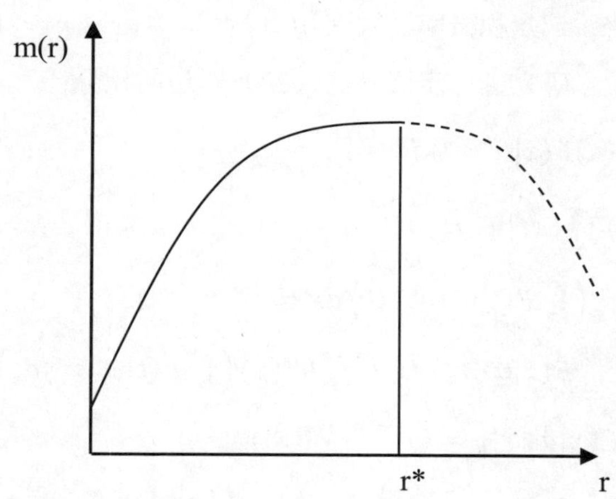

图 25　风险水平与收益期望之间的关系

由于国家难以直接计量到农民为提高土地资源配置而进行土地流转的努力程度，只能从当年年末的土地经营收益 x 来判断，对流转后的土地经营进行奖励，因此国家根据随机收益水平 x 对农民的土地流转努力进行激励，b(x) 表示国家对农民的激励水平，是单调递增的，农民不流转土地也不会有惩罚，所以 b(x) ≥ 0，即国家激励是过于随机收益 x 的非递减函数。农民的效用函数为$U\{E[b(x)|u,r]\}$，假设农民是风险中性的，则效用函数就为$E[b(x)|u,r]$，国家通过设定合适的期望 u=m(r) 和风险水平 r 以满足农民

的效用最大化，即达到激励的效果。在这里，国家的效用函数为 x− b(x)。农民参与土地流转的约束条件为：$E[b(x)|u,r] \geq C$，在风险水平 r 下实现的激励相容约束条件为：$E[b(x)|u^*,r^*] \geq E[b(x)|u,r]$。为满足最优激励需使得农民的效用函数达到极大值，对此求其一阶条件函数：

$$\frac{\partial}{\partial u}E[b(x)|m(r),r]m(r)+\frac{\partial}{\partial r}E[b(x)|m(r),r]=0 \tag{20}$$

如果 r=r*，则 m'(r)=0，从而式（20）可以写为：

$$\frac{\partial}{\partial r}E[b(x)|m(r),r]=\int_{\underline{x}}^{\overline{x}} b(x)f(x|u^*,r^*)dx=0 \tag{21}$$

本研究进一步展开式（21）中的积分方程：

$$\begin{aligned}&\int_{\underline{x}}^{\overline{x}} b(x)f(x|u^*,r^*)dx=\\&b(\overline{x})F(\overline{x}|u^*,r^*)-b(\underline{x})F(\underline{x}|u^*,r^*)-\int_{\underline{x}}^{\overline{x}} b'(x)F(x|u^*,r^*)dx\end{aligned} \tag{22}$$

对于任何的 u 和 r 来说，累积概率函数$F(\overline{x}|u,r)=1$，$F(\underline{x}|u,r)=0$，所以$F(\overline{x}|u^*,r^*)=F(\underline{x}|u^*,r^*)=0$。对此，本研究进一步展开式（22）右边的积分：

$$\begin{aligned}&-\int_{\underline{x}}^{\overline{x}} b'(x)F(x|u^*,r^*)dx=\\&\left[-b'(x)\int_{\underline{x}}^{x}F(t|u^*,r^*)dt\right]_{\underline{x}}^{\overline{x}}+\\&\int_{\underline{x}}^{\overline{x}} b''(x)\left(\int_{\underline{x}}^{x}F(t|u^*,r^*)dt\right)dx=\\&-b'(\overline{x})\int_{\underline{x}}^{\overline{x}}F(x|u^*,r^*)dx+\int_{\underline{x}}^{\overline{x}} b''(x)\left(\int_{\underline{x}}^{x}F(t|u^*,r^*)dt\right)dx\end{aligned} \tag{23}$$

由于$F(\overline{x}|u^*,r^*)=F(\underline{x}|u^*,r^*)=0$，可以得出：

$$\int_{\underline{x}}^{\overline{x}}F(x|u^*,r^*)dx=\overline{x}F(\overline{x}|u^*,r^*)-\underline{x}F(\underline{x}|u^*,r^*)-\int_{\underline{x}}^{\overline{x}}xf(x|u^*,r^*)dx \tag{24}$$

由于$\int_{\underline{x}}^{\overline{x}}xf(x|u^*,r^*)dx=\frac{\partial}{\partial r}E(x|u^*,r^*)=0$，所以式（24）=0，即式（23）可以简化为：

$$\int_{\underline{x}}^{\overline{x}} b(x)f(x|u^*,r^*)dx=\int_{\underline{x}}^{\overline{x}} b''(x)\left(\int_{\underline{x}}^{x}F(t|u^*,r^*)dt\right)dx \tag{25}$$

显然，式（25）左边为 0，当国家激励 b''(x)>0 时，即为严格凸函数时，式（25）右边就不等于 0；当国家激励 b''(x)<0 时，即为严格凹函数时，式（25）右边也不等于 0，违反了风险的激励相容约束。b(x) 无论是凹函数还是凸函数都不能保证式（25）的稳定，即都不能满足农民效用达到最大化的要求，不能实现最优激励。对此，Palomino 和 Prat 认为对努力程度的激励不应该是连续线性的，而应该选择一个门限阈值作为激励的最

低标准，即当努力程度实现的风险收益水平 $x \geqslant x^*$ 时，参与人可以获得一个固定奖励 b(x)=B，否则得不到奖励。设定门限 $\overline{b} \in [\underline{x}, \overline{x}]$，激励函数 b(x) 可表示为：

$$b(x) = \begin{cases} B & if\ x \geq \overline{b} \\ 0 & if\ x < \overline{b} \end{cases} \tag{26}$$

借鉴该思路，可以认为国家对农民土地流转的激励可选择非线性方式来实现，结合前文分析的农民行为的门限机理，激发农民的土地流转积极性国家需要设定一个门限值，而不是单纯的线性连续激励，也就是当国家激励达到某个水平时，农民的土地流转意愿才会显著提高或改善。通过以固定金额对单位土地流转面积的奖励计划可能难以奏效，本研究可以考虑门限值水平上的线性激励，也有利于引导土地适度规模经营。土地流转规模过大或过小下的风险收益都会低于最大收益 u*，从而不能获得奖励，农民会控制土地流转规模。

通过 Palomino 和 Prat（2003）的研究可以发现，个体行为连续线性激励难以达到最优效果，以固定门阀值的激励设计可能更为有效。实际上，个体行为的门限特征在社会经济生活中是一个普遍现象，然而，遗憾的是门限激励（Threshold incentives）并没有被认为是一个值得研究的、不同于传统激励的问题（Grant，2016）。Grant 指出门限激励与行为经济学中的“参考点效用函数”有着更为密切的关系。结合前文分析的基于个体行为的门限机理，行为激励确实需要考虑非线性激励，然而发现门阀值或门限值并不是一件容易的事，因为它可能过于抽象只存在于理论中，本研究很难准确地了解具体的门限水平，本研究更多能做的是去检验或验证门限效应及其表现。对于农村土地流转，本研究可以基于以往实践经验无论是宏观的统计数据或是微观的调查数据，检验农民土地流转行为的门限机理及其表现，检验门限值的存在并不是为了引导农民行为而设定门限值，毕竟农民行为过于复杂，本研究更多为政策激励提供一种参考或是一种尝试，对于农民土地流转规模、流转意愿和流转频率较低的探讨，现有研究做出了卓有成效的成果，除此之外，本研究设想是否还存在一个可供探讨的原因：门限效应。农民可能因为激励没有达到行为的门限值而不愿转出土地，由于门限具有情境依赖性，这就为区域性的土地流转政策或规模经营政策提供了可供思考的视角，尽管可能理想，但也不妨探索一种可能性，毕竟林业作为国家基础性产业，需要给予更多关注。

小结

埃尔达·莎菲尔（Eldar Shafir）在戴蒙德和瓦蒂艾宁共同编著的《行为经济学及其应用》一书的最后感叹到，如果想在行为上变得更加远见卓识，本研究需要许多不同的理论，而且，发展一个统一的理论来解释所有的事情是一个不可能实现的梦想。人类行为过于复杂，本研究不可能提出一个理论为人类行为做出完全的解释，而更多的是在一个基础上不停地进行修补。期望效用理论把影响个体行为的因素简化为一个可衡量的抽象变量——效用，选择的结果在于哪一项选择的效用水平更高，剥离了其他因素的影响而成为一个简单易操作的方程式。然而，效用本身出自心理学领域，但以此为工具分析行为时在结果上却放弃了心理学基础，把效用工具化了，本研究可以看到一个奇怪的现象是，期望效用理论在寄希望通过效用这一变量简化个体行为选择的依据时，却抛弃了效用本身的引申，将行为选择的心理因素割裂开，从而个体行为分析就变得简单了，成为一种“程式化事实”（stylized facts）。不可否认这是研究个体行为的巨大进步，但研究仍在前进，理论需要完善。对此，卡尼曼等人对理性经济人假设进行了修正，个体行为分析加入了心理因素，提出了前景理论，让个体行为选择变得“有血有肉”，个体在面临确定性收益或确定性损失时会表现出不同的风险偏好特征，而不完全遵从于哪项选择的期望效用最大，个体选择存在参照依赖性，个体行为总是存在一个参照点，而这个参照点在很大程度上决定了个体行为选择，从而引出了本研究对行为门限的思考。

参照依赖具体到农民群体主要表现在较强的风险规避心理，农民行为并不完全遵从于生产伦理或经济理性，关键在于农民所处的状态，即行为门限具有情境依赖性，无论是生存伦理还是经济理性，两种并不是完全对立关系，在张五常的研究中，两者甚至可以是相互统一的，行为决策的门限特征在农民群体中表现得更为突出，因为农村社会结构的影响更为明显。对此，格兰诺维特指出农民行为除了内生门限外还存在外生门限，即集体行为的门限特征，但该研究仍保持了经济学内核，认为集体行为门限的逻辑在于示范效应与风险收益变动，毕竟本研究无法忽视他人行为对自身行为的影响，即使是很微妙的。格兰诺维特对此研究进一步讨论了过度社会化与低度社会化等社会结构因素对行为门限的影响，走向社会学领域，本研究并不打算跟着再往前走，而是总结出农民行为的门限原理，即为什么会存在门限特征：包括农户自身禀赋和集体行为两方面的影响。既然农民行为的门限作用是普遍存在的，本研究借鉴 Palomino 和 Prat 的研究发现，传统连续线性激励确实容易失效，对于农民土地流转而言，采用非线性激励政策可能更满足农民心理需要，本研究需要检验农民土地流转的门限效应。由于农户个体决策以外的集体行为影响比较宽泛，难以刻画集体行动这一变量，即使可通过村庄林地流转率或流转发生率来反映，又因为农户自身的流转行为包含在村庄内部而难以规避内生性，通过农户行为决策理论梳理主要在于揭示行为门限特征，无论是生存伦理还是经济理性，农户行为决策的起点在于自身禀赋，对此，本研究主要基于农户禀赋的角度来进行林地流转行为决策的门限效应检验。

第五章　土地流转政策激励与集体林地流转

“人动”依旧未能有效带动“地动”，农村劳动力与土地两种要素的流动明显不匹配。通过政府干预农村土地流转以弥补市场失灵的不足，却进一步面临调控失效的困境。那么，政策干预也同样失效了吗？

实际上，由于土地从简单的生产要素上升为一项被身份化了的人格财产，土地流转也就不是一项简单的经济物品交易，而是表达了赋权、情感与权益认知的产权交易（钟文晶、罗必良，2013）。这也意味着传统意义上通过单纯降低交易费用以促进土地流转的逻辑存在局限，农民不愿意转出土地主要因为土地的社保功能，激活农村土地流转市场需要完善农村社会保障制度（乐章，2010）。林权抵押贷款的可获得性对农民的林地流转意愿具有显著影响（李彧挥等，2012），促进农民转出土地还需要强化土地财产功能。然而，由于农民普遍存在的禀赋效应，土地产权强度的提高又会强化土地人格化财产特征，成为抑制土地流转的重要根源（罗必良，2014）。“恋土”与“土地增值”思想的双重作用加深了农民的守土观念（蔡海生，2015）。随着农村土地功能的演化与重叠，政策干预的双重影响使得土地产权交易变得更为复杂。

由此不禁想问，土地流转的相关政策效力是否存在门限效应？即政策作用效果存在拐点，拐点前后表现出明显不一样的作用效果。现有文献关于政策对土地流转的研究主要采用：一是“前—后”对比或控制组与实验组的对比分析。程令国等（2016）在划分确权村与非确权村基础上实证分析了土地确权对土地流转的影响。二是基于政策实施结果的统计评价。陈水生（2011）从土地流转水平、政策创新、政府行为和农民意愿四个方面评价了土地流转的政策绩效。然而，对于政策的定量研究大多是结果导向，尤其是统计评价的方法难以避免内生性问题，量化政策文本的研究并不多（彭纪生等，2008）。对此，以集体林地流转为研究对象，通过量化土地流转的相关政策文本，运用门限回归实证检验土地流转政策效力对林地流转的影响，以期深化对政府干预土地流转市场的效应认识。

一、政策对土地流转的非线性作用：从禀赋效应说起

1. 禀赋效应的源起

首先是禀赋效应的实验。科斯定理假定，在交易成本足够低的条件下，无论初始权利如何分配，其结果都是相同的。卡尼曼等人通过实验支持了科斯定理。实验中每个参与实验的人员被告知“代币”的给定价值，完成实验后被试者可以将“代币”兑换为相应的现金，而且有一半的被试者获得了“代币”。当被试者有机会用“代币”兑换现金时或者实验之初没有获得“代币”的被试者也可以用现金兑换“代币”时，结果发现，有一半的“代币”转手了，这与“代币”的初始分配无关，被试者的行为为科斯定理提供了有力证明。卡尼曼等人进行第二轮实验，只是将第一轮实验中的“代币”换作杯子，但是没有提供杯子兑换现金的途径，即被试者不知道杯子可以兑换为多少现金，但可以保留杯子。同样实验之初有一半的被试者获得了杯子，当被试者有计划出售杯子的时候，他们更多选择了保留杯子，而最初为获得杯子的被试者也很少购买杯子。实验结果表明，杯子所有权的初始分配很重要，违反了科斯定理。该实验引出了物品的禀赋效应，在禀赋效应存在的前提下，初始权利分配显得尤为重要（戴蒙德、瓦蒂艾宁，2011）。即当不存在禀赋效应条件下，通过“还权赋能”的改革政策降低交易成本，能够促使土地要素依赖市场自我调节来优化资源配置。禀赋效应（endowment effect）描述了人们的一种行为倾向：人们不愿意放弃自己的初始权利，即便没有这些初始权利，他们也不愿出资购买（Thaler，1980）。从而，禀赋效应被认为是拥有某项物品时对该物品的估价高于没有该物品时对该物品的估价，即愿意支付价格（WTP）与愿意接受价格（WTA）的差异。

其次，禀赋效应的产生。从实验可以看出，当物品被明确告知可以交换的价值时，会削弱拥有该物品的禀赋效应甚至可能不存在禀赋效应，显然，在不确定物品真实价值的情况下，交易后面临损失的可能性就比较大。买方对物品的估价相对更接近物品的真实价值，禀赋效应通常不在于买方不愿买，而是卖方不愿意卖造成的（Kahneman et al，1990）。禀赋效应的产生切合了 Kahneman 等提出的损失规避，是指损失要比等量的收益所产生的心理效用更大（Tversky，1979）。影响禀赋效应的因素繁杂，除了外生价值信息外，还包括个体与物品自身两类因素（刘腾飞等，2010）：一是个体的心理因素，包括动机、情绪、情感依赖和认知等；二是交易物品的特征，包括物品的可替代性与重要程度。两方面的影响因素隐含着参照依赖的假设，即个体更关注参照于某个水平的变化而不是绝对量的变化。一般而言，拥有物品的时间越长，对物品产生的情感依赖越强，

越容易感知对该物品的损失规避（Strahilevitz and Loewenstein，1998）。物品的替代性越低或重要程度越高，物品价值相对越高，对该物品的估价相对就越高，也就越容易感知损失规避。尽管市场上商品买卖双方未必将交易看作一种收益或损失，日常的经济交易产生的损失规避很小，但交换商品价值的不确定性会影响交易双方对损失和收益的评估，禀赋效应依然存在（Dijk and Knippenberg，1996）。只是当物品的可替代性低或重要度高时，参与实验者更不愿交换初始获得的物品，或者对该物品的估价更高，WTP 与 WTA 之间的差异更大（Hanemann，1991）。

2. 人地关系与土地流转：土地流转政策的影响

农村土地不再单纯是一项生产要素，而是关系农民生存、生产、生活“三生”空间的特殊要素，在中国农民特殊的“恋土”情结下，土地流转的产权交易行为可能产生的禀赋效应更为突出，农民转出土地的损失规避心理更强烈。在土地流转市场上，只要农户愿意转出土地，土地的转入方总是存在（姚洋，2004），验证了禀赋效应通常是由物品拥有方即卖方不愿卖出产生的。从禀赋效应的影响因素看，人地关系大体上也可以从主观和客观两方面来分析。一是主观方面。土地作为一项“三生”要素，农民普遍存在情感依赖。我国农村实行统分结合的家庭承包经营制度，农民具有土地的承包经营权，农地承包周期为三十年，林地承包周期长达七十年，而且承包到期后可以在未改变农民身份的前提下继续承包，对土地的长期持有强化了农民对土地的情感依赖，尽管农村土地所有权归集体，但农民实际上拥有了土地的“准所有权”，从主观因素看，农村土地流转存在禀赋效应会被不断强化，但又可能因为新老农民的交替存在断层。新生代农民的“恋地”与“恋农”情结明显低于父辈，从而在土地流转中表现出弱于老一代农民的禀赋效应。新生代农民工更加注重土地的经济增值功能和产权完善而不是社保功能，土地流转意愿高于老一代农民工（许恒周等，2012）。二是客观方面。农民对土地的承包经营权实际上是一项成员权或身份权，意味着只有农民身份才具有的土地的承包经营权，在土地分配的竞争中明显带有“垄断”性质，具有不可替代性。随着城镇化的不断推进，土地要素的稀缺程度不断提高，要素替代性也逐渐下降，而且在国家社保制度仍不健全和土地不断升值的背景下，土地对农民的重要性至少可以认为是未下降的。从客观因素看，土地流转中的禀赋效应是普遍存在的。以农业收入占家庭收入比重来反映土地客观重要程度看，占比越高，土地流转中的禀赋效应越强。现有研究主要从家庭收入结构和职业分化两方面检验了禀赋效应的影响。家庭收入以非农林收入为主的农户，其林地转出量高于其他收入结构的农户（孔凡斌、廖文梅，2011），越是远离农业经营者身份的农户越倾向于转出林地（张蕾等，2013）。

人地关系的主观与客观方面确实促成了土地流转中的禀赋效应，根本上仍是以规避损失为内核，值得注意的是，损失规避依赖于对交易物品价值的判断或评估。显然，物品的价值评估依赖于物品的信息量。信息缺乏使 WTA 与 WTP 的分歧增加，如果信息是免费的，那么其主观价值就越低，这将使 WTA 与 WTP 相等（乔洪武、刘国华，2005），从而消除禀赋效应对物品交易的影响。那么，农村土地要素的价值信号如何传递给农户呢？问题的关键仍在于政策本身。改革政策本身就是一项重要的免费信号传递途径，农民生活相对较封闭，政策宣传与落实成为获取土地价值信息的关键渠道。这就回到本研究之初的问题，即土地流转政策何以影响了土地流转？由于中国农村土地要素的特性，政策更可能通过改变禀赋效应以作用于土地流转，而不是单纯的“人动”带动“地动”。土地流转政策对禀赋效应的影响却是双向（见图 26）。一方面，强化对物品占有权的主观认知会增强禀赋效应（Jochen et al，2007）。农村土地制度改革遵循了从赋权或还权到强权的路径，产权强度的提高强化了禀赋效应（钟文晶、罗必良，2013）。另一方面，物品的权利强化降低了交易的不确定性，进而会降低禀赋效应（Inesi，2010）。土地产权强度的提高传递了土地增值的价值信号，降低了农民对未来收益预期的不确定性，根据禀赋效应的实验，当被试者对拥有物品兑换价值越明确时，禀赋效应越低。土地流转政策对土地流转的影响可能比想象的要复杂，而且由于损失规避的非线性特征，土地流转政策的影响也可能是非线性的。政策促进土地产权强度的提升究竟会对禀赋效应产生何种影响仍有待进一步实证检验（胡新艳等，2017）。禀赋效应具有情境依赖性，情境决定了禀赋效应的程度（Plott and Zeiler，2005）。可以认为，政策的演变改变了土地流转的政策环境，作用于禀赋效应对土地流转产生影响。

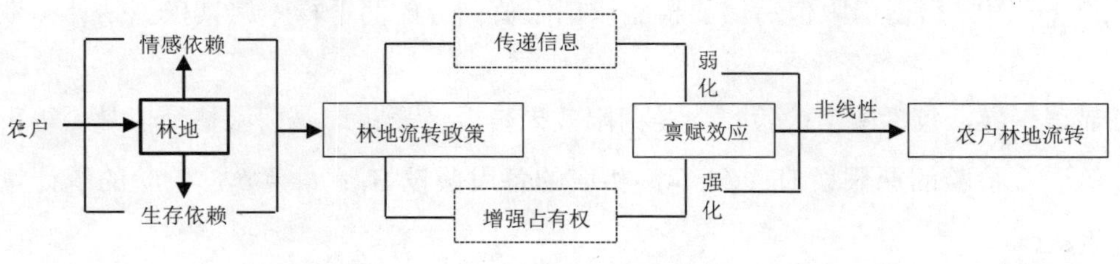

图 26　林地流转政策效应

二、模型设定与文本量化

1. 门限回归模型

本研究采用 Hansen（2000）提出的面板门限模型，考虑单一门限模型的设定，基本形式如下：

$$y_{it}=\mu+\beta_1 X_{it}\left(q_{it}<\gamma\right)+\beta_2 X_{it}\left(q_{it}>\gamma\right)+u_i+e_{it} \tag{27}$$

其中，q_{it} 为门限变量，γ 为特定门限值，β_1 和 β_2 分别是门限值两端区域变量的影响系数，u_i 表示个体效应，e_{it}～iid(0，σ^2) 为随机干扰项，对此，式（27）可以转换成：

$$y_{it}=\mu+\beta X_{it}\left(q_{it},\gamma\right)+u_i+e_{it} \tag{28}$$

其中：

$$X_{it}\left(q_{it},\gamma\right)=\begin{cases}X_{it}I\left(q_{it}<\gamma\right)\\X_{it}I\left(q_{it}>\gamma\right)\end{cases} \tag{29}$$

给定门限值 γ，通过 OLS 估计的 β 参数可以表示为：

$$\hat{\beta}=\left\{X^*(\gamma)'X^*(\gamma)\right\}^{-1}\left\{X^*(\gamma)'y^*\right\} \tag{30}$$

其中，y^* 和 X^* 为组间离差，如$y^*=y_{it}-\frac{1}{T}\sum_{t=1}^{T}y_{it}$，相应的残差平方和（RSS）则为：

$$S_1(\gamma)=\hat{e}^*(\gamma)'\hat{e}^*(\gamma) \tag{31}$$

其中，$\hat{e}^*(\gamma)=y^*-X^*(\gamma)\hat{\beta}(\gamma)$ 为残差向量。参数 γ 即为最小残差平方和（RSS）的值，即最小化 $S_1(\gamma)$，可表示为：

$$\hat{\gamma}=\arg\min_{\gamma}S_1(\gamma) \tag{32}$$

通过 γ 值可以进一步得到$\hat{\beta}=\hat{\beta}(\hat{\gamma})$，残差向量$\hat{e}^*=\hat{e}^*(\hat{\gamma})$，残差平方和$\hat{\sigma}^2=\frac{1}{n(T-1)}\hat{e}^*(\gamma)'\hat{e}^*(\gamma)$ $=\frac{1}{n(T-1)}S_1(\gamma)$。得出门限值后需要检验以门限值划分的两个样本组其模型估计参数是否具有显著差异，包括两个检验：一是门限效果是否显著；二是门限估计值是否等于真实值。第一个检验的原假设 H_0：$\beta_1=\beta_2$，相应的备用假设 H_1：$\beta_1\neq\beta_2$，检验的统计量可以表示为：

$$F_1=\frac{S_0-S_1(\gamma)}{\hat{\sigma}^2} \tag{33}$$

其中，S_0 为原假设 H_0 条件下得到的残差平方和，由于原假设表明不存在门限值，为传统的 OLS 回归，统计量 F_1 的参数分布是非标准的而且是严格的卡方分布。对此，Hansen（1996）建议通过“自抽样法”（Bootstrap）来实现一阶渐进分布，借此构造的 P 值是渐进有效的。对于第二个检验，Hansen（1999）指出$\hat{\gamma}$是 γ 的一致估计量，检验 γ 是否等于 γ_0 最好的方法是利用“无拒绝区”形成置信区间。原假设 H_0：$\gamma=\gamma_0$，构造的检验统计量为：

$$LR_1(\gamma)=\frac{S_1(\gamma)-S_1(\hat{\gamma})}{\hat{\sigma}^2} \tag{34}$$

给定显著水平 α，下限对应于 LR 系列中的最大值，其小于 α 分位数，并且上限对应于 LR 系列中的最小值，其小于 α 分位数。可以计算 α 分位数：$c(\alpha)=-2\log\left(1-\sqrt{1-\alpha}\right)$。显然，当 α 分别等于 0.1、0.05 和 0.01 时，其分位数分别为 6.53、7.35 和 10.59，如果 $LR_1(\gamma_0)$ 超过了分位数值，则拒绝原假设 H_0。

如果存在多个门限值，需要对单一门限模型进行扩展，即对式（27）进行扩展，本研究考虑存在两个门限值的情况，模型可以设定为：

$$y_{it}=\mu+\beta_1 X_{it}(q_{it}<\gamma_1)+\beta_2 X_{it}(\gamma_1\le q_{it}<\gamma_2)+\beta_3 X_{it}(q_{it}>\gamma_2)+u_i+e_{it} \tag{35}$$

其中，γ_1 和 γ_2 为两个门限值，将回归方程划分成了三个区域，不同区域下变量的影响系数分别为 β_1、β_2 和 β_3。序列估计是一致的，多重门限估计的步骤可以分为（Wang，2015）：第一步，从单一门限模型中获得门限值 γ_1 与残差平方和 $S_1(\hat{\gamma}_1)$。第二步，在给定 $\hat{\gamma}_1$下，搜索第二个门限值及其置信区间：

$$\hat{\gamma}_2^r=\arg\min_{\gamma_2}\left\{S_2^r(\gamma_2)\right\} \tag{36}$$

$$S_2^r=S\left\{\min(\hat{\gamma}_1^{\hat{}},\gamma_2)\max(\gamma_1,\gamma_2)\right\} \tag{37}$$

$$LR_2^\gamma(\gamma_2)=\frac{\left\{S_2^r(\gamma_2)-S_2^r\left(\hat{\gamma}_2^r\right)\right\}}{\hat{\sigma}_{22}^2} \tag{38}$$

第三步，$\hat{\gamma}_2^r$ 是有效的，但是 $\hat{\gamma}_1^r$ 不是，确定第二个门限值后再重新估计第一个门限值：

$$\hat{\gamma}_1^r=\arg\min_{\gamma_1}\left\{S_1^r(\gamma_1)\right\} \tag{39}$$

$$S_1^r=S\left\{\min(\gamma_1,\hat{\gamma}_2^{\hat{}})\max(\gamma_1,\gamma_2)\right\} \tag{40}$$

$$LR_2^\gamma(\gamma_2)=\frac{\left\{S_2^r(\gamma_1)-S_2^r\left(\hat{\gamma}_1^r\right)\right\}}{\hat{\sigma}_{22}^2} \tag{41}$$

门限检验的逻辑是一致的，当拒绝单一门限，则需要进行双重门限的检验，原假设是存在单一门限，备用假设是存在双重门限，F 统计量可表示为：

$$F_2 = \frac{\left\{ S_1\left(\hat{\gamma}_1\right) - S_2^r\left(\gamma_2^r\right) \right\}}{\hat{\sigma}_{22}^2} \tag{42}$$

跟单一门限值检验一样，仍然通过“自抽样法”（Bootstrap）的方式来实现。借此，本研究可以构建土地流转政策对土地流转影响的门限回归模型：

$$Circulation_{it} = \mu + \theta X_{it} + \beta Dependence_{it} I\left(q_{it}, \gamma\right) + u_i + e_{it} \tag{43}$$

式（43）中，Circulation 表示林地流转量，Dependence 表示农民的林业依赖度，X 表示一组控制变量，包括农户的户均林地面积 Area，林权交易机构数量 Agency，参与林权抵押贷款的农户数 Mortgage；q 为门限变量，表示土地流转政策效力，γ 为门限估计值。

2. 政策文本量化

政策文本是由国家或地区的各级权力或行政机关以文件形式颁布的法律、法规、部门规章等官方文献，量化文本包括单篇文本内容的微观统计和大批量文本的宏观统计（杨慧、杨建林，2016）。政策文献计量（Policiometrics）是一种量化分析政策文献的结构属性的研究方法，以揭示政策主题、目标与影响（李江等，2015）。政策文本量化分析可以归入文献量化研究中，最早可以追溯到 20 世纪初。国内引入该方法更多是对政策文本的结构，通过文本编码、数量统计和关键词频统计等方式刻画政策演进特征与内在逻辑。而基于实证分析的政策量化研究仍不多见，较早的政策文本量化研究是彭纪生等（2008）基于对创新政策的测度与协调演变的量化，分析其对经济绩效的影响。分三个维度：政策力度、政策措施和政策目标对政策文本进行量化，本研究借鉴该量化文本的思路，也从这三个方面对土地流转政策文本进行量化，但政策措施上再从政策工具论的视角，将政策措施细分为需求型政策工具、供给型政策工具和环境型政策工具三大类，再进一步量化各类政策工具，也为稳健性检验做准备。政策工具类型的划分主要借鉴了 Rothwell 和 Zegveld（1985）的研究思想，其中需求型政策工具主要是指政府通过对土地流转的持续支持和关注，减少对土地流转的限制方面；供给型政策工具主要是指政府通过提供土地流转所需要的信息、场所和资金等，直接推动土地流转方面；环境型政策工具主要是指政府通过优化土地流转环境间接推动农村土地流转，包括金融支持和公共服务等。需要强调的是，前两项政策工具都直接与土地流转相关，最后一项是间接辅助作用。

第一，政策效力的量化标准。政策力度（Policy Power）反映了政策法律效力的指标，根据政策类型与发布政策的机构行政级别进行评分，政策的法律地位或发布政策部门的级别越高，政策效力评分越高。另外，政策目标反映了落实一项政策所希望实现的目的，一般而言，政策目标越全面具体、越可量化，评分就越高；政策措施反映实现政策目标所采用的方法或手段，从政策工具论的视角可以细化为三个方面，同理，政策措施的内容越全面具体，评分就越高。衡量政策效力的三个维度均采用五级量表进行评分，评分由低到高分别赋值为1分、2分、3分、4分、5分，具体评分赋值情况见表36。

表36　政策力度、政策目标和政策工具的评分标准

维度	赋值	评判标准
政策力度	5分	全国人大及其常务委员会颁布的法律。
	4分	国务院颁布的条例、指令、规定、各部委的命令。
	3分	国务院颁布的暂行条例和规定、方案、决定、意见、办法、标准；各部委颁布的条例、规定、决定。
	2分	各部委颁布的意见、办法、方案、指南、暂行规定、细则、条件、标准。
	1分	各部委颁布的通知、公告、规划。
政策目标	5分	指出土地流转的意义与要求，土地流转需要坚持的基本原则；明确鼓励和支持土地流转，提出土地流转的形式、流转范围和土地流转严格的规范行为；提供土地流转管理与服务等配套支持；表述政策预期且可量化。
	3分	指出土地流转的意义与要求，土地流转需要坚持的基本原则；明确鼓励和支持土地流转；表述政策预期。但未涉及具体土地流转形式、范围和配套服务等内容。
	1分	指出土地流转的意义与要求，土地流转需要坚持的基本原则；指出允许土地流转。关于土地流转仅有宏观描述，未涉及具体流转内容。
需求型政策工具	5分	明确鼓励开展多种形式的土地流转，包括抵押；支持多类社会主体参与土地流转，包括专业户、林业合作组织、工商资本等，允许外商资本进入林业；鼓励发展多种形式的规模经营，包括林业合作社经营、联户经营、股份制经营、家庭林场经营等。
	3分	只提及需求型政策工具5分中的一项或两项，而且每项政策工具下的内容仅有一项。如指出支持多类社会主体参与土地流转，但不允许工商资本进入林业。
	1分	只提及需求型政策工具5分中的一项。如鼓励土地流转，发展规模经营，但未涉及具体内容。

续表

维度	赋值	评判标准
供给型政策工具	5分	明确指出提供土地流转的信息支持，包括加快土地流转信息平台、农村产权交易中心或林权交易中心等直接为土地流转交易服务的基础设施建设；强调加强土地流转合同管理，规范流转行为等技术支持；为土地流转提供资金支持，包括各种流转补贴；为土地流转提供培训服务等教育支持。
	3分	只提及供给型政策工具5分中的一项或两项，而且每项政策工具下的内容仅有一项。如指出提供土地流转的信息支持，但仅提及加快土地流转信息平台建设。
	1分	只提及供给型政策工具5分中的一项。如仅强调加强土地流转合同管理，但未涉及具体管理内容。
环境型政策工具	5分	明确指出为推进土地流转提供的一系列配套措施，包括金融支持，涉及林权抵押贷款、森林资源资产评估、森林保险等；生产经营支持，包括培育专业种植队伍或公司、采伐队伍或公司；税收支持，包括各种林业税费减免措施。
	3分	只提及环境型政策工具5分中的一项或两项，而且每项政策工具下的内容仅有一项。如指出提供金融支持，但仅提及林权抵押贷款。
	1分	只提及环境型政策工具5分中的一项。如仅指出降低林业经营负担，但未涉及负担减轻的具体内容。

注：参考层次分析法（AHP）确权评分原则，评分为指明中间值，以便评判人员对赋值边界的理解和把握，赋值表只确定了5分、3分和1分三个等级的量化标准，4分和2分分别介于相邻分值之间。

彭纪生等（2008）的研究仅给出了国家层面的政策效力评分，但指出政策效力量化需要考虑低行政级别颁发的政策文本。对此，本文还考虑了地方政策文本效力的作用：一是面板数据分析的需要量化地方政策文本；二是政策互补的需要。一般而言，较高行政级别颁发的政策文本对政策措施和政策目标的描述越宏观，其得分就越低，相反较低行政级颁发的政策文本越可量化政策措施和政策目标，其得分就越高，两方面的叠加能够弥补单一指标反映政策效度的局限（彭纪生等，2008）。参照此评分逻辑，本研究对地方政策文本的政策效力建立了相应的评分标准，如表 37 所示。

表 37　地方政策文本的政策力度评分标准

类别	赋值	评判标准
省级层面的法律法规	5分	省级人大法规、政府规章、司法规范文本。
省级层面的规范性文本	4分	省政府和各部门颁布的规定、办法、意见、条例、通知等。
省级层面的规范性文本	3分	省政府和各部门颁布的暂行或试行规定、办法、意见、条例、通知等。
地州市层面的规范性文本	2分	地州市政府颁布的规定、办法、意见、条例、通知等。
地州市层面的规范性文本	1分	地州市政府颁布的暂行或试行规定、办法、意见、条例、通知等。

第二，政策效力综合评分。在确定政策文本的量化标准后，本研究邀请了十位[1]在高校从事土地流转政策研究的专家对政策文本进行打分，分成五组进行同步打分。为了使评分专家对政策文本的量化标准完全理解，本研究分别与各位专家进行了多次交流和沟通，直到大家意见基本统一，然后才开始评分。本研究借鉴了彭纪生等（2008）的评分原则，将整个评分过程大体分为两个阶段：预试评分和正式评分。五组专家第一次根据确定的评分标准对政策文本进行打分，结果发现，评分结果方向性一致率为61.25%，方向冲突率为30.14%[2]。初评结果不能满足要求，从而再次对冲突性评分进行讨论和交流，进一步优化评分标准，然后进行第二轮打分，结果发现，经过初评讨论后，第二轮评分的方向一致率达到了85.41%，而冲突率仅为7.52%。最后取五组打分结果的平均值，得出各项政策文本在政策力度、政策目标和政策工具三个维度方面的得分值，进而可以测算各年份土地流转政策文本的综合效力：

$$TPE_t = \sum_{j=1}^{n}\left(g_j + m_j\right)p_j \tag{44}$$

其中，t=1984,1985,……,2017，n 表示第 i 年颁发的政策文本数量，j 表示第 i 年执行的第 j 项政策文本；p_j 为第 j 项政策文本的政策力度得分，g_j 和 m_j 分别表示第 j 项政策文本的政策目标得分和政策工具得分，其中，$m_j=d_j+s_j+e_j$，d_j、s_j 和 e_j 分别表示需求型政

[1]　其实，我们最初邀请评分的专家有二十多位，但由于工作量太大，最后只能确定下来十位。

[2]　评分方向一致性是指专家评分结果分布在相同侧面，方向冲突性则表示评分结果在不同侧面，我们以中间值 3 分为标准，对同一政策文本，如果两人评分结果分别为 4 分和 5 分，两个分值均大于 3 分，在同一侧面，则评价结果为方向一致性；如果两人评分结果分别为 2 分和 5 分，分别位于 3 分两侧，则评价结果为方向冲突性。

策工具得分、供给型政策工具得分和环境型政策工具得分。TPE_t 为第 i 年土地流转政策的综合效力得分，$GTPE_t$ 和 $DTPE_t$ 分别表示国家层面的政策效力和地方层面的政策效力；$XTPE_t$、$STPE_t$ 和 $HTPE_t$ 分别表示需求型政策效力、供给型政策效力和环境型政策效力。

三、数据来源与变量说明

1. 数据来源

研究数据来源包括两部分：第一，关于集体林地流转的相关数据。这部分数据来源于国家林业局，统计数据的名目为集体林权制度改革情况统计表（2009—2018 年），从 2008 年全面推行集体林权制度改革后，国家林业局从 2009 年开始从宏观上进行林改监测统计，由全国各省上报相关统计数据，统计的内容大体包括：林地承包情况、林地经营情况、公益林生态效益补偿情况、林权抵押情况、森林保险情况、林权流转情况、社会化服务体系情况、林下经济发展情况、林改成效情况，近两年还包括对新型林业经营主体的统计。2016 年以前的统计指标在 80 个左右，此后统计指标增加到超过 130 个，不断完备。第二，土地流转的相关政策文本。文本搜索途径包括“北大法宝数据库”“法律法规全库”和“法律教育网”。主要以“土地流转”“土地承包经营权流转”“土地经营权流转”“土地使用权流转”“土地规模经营”“土地抵押”为关键词进行搜索。搜索原则：一是抄送文件、转发上级政策文件，或不同部门联合发布的政策文本不作重复统计，而且地方政策文本仅针对以“林地流转或转让”“林木流转或转让”“林权抵押”和“林权流转或转让”为标题的进行统计，不再是广义上的土地流转；二是政策文本只是提及搜索关键，没有相关描述，或特别指明针对农地而非林地，则不作统计。三是政策颁布时间。1984 年，中央一号文件才提出允许农村土地转让，同时统计数据到 2017 年，对此本研究文本选择的时间范围从 1984 年到 2017 年。根据以上筛选原则，能够检索到的政策文本共 120 份，其中国家层面出台的共有 71 份，地方出台的共有 49 份。

2. 变量说明

一是被解释变量。选择集体林地流转量（Circulation）作为被解释变量，单位为万亩。

二是解释变量。根据前文的分析，禀赋效应的客观影响因素主要是物品的可替代性与重要度，本研究通过林业收入占农户家庭收入的比重来反映林地对农户的客观重要程度，即以农民的林业依赖度（Dependence）作为解释变量。

三是控制变量。①农户的户均林地面积（Area）。农民林地流转意愿与拥有林地禀赋情况的相关，一般而言，经营林地面积较大的农民更倾向于转入林地，相反则更可能转出林地。农户家庭块均林地面积对林地转入具有显著的正向影响（许凯、张升，2015）。②林权交易机构的数量（Agency）。农户是否了解林权交易中心对农户选择在林权交易中心进行林地流转具有显著影响（谢煜等，2016）。林权交易机构服务于林权流转，包括林地流转、机构发展数量和职能的完备程度对农民参与林地流转具有影响。③林权抵押贷款的农户数（Mortgage）。农地流转方式包括“转让”“互换”“入股”等物权转移方式（物权性流转），还包括“出租”“转包”等债权设定方式（债权性流转）（高圣平，2014），其中债权性流转不具备抵押权能。土地流转的滞后性很大程度上受限于流转权能的不完备或不匹配，土地经营权抵押权能的实现能够降低交易成本，影响农民参与林地流转的积极性。

四是门限变量。根据前文分析，肩负多重价值功能的土地流转普遍存在禀赋效应，产生禀赋效应的关键在于对未来收益预期的损失规避，土地流转政策通过改变土地产权强度强化了禀赋效应的同时也不断传递土地价值信号而降低交易的不确定性并稳定收益预期，从而又可能降低了禀赋效应。也就意味着土地流转政策效力对土地流转的影响可能不是简单的线性正向或负向关系，对此，本研究选择土地流转政策效力作为门限变量，即测算的政策效力综合得分 TPE。需要说明的是，政策效力具有累加效果，即上一年的政策效力会在以后年份产生持续作用，类似于固定资产存量对经济增长的影响，只是政策效力没有折旧。另外，由于政策文本包括国家和地方两个层面，不同层面的政策文本的效力不能进行简单的加重，通过把地方政策文本综合得分除以省份个数进行标准化，综合政策效力：$ATPE_{it}=GTPE_{it}+DYPE_{it}/22$（集体林权制度改革情况统计表中有 22 个省份的数据比较完善）。

四、林地流转政策效力影响林地流转的门限特征

1. 政策效力得分与变量描述

第一，林地流转政策效力的综合得分。根据政策效力的测算公式，本研究可以测算出各地区林地流转政策效力的综合得分值（见表 38）。由于政策效力具有累积效应，到 2009 年国家政策的累计效力达到了 1247，地方关于林地流转的政策文本主要集中在 2003 年后颁布，之前没有累积，所以总体叠加的效力水平较小。从评价结果看，各省份

的政策综合效力变动趋势比较一致，差异并不大，主要受国家政策文本效力的影响，地方政策文本的效力水平相对较小。其中，河北省、吉林省和陕西省未搜索到地方关于林地流转的相关政策文本，类似于多数省份出台的《森林、林木、林地流转管理办法》等，DTPE=0，政策效力则由国家政策效力决定。除了以上三个省份外，浙江省的政策效力相对较高，到2017年达到2111.72，高于其他省份；内蒙古政策效力的变动幅度最小，仅比国家政策效力增加了0.69。

表38　林地流转政策效力综合得分

地区	2009年	2010年	2011年	2012年	2013年	2014年	2015年	2016年	2017年
河北	1247	1286	1294	1366	1516	1693	1750	2017	2100
内蒙古	1247	1286	1294	1366	1516	1693.69	1750.69	2017.69	2100.69
辽宁	1248.38	1249.76	1296.76	1368.76	1518.76	1695.76	1752.76	2019.76	2102.76
吉林	1247	1286	1294	1366	1516	1693	1750	2017	2100
黑龙江	1255.28	1294.28	1302.28	1374.28	1524.28	1701.28	1758.28	2025.28	2108.28
浙江	1252.52	1291.52	1300.9	1376.34	1526.34	1704.72	1761.72	2028.72	2111.72
安徽	1247	1286	1296.76	1368.76	1518.76	1695.76	1752.76	2019.76	2102.76
福建	1253.21	1292.21	1300.21	1372.21	1522.21	1699.21	1758.97	2025.97	2108.97
江西	1250.45	1289.45	1297.45	1369.45	1519.45	1696.45	1699.21	2025.28	2109.66
山东	1247	1286	1294	1367.38	1517.38	1694.38	1751.38	2018.38	2101.38
河南	1247	1289.45	1297.45	1369.45	1519.45	1696.45	1753.45	2020.45	2103.45
湖北	1247	1286	1294	1366	1516	1696.45	1753.45	2020.45	2103.45
湖南	1249.07	1288.07	1296.07	1370.83	1520.83	1697.83	1754.83	2024.59	2107.59
广东	1247	1288.76	1296.76	1368.76	1518.76	1695.76	1752.76	2019.76	2106.21
海南	1250.45	1289.45	1297.45	1369.45	1519.45	1696.45	1753.45	2020.45	2103.45
重庆	1249.76	1290.14	1298.14	1370.14	1520.14	1697.14	1754.14	2021.14	2104.14
四川	1248.38	1287.38	1295.38	1367.38	1518.07	1697.83	1754.83	2021.83	2104.83
贵州	1247	1289.45	1298.83	1370.83	1520.83	1697.83	1754.83	2021.83	2104.83
云南	1249.07	1291.52	1302.28	1374.28	1524.28	1701.28	1758.28	2025.28	2108.28
陕西	1247	1286	1294	1366	1516	1693	1750	2017	2100
甘肃	1247	1286	1294	1366	1520.83	1697.83	1754.83	2021.83	2104.83
新疆	1247	1286	1294	1366	1516	1695.07	1752.07	2019.07	2102.07

从政策工具论的视角看，需求型政策工具效力（XPTE）、供给型政策工具效力（STPE）和环境型政策工具效力（HPTE）的变化趋势较相近，但明显低于政策总效力水平（见图27）。从变化走势看，XPTE与HPTE的起点较STPE高，但到2017年XPTE已低于HPTE和STPE，即随着林改不断推进，需求型政策效力逐渐被供给型政策效力和环境型

政策效力超过，这也就意味着，关于林地流转的相关政策中，越来越强调供给型政策和环境型政策的作用，在土地流转率总体不高的背景下，国家逐渐开始加大对土地流转市场的干预，不断提供更完备的各种流转服务和政策补贴，鼓励和培育新型林业经营主体的发展，而且，随着林改不断深化，供给型政策工具和环境型政策工具呈现不断强化的趋势，总体政策效力会不断提高。据2018年集体林权制度改革进展统计表的数据显示，2017年林地经营权流转奖补资金额达到了7703.24万元，其中省级财政为295万元。

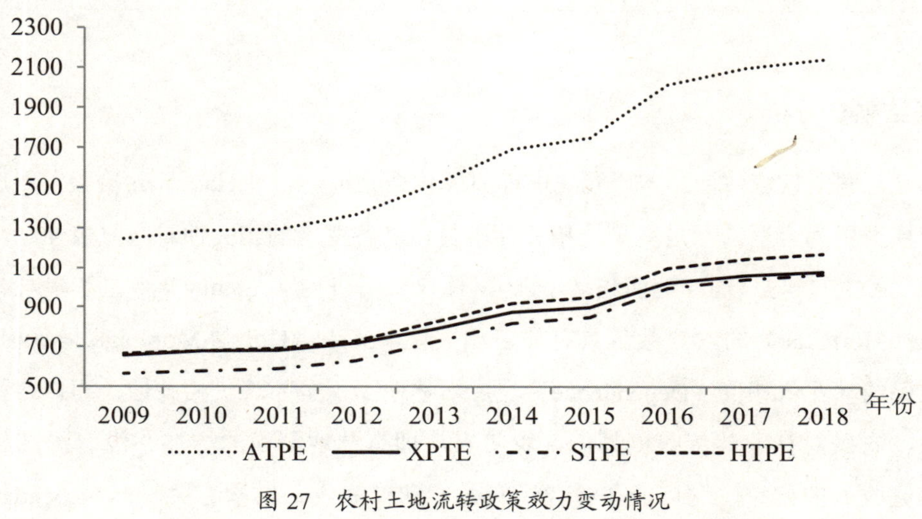

图27　农村土地流转政策效力变动情况

第二，变量的描述性分析。从各变量的描述性统计特征看（见表39），被解释变量集体林地流转面积为2015年陕西省的2395.155万亩，最小为2016年海南省的0.1万亩，总体均值为130.1532万亩。解释变量农民的林业依赖度最小为2010年黑龙江的0.41%，最高为2010年浙江省的61.97%，总体均值为17.83%，沿海地区农民的林业依赖度并不低于西南地区，甚至有些年份明显更高。控制变量中农民户均林地面积最小为2009年吉林省的0.5926亩，最大为2017年内蒙古的248.646亩，总体均值为37.2386亩。林权交易机构数最小为2009年山西省的1个，最大为2016年浙江省的234个，总体均值为57个。参与林权抵押贷款的农户数最少为2009年新疆的0户，最大为2010年河南省的1301万户。各变量的变化差异较大，这可能与林改进程相关，特别是林权交易中心和林权抵押贷款的发展，林改初期建设进程较缓慢，机构数量和参与贷款的农户数量较少。门限变量林地流转政策效力的最小值为1247，最大值为2111.72，总体均值为1588.291，标准差值最大。

表 39 变量的描述性统计

变量	单位	样本量	均值	标准差	极小值	极大值
Circulation	万亩	198	130.1532	272.6561	0.1	2395.155
Dependence	%	198	17.83	10.91	0.41	61.97
Area	亩/户	198	37.2386	34.8143	0.5926	248.646
Agency	个	198	57.0242	42.7072	1	234
Mortgage	万户	198	19.9971	128.4972	0	1301.007
ATPE		198	1588.291	305.6968	1247	2111.72

2. 实证结果与分析

第一，固定效应估计。本研究先进行面板数据分析，通过 Hausman 检验发现选择固定效应模型更为合适。一是变量的相关性检验。从各变量的相关性看（见表 40），总政策效力（ATPE）与户均林地面积（Area）、林权交易机构（Agency）数量和参与林权抵押贷款（Mortgage）的农户数量具有显著相关性，其中 ATPE 与 Mortgage 呈负相关性。另外农民的林业依赖度（Dependence）与户均林地面积呈显著负相关性，即户均林地面积越大，农民对林业的依赖度越低，表明农户拥有林地面积的增加并没有提高林业收入占家庭收入的比重，这可能与林业经营效率和家庭收入结构有关。但 Dependence 与 Agency 呈显著正相关性，即林权交易机构的发展提高了农民对林业的依赖度，表明通过林权交易机构森林资产变现的能力提高，促进了农民林业收入的增长，进而影响农民对林权的估价，增强禀赋效应。

表 40 变量的相关性检验

	Area	Agency	Dependence	Mortgage	ATPE
Area	1.0000				
Agency	−0.0710 （0.3203）	1.0000			
Dependence	−0.2032*** （0.0041）	0.1243* （0.0810）	1.0000		
Mortgage	−0.0126 （0.8605）	0.0101 （0.8876）	−0.0007 （0.9921）	1.0000	
ATPE	0.1733** （0.0146）	0.3530*** （0.0000）	0.0610 （0.3936）	−0.1244* （0.0807）	1.0000

注：***、**、* 分别表示 1%、5%、10% 的显著水平。下同。

二是固定效应分析。从固定效应的估计结果看（见表 41），各模型估计整体上均通过了显著性检验，F 值均在 10% 的水平上显著。总政策效力和各类政策工具效力对集体林地流转量均具有负向影响但不显著，其中，需求型政策工具效力（XPTE）的负向影响最大，为−0.1531，而总政策效力的负向影响最小，为−0.0721，表明政策效力的提高不能促进集体林地流转，尤其是需求型政策工具抑制作用较大，政策效力对集体林地流转的影响可能存在禀赋效应。另外，林权交易机构数量对集体林地流转均具有显著的负向影响，正如变量相关性检验的分析，林权交易中心提高了森林资产变现的能力，也降低了林业经营的长周期风险，存在增强了农民继续持有林地积极性或意愿的可能，如参与林权抵押贷款的农户数对林地流转也具有负向影响，也反映了政策强化了农民的产权行使能力，继续持有林地变得可行，但该变量影响不显著。农民对林业的依赖度对集体林地流转均具有正向影响但不显著，即农民对林业依赖度越高，集体林地流转量就越大。

表 41　政策效力对林地流转影响的固定效应估计结果

变量	总政策效力	需求型政策	供给型政策	环境型政策
Area	0.3228 （0.9999）	0.3279 （0.9998）	0.3193 （0.9996）	0.3124 （0.9993）
Agency	−1.7646** （0.7617）	−1.7569** （0.7627）	−1.7676** （0.7616）	−1.7758** （0.7609）
Dependence	440.5277 （301.0261）	441.1627 （301.0191）	440.2019 （301.0271）	439.5926 （301.0478）
Mortgage	−0.0525 （0.1556）	−0.0528 （0.1556）	−0.0524 （0.1557）	−0.0521 （0.1557）
ATPE	−0.0721 （0.0776）			
XTPE		−0.1531 （0.1622）		
STPE			−0.1269 （0.1376）	
HTPE				−0.1235 （0.1363）
常数项	255.7383** （110.8318）	296.9749** （114.5494）	250.3228** （107.0915）	248.3102** （106.4971）
sigma_u	135.3814	135.2777	135.4649	135.6142
sigma_e	263.6552	263.6344	263.6652	263.6884
rho	0.2086	0.2084	0.2088	0.2092
F检验	2.78**	2.79**	2.78**	2.77**

三是时间序列估计。把各省份的相关变量数据进行加总形成时间序列数据（2009～2017年），再次对模型进行估计，从估计结果看，各模型的F值均在10%的水平上显著，即均通过显著性检验。从估计结果看（见表42），政策效力变量对集体林地流转量均具有负向影响但均不显著，同样，需求型政策工具效力的负向影响最大，为-22.8237，表明从纵向时序序列看，随着政策效力的不断提高，集体林地流转量逐渐下降，可能是由于禀赋效应的增强抑制了林地流转。另外，林权交易机构数量和参与林权抵押贷款的农户数量对集体林地流转量具有显著的正向影响，即林权交易机构数量越多或参与林权抵押贷款的农户数量越多，集体林地流转量就越大，显然，这与面板固定效应模型的估计结果相反。正如前文分析，政策效力的提高既存在通过增强林地产权强调强化了禀赋效应可能，又可能通过减少交易的不确定性，稳定收益预期而降低禀赋效应。林权交易机构和林权抵押等社会服务均对林地流转的禀赋效应存在正向与反向的双重影响，面板数据与时间序列的分析验证了两方面作用的同时存在，需要通过门限回归进一步检验，两方面影响在怎样的政策效力水平下达到平衡，即是否存在门限值。

表42　政策效力对林地流转影响的时间序列估计结果

变量	总政策效力	需求型政策	供给型政策	环境型政策
Area	210.1254 （120.5728）	212.5689 （118.376）	213.0008 （114.1747）	206.8491 （121.1401）
Agency	8.3659* （3.5288）	8.5031* （3.5411）	8.5065* （3.2858）	8.2513* （3.5426）
Dependence	52190.99 （23114.07）	52189.51 （22517.14）	51815.24 （22565.66）	52151.63 （23310.49）
Mortgage	6.0068* （2.5097）	6.0026* （2.4796）	6.036* （2.4495）	6.0072* （2.5408）
ATPE	−10.7041 （5.6183）			
XTPE		−22.8237 （11.8107）		
STPE			−19.3426 （9.4656）	
HTPE				−18.491 （9.8331）
常数项	−8709.976 （9226.569）	−2637.921 （10303.99）	−9356.101 （9025.37）	−9608.052 （9213.359）
R^2	0.7473			
F检验	5.56*	5.65*	6.33*	5.37*

第二，门限估计。借鉴 Hansen（1999）的研究思路，本研究利用 Wang（2015）的门限估计程序，运用 Stata15.0 对林地流转政策效力、农民的林业依赖度和林地流转量之间的关系进行门限回归。首先对门限效应进行检验，以识别是否存在门限值以及门限值的个数，进而确定门限模型的设定形式。检验结果表明（见表 43），单一门限未通过 10% 的显著性检验，进一步检验发现双重门限也未通过检验，即仅存在一个门限值，γ_1=1292.21，置信区间为 1290.83-1294，高度集中在门限值附近，表明估计门限值与实际门限值比较符合。

表 43　门限效应检验

门限类型	Fstat	Prob	Crit10	Crit5	Crit1
单一门限	9.82*	0.097	9.613	12.477	18.192
双重门限	12.32	0.153	14.1282	24.572	73.158

注：P 值与临界值均采用“自抽样发”(Bootstrap) 获得，***、**、* 分别表示 1%、5%、10% 的显著水平。

借助于图 28 所绘制的以政策效力为门限变量的似然比函数图，本研究可以更清晰地理解门限值的估计及其置信区间。图中虚线为似然比统计量的临界值，门限估计值的 95% 置信区间是所有 LR 值小于 5% 显著水平下的临界值 7.35 所构成的区间。从图 28 可以看出，门限估计值是似然比统计量 LR=0 时的 γ 取值，门限估计值在 10% 的显著水平拒绝原假设，即存在门限值，而且在“无拒绝区”内接受门槛估计值是否等于真实值的原假设。

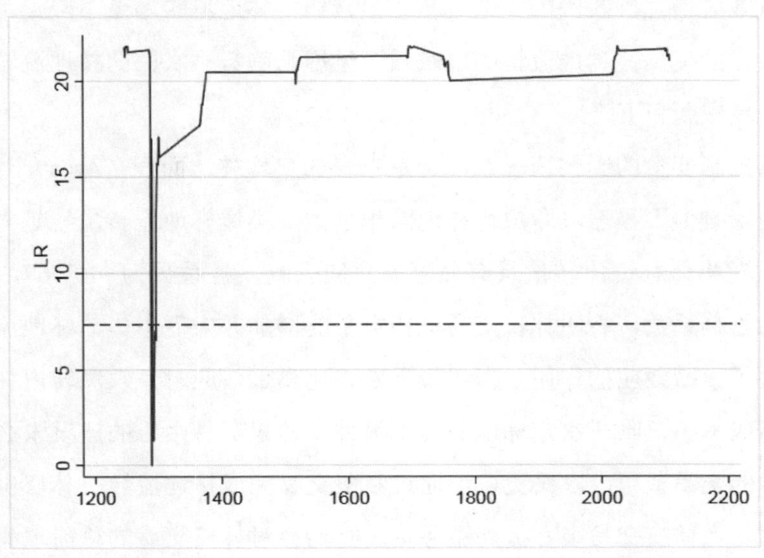

图 28　总政策效力的第一门限估计值与置信区间

$$Circulation_{it}=\mu+\theta_1 Area_{it}+\theta_2 Agency_{it}+\theta_3 Mortgage_{it}+\beta_1 Dependence_{it} I(APTE_{it} \leqslant \gamma_1)$$
$$+\beta_2 Dependence_{it} I(APTE_{it}>\gamma_1)+u_i+e_{it} \quad (45)$$

从估计结果看（如表 44），集体林地流转政策效力对集体林地流转量具有非线性影响，存在门限效应，门限值 γ 为 1292.21，即当政策效力（APTE）低于门限值时，农民的林业依赖度（Dependence）对集体林地流转量（Circulation）具有显著的正向影响，系数为 809.0886，表明农民的林业依赖度增加 1%，则集体林地流转量将增加 809.0886 万亩。当政策效力大于门限值时，农民的林业依赖度对集体林地流转量仍具有正向影响，系数为 103.5073，影响明显下降且不显著。表明随着政策效力的不断提高，对集体林地流转量的影响逐渐减弱，而且作用下降的幅度比较大。另外，本研究以政策效力同时为解释变量和门限变量的估计结果看，同样仅存在一个门限值 γ 为 1292.21，在政策效力的门限值两端，该变量对集体林地流转量分别呈正向与负向影响。结合前文的分析，政策效力的提高对林地流转的禀赋效应可能存在双向作用：一是提高林地产权强度进而强化了禀赋效应，降低农民转出林地意愿；二是减少林地流转的不确定性，通过稳定收益预期弱化禀赋效应，从而提高农民转出林地意愿。结合政策效力的估计结果看，当政策效力低于门限值时，政策传导的价值信号显著降低了林地流转的不确定性，禀赋效应减弱的程度明显高于因产权强度提高而强化的程度，总体禀赋效应减弱，政策效力对林地流转具有显著且较大正向影响。当政策效力高于门限值时，政策效力提高增强了产权强度，进而强化禀赋效应的程度明显大于因林地流转不确定性降低而使禀赋效应下降的程度，总体禀赋效应增强，农民的林地流转意愿减弱，林地流转增量下降。可见，随着林地流转政策效力的提高，林地流转的禀赋效应呈增强趋势，农民的林地流转意愿和林地流转量会进一步减弱和下降。

另外，从控制变量的影响情况看，一是农户的户均林地面积（Area）对集体林地流转量具有正向影响但不显著，即户均林地面积越大，集体林地流转量就越大。二是林权交易机构数量对集体林地流转量具有显著的负向影响，且系数为 −1.2767，明显高于其他控制变量的影响系数，表明林权交易机构数量的增加并未促进集体林地流转，这在一定程度上反映了禀赋效应的作用，当政策不断强化禀赋效应时，农民转出林地的意愿逐渐减弱，交易成本不再唯一决定林地流转。另外，林权交易中心的建设未必显著降低了集体林地流转的交易费用，农民更可能通过私下交易完成林地流转。林权供需双方对交易费用较敏感，当林权交易中心提高服务费用时均会对林权交易的总需求和总交易量产生直接的影响（韩雅清、魏远竹，2017）。三是林权抵押对集体林地流转量具有负向影响但不显著，即参与林权抵押贷款的农户数量越多，集体林地流转量越小，这也从侧面反映了禀赋效应对集体林地流转的负向影响，林权抵押功能的实现提高了林地产权强度，强化了林地流转的禀赋效应。

表 44　门限模型估计结果

变量名称	模型一		模型二	
	系数	标准误	系数	标准误
Area	0.1332	0.9103	0.2725	0.9891
Agency	−1.2767*	0.6913	−1.2431	0.7896
Dependence			488.3763*	298.4856
Mortgage	−0.1168	0.1538	−0.0999	0.1554
Dependence(ATPE≤1292.21)	809.0886*	321.7279		
Dependence(ATPE>1292.21)	103.5073	309.7014		
ATPE≤1292.21			0.0952	0.1079
ATPE>1292.21			−0.005	0.0825
常数项	156.1081*	75.2834	86.1621	133.9504
sigma_u	125.3333		127.7921	
sigma_e	257.7117		260.7366	
rho	0.1913		0.1937	
F检验	4.51***		3.18***	

第三，稳健性检验。本研究进一步运用需求型政策工具效力（XPTE）、供给型政策工具效力（SPTE）和环境型政策工具效力（HPTE）替代总政策效力（APTE）再进行门限估计，对比门限特征，检验政策效力对集体林地流转影响的稳定性。首先对门限效应进行检验。检验结果表明（见表 45），单一门限均通过了 10% 的显著性检验，但双重门限均未通过检验，即三类政策工具效力仅存在一个门限值，分别为 880.45、689.45 和 689.45；SPTE 与 HPTE 的变化趋势很接近，两者对集体林地流转的作用效果就很相似，包括门限值估计及其置信区间以及门限估计结果均一致，对此本研究仅列出其中一个变量的分析结果。各门限值的置信区间见表 46，高度集中在门限值附近，表明估计门限值与实际门限值比较符合。

表 45 政策工具效力的门限效应检验

门限类型	门限变量		
	XPTE	SPTE	HPTE
单一门限	11.82*	12.28*	12.28*
双重门限	9.94	11.49	11.49

表 46 政策工具效力的门限值及其置信区间

门限变量	门限估计值	置信区间（95%）
XPTE	880.45	[879.585,881]
SPTE	689.45	[688.585,690]
HPTE	689.45	[688.585,690]

借助于图所绘制的以三个政策工具的政策效力为门限变量的似然比函数图，由于SPTE与HPTE的变动轨迹非常接近，其门限估计值相同，导致两个似然比函数图也相同，对此，本研究只描绘了其中一个变量的似然比函数图。同样，图29中水平的虚线为似然比统计量的临界值，门限估计值的95%置信区间分别是所有LR值小于5%显著水平下的临界值7.35所构成的区间。门限估计值是似然比统计量LR=0时的 γ 取值，从图29可以看出，门限估计值在10%的显著水平拒绝原假设，即存在门限值，而且在“无拒绝区”内接受门槛估计值是否等于真实值的原假设。

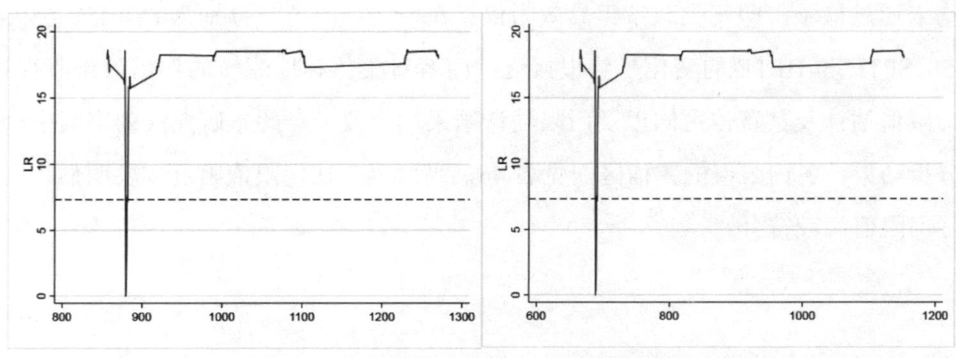

图 29 XPTE、SPTE 与 HPTE 第一门限的估计值与置信区间

由于三类政策工具效力均只存在一个门限估计值，对应的门限估计模型如同总政策效力的模型设定形式。从估计结果看（见表 47），三类政策工具效力对集体林地流转量均具有正向影响，当政策效力低于门限值时的影响系数明显高于政策效力低于门限值时的影响系数，且前者的影响均在 10% 的水平上显著，表明在三类政策工具效力的影响下，集体林地流转存在禀赋效应，如同总政策效力对林地流转的影响，即模型估计整体具备稳健性，但需要注意的是，需求型政策工具效力在门限值两侧的影响系数差异程度要低于供给型政策工具效力或环境型政策工具效力在门限值两侧的影响系数差异程度，表明需求型政策工具对林地流转的禀赋效应相对较小，结合三类政策效力的变动轨迹，供给型政策工具效力或环境型政策工具效力逐渐提高，且存在超过需求型政策工具效力的趋势，意味着集体林地流转的禀赋效应可能会逐渐增强，这总体上符合总政策效力的估计结果。另外，控制变量的影响结果与总政策的估计结果相似，林权交易机构数量对集体林地流转量具有显著的负向影响，其他变量的影响均不显著，参与林权抵押贷款的农户数仍具有负向影响。

表 47　政策工具效力的门限估计结果

变量名称	XPTE		SPTE/ HPTE	
	系数	标准误	系数	标准误
Area	0.1232	0.813	0.1143	0.9031
Agency	−1.1672*	0.9136	−1.3117*	0.7613
Mortgage	−0.1618	0.1385	−0.1531	0.1941
Dependence(XTPE≤880.45)	615.688*	375.2729		
Dependence(XTPE>880.45)	153.8051	237.1409		
Dependence(STPE/ HTPE≤689.45)			786.908*	223.9275
Dependence(STPE/ HTPE >689.45)			89.7305	293.741
常数项	168.421**	79.2986	181.56**	78.2534
sigma_u	137.8305		116.7834	
sigma_e	264.1022		241.6412	
rho	0.2141		0.6012	
F检验	2.38**		1.65**	

小结

本章在对集体林地流转相关政策的政策效力与集体林地流转规模之间的内在逻辑进行分析的基础上，进行了实证检验。本研究从禀赋效应梳理了集体林地流转率不高和总体流转量呈下降趋势的内在逻辑，由于农村土地不再单纯是一项生产要素，而是关系农民生存、生产、生活“三生”空间的特殊要素，在中国农民特殊的“恋土”情结下，土地流转的产权交易行为可能产生的禀赋效应更为突出，农民转出土地的损失规避心理更强烈。影响林地流转禀赋效应的因素主要包括主观方面的情感依赖和客观方面的物品重要性，农民对林地的情感依赖一直存在而又表现出代际差异，但林地要素的重要性不断增强，禀赋效应具有情境依赖性，情境决定了禀赋效应的程度。土地流转政策改变了禀赋效应的情景特征，影响了农民参与林地流转的积极性：一方面，不断完善的土地政策提高了林地产权强度，强化了禀赋效应，进而抑制了农民转出林地的意愿；另一方面，物品交易时 WTA 与 WTP 的分歧在于价值信息缺乏，而政策本身作为一项重要的免费信息明晰了土地价值，降低了交易的不确定性，弱化了禀赋效应，进而提高了农民的转出意愿。禀赋效应对林地流转的影响并不是单向作用，由于中国土地要素的特性，政策对林地流转的影响可能比想象的要复杂，而以往的研究主要是基于政策执行后结果评价和以政策为二分类离散变量进行“实验组—对照组”的对比研究，少有基于政策演变的文本量化分析，对此，本研究借鉴彭纪生等（2008）量化文本的思路对土地流转相关政策文本进行量化评价，检验政策本身对集体林地流转的非线性影响。本研究以林业收入占农户家庭收入的比重来反映林地要素的重要性，借此分析何种政策效力水平下农民对林业的依赖度与集体林地流转之间的关系。

基于收集的 120 份政策文本（1984～2017 年），从政策力度、政策目标和政策措施三方面对政策文本进行量化，其中政策措施再从政策工具论的视角细分为需求型政策工具、供给型政策工具和环境型政策工具三大类，采用李克特五点量表对各评价维度进行打分。在确定政策文本的量化标准后，本研究邀请了十位在高校从事土地流转政策研究的专家对政策文本进行打分，分成五组进行同步打分。在保证评价结果方向性一致率的基础上经过两轮打分，对五组打分值取平均值得出政策效力值。从测算结果看，由于政策效力具有累积效应，到 2009 年国家政策的累计效力达到了 1247，各省份的政策综合效力变动趋势比较一致，差异并不大，主要受国家政策文本效力的影响，地方政策文本的效力水平相对较小。需求型政策工具效力、供给型政策工具效力和环境型政策工具效力的变化趋势较相近，但明显低于政策总效力水平。随着林改不断推进，需求型政策效力逐渐被供给型政策效力和环境型政策效力超过，即林地流转政策中供给型政策工具和环境型政策工具不断丰富。结合集体林地流转的相关数据，实证分析政策效力对集体林地流转的影响，集体林地流转的数据来源于国家林业局，统计数据的名目为集体林权制度改革情况统计表（2009～2018 年），该数据从 2008 年全面推开集体林权制度改革后开始统计，2009 年以前没有关于林地流转的全国官方统计。

首先，固定效应估计与时间序列估计。对比面板固定效应估计与时间序列估计结果发现，总政策效力和细分的三类政策工具效力对集体林地流转量均具有负向影响，表明政策效力提升抑制林地流转，但不显著。固定效应估计结果中，林权交易机构数量变量和参与林权抵押贷款的农户数量变量对集体林地流转量均具有负向影响，其中前者影响显著，表明林地产权强度的提高抑制了林地流转，然而两者在时间序列的估计结果中均呈显著正向影响，表明林地产权强度的提高又促进了林地流转，正如推理分析发现的，政策效力对集体林地流转存在正向与方向的双重影响，作用效果需要进一步检验，对此，本研究进一步通过门限回归来验证。

其次，面板门限估计。估计结果发现，总政策效力仅存在一个门限值，为 1292.21，在门限值两端该变量对集体林地流转量分别存在正向与负向影响。另外，以农户的林业依赖度表示土地重要度来反映禀赋效应，当政策效力低于门限值时，农民的林业依赖度对集体林地流转量具有显著的正向影响，当政策效力大于门限值时，农民的林业依赖度仍具有正向影响，但影响系数下降幅度较大。这表明随着政策效力的不断提高，对集体林地流转量的影响逐渐减弱，即总体上政策效力的提高强化了禀赋效应，降低了农户转出林地意愿。本研究进一步通过细分的三类政策工具效力替代总政策效力进行稳健性检验发现，三类政策效力对林地流转量的影响也均存在一个门限值，而且同样在高于门限值后农民的林业依赖度对林地流转量的影响系数明显下降，即政策效力对集体林地流转量的非线性影响比较稳定。

由此引出的问题是，政策效力是否应该降低到门限水平下以弱化林地流转中的禀赋效应，从而促进林地流转呢？显然不是！一方面，降低政策效力可能会降低产权强度，意味着林地产权的明晰程度与稳定程度受损，显然会增加林权交易纠纷而增加林地流转的交易费用，造成租金耗散。另一方面，林地流转的目标关键在于提高林地要素的配置效率，而提高配置效率的途径并不完全依赖于林地流转，土地集中可以通过合作来实现，如联户经营，国家政策也不断促进各种形式的林地合作经营，而且更值得关注的是林地经营规模收益的实现未必依赖于生产环节，可通过分工以生产服务的规模化来实现规模收益，也就不强调林地要素的集中。罗必良（2014）对此进行了开阔性研究，对四川崇州的“农业共营制”进行案例剖析，认为发展农业经营的社会化服务，将农业家庭经营卷入分工经济，规避土地流转的禀赋效应，引导规模经营从土地的规模经营转向服务的规模经营。

第六章　农户林地流转行为的非线性检验

根据导论提出的问题，现有研究对农户土地流转行为的影响因素分析多是基于单向或线性的作用。如果是作用是单向的，为什么有些地区的人地矛盾缓解却未能促进土地流转？如果作用是线性的，为什么人地关系与土地流转率却不同步？本研究进一步从微观层面验证农户林地流转行为决策的门限效应。

一、数据构成与分析

1. 样本描述

数据大体上来源于两方面。一是集体林权制度改革监测。数据来自于国家林业局经济发展研究中心2016年集体林权制度改革监测项目，监测地区包括福建、江西、云南、辽宁、陕西、湖南和甘肃，涉及70个样本县350个村共3500个农户。二是基于项目组的农户调查。2017年7～9月，在广东梅州和贵州黔东南地区开展农户调查，样本分别为200户和300户，有效样本量分别为164户和258户。所有调查样本中参与林地流转的农户一共为348户，参与林地转出和转入的农户量[1]分别为230户和118户，调查样本中，甘肃和陕西仅有林地转出，福建、江西的林地转入户总量大于林地转出户总量，总体参与林地流转农户比例仅为7.54%（见图30）。

---

[1]　调查样本中有几户同时存在林地转入与林地转出，即在某一年份转入或转出林地，而后在某一年份又转出或转入林地，但本文利用的样本不包括这类型农户。

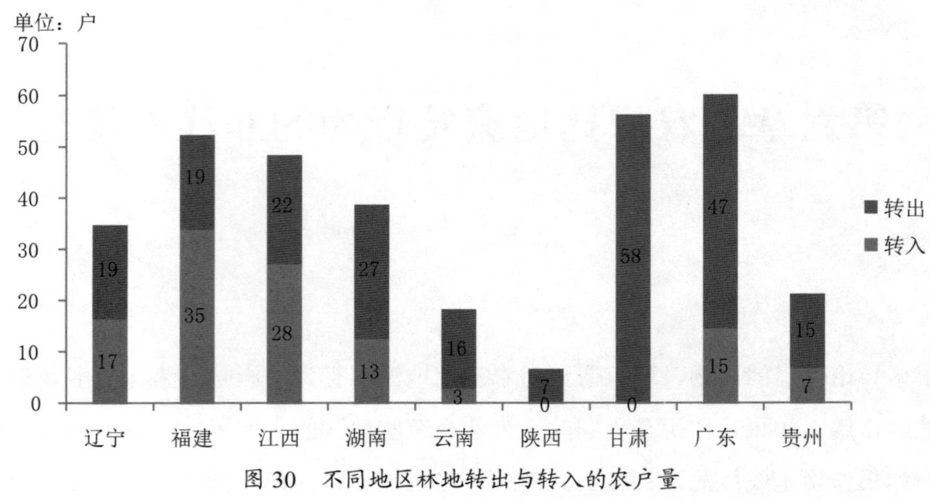

图 30 不同地区林地转出与转入的农户量

2. 变量选取

第一，被解释变量。通过林地流转改善土地资源配置效率是以下两个过程的组合（见图 31）：第一个过程是农户是否参与了林地流转，第二个过程则是农户参与林地流转的规模。以林地流转变量作为被解释变量，也就包括农户是否参与过林地流转及其流转的林地面积，分别对应农户林地流转行为的两个过程，均涉及转出与转入两方面。第一过程利用截面数据检验农户参与林地流转与否可能存在的门限效应，以回答为什么农户的林地流转意愿仍旧很低的问题；第二个过程，以参与林地流转的农户为样本，i 表示农户个体，t 表示流转户拥有的地块数量，构建面板数据，检验农户流转规模可能存在的门限效应，以回答不同农户林地流转率的差异性。

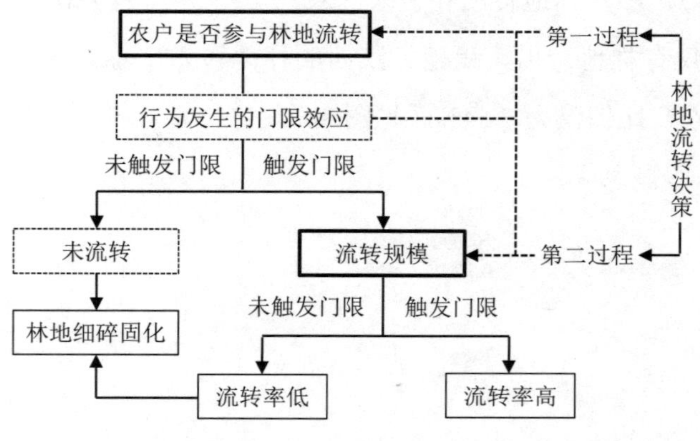

图 31 农户林地流转决策过程

第二，门限变量和核心解释变量。地权均分忽视了农户能力的差异，赋权与能力的不匹配就成了寻求土地流转的基本动机（罗必良，2014），在土地产权细分的改革背景下，农户寻求能力与规模的匹配，就触发了土地转入或转出行为的决策基础，对此，本研究选择农户经营林地面积作为门限变量。通过文献梳理，在以往研究的基础上可以筛选出几个值得关注的变量作为核心解释变量，如地权稳定性或安全性、农户对土地的依赖度、土地分散程度或土地经营面积。其中，由于样本农户几乎都有林权证[1]，对此，假设新一轮林改后农户拥有较为稳定的林地产权。以农户家庭收入在村里的水平来反映农户对林地的依赖度，占比水平越高，依赖度越低；依据农村公平分配的地权逻辑，林地面积越大，通常地块越多，以林地块数或林地面积来反映农户林地分散程度。另外，林地不同于农地的一项重要制度在于采伐限额。林木采伐管制导致设租寻租，政府的采伐管制强度对林农采伐收入具有显著的负向影响（何文剑等，2016）。采伐管制越高，林地经营收入相对越低，农户转出林地的可能性越高。对此，考虑采伐管制对农户林地流转可能存在的非线性特征。由于相同采伐限额水平下，农户对采伐管制的认知不同，从而以农户对采伐管制的满意度来反映政府采伐管制水平。

第三，控制变量。一组控制变量包括户主特征、家庭特征和农户行为特征三方面。其中，户主特征变量又包括户主年龄、受教育程度和是否为村干部等因素。村干部通常是村里能人的代表，更可能获得林业改革政策福利，转入林地的成本较小，转入可能性较高。家庭特征变量包括家庭农业劳动力总量、家庭耕地面积、是否存在林权纠纷。家庭农业劳动力越多，能够经营的林地规模越大，越可能转入林地；家庭耕地面积越大，对林地的依赖度相对越小，转出林地的可能性就大；对于存在林权纠纷的地块，难以实现林地流转。农户行为特征变量包括农户是否加入合作社、是否获得林业补贴、是否申请林权抵押贷款、是否参与森林保险。获得林业补贴的农户转出林地的可能性较低，而申请林权抵押贷款和参与森林保险的农户营林能力提升，更倾向于转入林地。

本研究设定最基础的单一门限模型，可表示为：

$$y_i = \mu + \theta' x_i + \beta_1 d_i I(q_i \le \gamma) + \beta_2 d_i I(q_i > \gamma) + e_i \tag{46}$$

式（46）中，d_i 为核心解释变量，θ' 为一组控制变量。通过检验不同门限变量的门限值来确定最终的估计模型，同时检验门限值的显著性与真实性。

---

[1]　从整体上看，多数农户都有林权证，但不是每个地块都有，对于转入户而言，转入地块通常没有林权证，有些农户的转出地块也没有林权证，所以基于截面数据的回归时，该变量不加入模型，而在构建地块的面板数据中加入了该变量。

相关变量的定义、赋值和描述性统计特征如表 48 所示。

表 48 变量赋值与描述性统计

变量类别	变量名	变量简称	变量赋值	平均值	标准差
被解释变量	是否转入林地	inflow	是=1，否=0	0.026	0.159
	是否转出林地	outflow	是=1，否=0	0.050	0.218
	转出林地面积	outflow_area	实际数值（亩）	124.013	307.674
户主特征	年龄	age	实际数值（岁）	54.432	10.883
	受教育程度	edu	小学及以下=6，初中=9，高中=12，大专或本科及以上=16	8.352	2.358
	是否为村干部	v_cadre	是=1，否=0	0.266	0.442
家庭特征	家庭务农劳动力数	labor	实际数值（人）	2.860	1.371
	家庭收入在村里水平	income	较高=3，中等=2，较低=1	1.914	0.529
	耕地面积	farmland	实际数值（亩）	7.341	10.937
	林地块数	parcel	实际数值（块）	3.475	2.547
	林地面积	forestland	实际数值（亩）	84.374	223.717
	是否有林权纠纷	dispute	是=1，否=0	0.049	0.216
农户行为特征	是否加入林业合作社	cooperation	是=1，否=0	0.069	0.254
	对采伐管制满意度	logging	满意=3，一般=2，不满意=1	1.950	1.250
	是否有林业补贴	subsidy	是=1，否=0	0.617	0.486
	是否有林权抵押贷款	mortgage	是=1，否=0	0.030	0.171
	是否参与森林保险	insurance	是=1，否=0	0.382	0.486

二、实证结果与分析

1. 农户是否参与林地流转的门限效应检验

利用 Eviews10.0 软件对式（46）进行估计，以检验农户林地流转决策的第一过程，即是否参与林地流转的门限效应。选择农户林地块数、林地经营规模和家庭务农劳动力人数作为门限变量，通过检验发现（见表 49），农户林地块数和务农劳动力数均存在三重门限，三个门限值均在 5% 的显著水平上拒绝了不存在门限值的零假设，而农户林地经营规模存在两重门限，分别为 50 亩和 132 亩。

表 49　农户林地转入与否的门限效应检验

门限变量	第一门限		第二门限		第三门限		第四门限	
	阈值	F值	阈值	F值	阈值	F值	阈值	F值
parcel	2	3.061**	3	3.075**	6	2.929**	——	1.474
forestland	50	14.629**	132	2.698**	——	1.401		
lobar	2	2.647**	3	3.197**	4	3.331**	——	0.723

注：*、**、*** 分别表示参数估计值在 10%、5% 和 1% 的水平上显著。下同。

从林地块数对农户转入林地与否的门限估计结果（表 50）看，第一，户主特征方面。当林地块数在 [2,6) 区间时，户主年龄对是否转入林地具有显著的负向影响，即户主年龄越高，转入林地的可能性越低。当林地块数在 [2,3) 区间时，村干部更可能转入林地。第二，家庭特征方面。农户家庭收入在村里的水平对是否转入林地均具有正向影响，但仅当林地块数在 [2,6) 区间时，影响显著。当林地块数 ≥ 6 时，家庭耕地面积越大越能促进林地转入，但作用系数较小。农户林地经营面积对是否转入林地均具有正向影响，当林地块数 ≥ 2 时的影响显著，但系数也太小。第三，农户行为特征的影响。当林地块数 ≥ 3 时，加入合作社的农户越可能转入林地，且作用系数较大。当林地块数在 [3,6) 区间时，获得林业补贴的农户转入林地的可能性会显著降低，仅当林地块数 ≥ 6 时，呈正向影响但不显著。当林地块数小于 2 或 ≥ 6 时，申请林权抵押贷款的农户转入林地的可能性会显著增加。

表 50　林地块数对农户转入林地与否的门限估计

变量	parcel<2		2≤parcel<3		3≤parcel<6		parcel≥6	
	系数	标准误	系数	标准误	系数	标准误	系数	标准误
age	0.0004	0.001	-0.001***	0.001	-0.001**	0.000	0.0004	0.000
edu	0.0002	0.003	0.0001	0.002	0.002	0.002	0.002	0.003
v_cadre	-0.002	0.014	0.032**	0.013	0.009	0.010	0.003	0.014
labor	0.0001	0.004	0.005	0.004	0.002	0.003	-0.003	0.004
income	0.002	0.011	0.018*	0.011	0.018**	0.008	0.018	0.011
farmland	-0.001	0.001	-0.0004	0.000	0.001	0.000	0.002***	0.001

续表

变量	parcel<2		2≤parcel<3		3≤parcel<6		parcel≥6	
	系数	标准误	系数	标准误	系数	标准误	系数	标准误
forestland	0.0001	0.000	0.0001*	0.000	6.8E-05***	0.000	0.0002***	0.000
dispute	-0.002	0.034	-0.002	0.027	0.027	0.019	-0.013	0.025
cooperation	-0.020	0.027	0.030	0.024	0.096***	0.016	0.074***	0.023
logging	0.003	0.005	-0.001	0.004	0.001	0.003	0.006	0.005
subsidy	-0.001	0.012	-0.015	0.011	-0.025***	0.009	0.006	0.013
mortgage	0.143*	0.035	-0.042	0.033	0.026	0.025	0.064*	0.033
insurance	-0.012	0.012	-0.002	0.011	0.010	0.009	-0.012	0.013
C	0.021	0.047	0.050	0.044	-0.050	0.035	-0.035	0.051
Adj-R2=0.075，F值=6.13***，DW值=1.858								

从林地规模对农户转入林地与否的门限估计结果（表 51）看，第一，户主特征方面。户主年龄对是否转入林地均具有负向影响，仅当林地规模大于 132 亩时，影响显著。当林地规模≥ 132 亩时，户主受教育程度和是否为村干部均对转入林地与否具有显著的正向影响。第二，家庭特征方面。当林地规模在 [50,132) 区间时，家庭务农劳动力数和林地块数对是否转入林地分别具有显著的正向与负向影响，且作用系数较小。当林地规模≥ 132 亩时，家庭收入在村里的水平均对是否转入林地具有显著的正向影响，且作用系数较大。第三，农户行为特征方面。农户加入合作社会显著增加转入林地的可能性，随着林地规模增加，作用系数逐渐增大。农户获得林业补贴会降低转入林地的可能性，当林地规模≥ 50 亩时，影响显著。申请林权抵押贷款的农户仅当林地规模≥ 50 亩时，会显著增加转入林地的可能性，且作用系数较大。

表 51　林地规模对农户转入林地与否的门限估计

变量	forestland <50		50≤forestland<132		forestland≥132	
	系数	标准误	系数	标准误	系数	标准误
age	-0.0004	0.000	-0.001	0.001	-0.001**	0.001
edu	-0.0002	0.001	0.002	0.003	0.008***	0.003
v_cadre	0.009	0.008	-0.004	0.013	0.037**	0.015
labor	-0.001	0.002	0.009**	0.004	-0.001	0.005
income	0.006	0.006	0.015	0.012	0.062***	0.013

续表

变量	forestland <50		50≤forestland<132		forestland≥132	
	系数	标准误	系数	标准误	系数	标准误
farmland	0.0005	0.000	0.000	0.001	0.001	0.000
parcel	0.001	0.002	-0.005**	0.002	0.001	0.002
dispute	0.015	0.016	0.009	0.024	0.010	0.027
cooperation	0.027*	0.015	0.062***	0.020	0.126***	0.022
logging	0.001	0.003	-0.001	0.005	0.009	0.007
subsidy	-0.003	0.007	-0.022*	0.012	-0.065***	0.016
mortgage	-0.017	0.021	-0.051	0.033	0.205***	0.029
insurance	-0.003	0.007	0.003	0.012	0.016	0.014
C	0.019	0.026	0.038	0.051	-0.055	0.056
Adj-R2=0.091，F值=9.58***，DW值=1.885						

从家庭务农劳动力数对农户转入林地与否的门限估计结果（表 52）看，第一，户主特征方面。当务农劳动力数在 [2,3) 区间时，户主年龄对是否转入林地具有显著的负向影响，但作用系数较小。当务农劳动力数≥ 4 时，是否为村干部对转入林地与否具有显著的正向影响，且作用系数较大。第二，家庭特征方面。家庭收入在村里的水平越高，转入林地的可能性越高，但仅当务农劳动力数在 [2,3) 区间或≥ 4 时，影响显著且作用系数较大。当务农劳动力数在 [2,3) 区间时，家庭耕地面积和是否有林权纠纷对转入林地与否均具有显著的正向影响，且后者作用系数较大。家庭林地经营面积越大，转入林地的可能性越高，当务农劳动力数≥ 2 时，影响显著但作用系数太小。第三，农户行为特征方面。当务农劳动力数≥ 2 时，农户加入合作会显著增加转入林地的可能性，且作用系数较大。农户对采伐管制政策越满意越能促进林地转入，但仅当务农劳动力数≥ 4 时，影响显著。农户获得林业补贴会降低转入林地的可能性，当务农劳动力数在 [3,4) 区间时，影响显著。当务农劳动力数≥ 4 时，农户申请林权抵押贷款会显著增加转入林地的可能性。

表 52　务农劳动力数对农户转入林地与否的门限估计

变量	lobar<2		2≤lobar <3		3≤lobar <4		lobar≥4	
	系数	标准误	系数	标准误	系数	标准误	系数	标准误
age	-0.0002	0.001	-0.001**	0.000	-0.001	0.001	-0.001	0.001
edu	-0.001	0.003	0.003	0.002	0.003	0.002	0.000	0.002

续表

变量	lobar<2		2≤lobar <3		3≤lobar <4		lobar≥4	
	系数	标准误	系数	标准误	系数	标准误	系数	标准误
v_cadre	-0.004	0.019	0.002	0.011	0.005	0.012	0.027**	0.011
income	0.006	0.013	0.027***	0.009	0.005	0.010	0.026**	0.010
farmland	0.0002	0.001	0.001**	0.000	0.001	0.001	0.000	0.000
parcel	0.001	0.003	0.001	0.002	0.001	0.002	-0.001	0.002
forestland	8.31E-06	0.000	0.0002***	0.000	9.79E-05***	0.000	7.11E-05***	0.000
dispute	-0.005	0.033	0.037*	0.022	0.004	0.023	-0.013	0.024
cooperation	-0.009	0.038	0.091***	0.018	0.078***	0.023	0.037**	0.018
logging	0.0004	0.006	0.002	0.004	-0.003	0.004	0.007*	0.004
subsidy	-0.012	0.016	-0.006	0.010	-0.023**	0.011	-0.011	0.010
mortgage	-0.009	0.060	-0.001	0.026	0.053*	0.031	0.074***	0.027
insurance	-0.006	0.016	0.003	0.010	0.002	0.011	-0.008	0.010
C	0.019	0.057	-0.035	0.037	0.014	0.045	-0.013	0.043
Adj-R2=0.067，F值=5.56***，DW值=1.858								

进一步检验农户林地流转决策的第一过程的另一方面，即农户是否转出林地的门限效应。仍选择农户林地块数、林地经营规模和家庭务农劳动力人数作为门限变量，通过检验发现（如表 53 所示），三者分别存在单一门限、双重门限和三重门限，门限值均在 5% 的显著水平上拒绝了不存在门限值的零假设。其中，务农劳动力数的门限个数及其值均与林地转入与否的门限检验相同，而其他变量的门限检验存在较大差异。

表 53　农户林地转出与否的门限效应检验

门限变量	第一门限		第二门限		第三门限		第四门限	
	阈值	F值	阈值	F值	阈值	F值	阈值	F值
parcel	2	3.083**		1.925				
forestland	11.2	6.650**	69	2.469**	——	1.138		
lobar	2	3.401**	3	4.711**	4	3.009**		1.078

从林地块数对农户转出林地与否的门限估计结果（表 54）看，第一，户主特征方面。当林地块数≥2 时，农户受教育程度对是否转出林地具有显著正向影响，但作用系数太小。第二，家庭特征方面。当林地块数 <2 时，家庭劳动力数和是否有林权纠纷对是否转出

林地具有显著正向影响，且作用系数较大。当地块数≥ 2 时，林地经营面积对是否转出林地具有显著正向影响，但作用系数太小。第三，农户行为特征方面。农户对采伐管制的满意度越高，转出林地的可能性越小，且影响显著。当林地块数 <2 时，作用系数较大。当林地块数 <2 时，农户获得林业补贴会显著降低转出林地可能性。农户参与森林保险会显著降低转出林地的可能性，且作用系数较大。

表 54　林地块数对农户转出林地与否的门限估计

变量	parcel <2		2≤ parcel	
	系数	标准误	系数	标准误
age	0.0004	0.001	0.0004	0.000
edu	-0.001	0.004	0.0006**	0.002
v_cadre	0.022	0.020	-0.007	0.010
labor	0.012**	0.006	-0.002	0.003
income	-0.009	0.016	-0.003	0.008
farmland	-0.001	0.001	-0.0002	0.000
forestland	0.000	0.000	3.49E-05**	0.000
dispute	0.083*	0.049	0.021	0.018
cooperation	0.053	0.038	0.009	0.016
logging	-0.021***	0.007	-0.012***	0.003
subsidy	-0.038**	0.016	0.014	0.009
mortgage	-0.076	0.050	-0.008	0.024
insurance	-0.057***	0.017	-0.023***	0.009
C	0.109*	0.066	0.095***	0.034
Adj-R2=0.014，F值=2.8***，DW值=1.207				

从林地规模对农户转出林地与否的门限估计结果（表 55）看，第一，户主特征方面。户主特征变量对农户是否转出林地的影响在不同门限区间是双向的，但均不显著。第二，家庭特征方面。当林地经营面积 <11.2 时，农户有林权纠纷会显著增加转出林地的可能性，且作用系数较大。其他变量的影响均不显著。第三，农户行为特征方面。当林地经营面积 <11.2 或林地经营面积≥ 69 时，农户对采伐管制的满意度均会显著降低转出林地的可能性，且作用系数较大。当林地经营面积 <11.2 时，农户获得林业补贴或参与森林保险均会显著降低转出林地的可能性，且作用系数较大。

表 55 林地规模对农户转出林地与否的门限估计

变量	forestland<11.2		11.2≤forestland <69		forestland≥69	
	系数	标准误	系数	标准误	系数	标准误
age	0.0002	0.001	-0.0004	0.000	-0.001	0.001
edu	0.001	0.003	-0.0003	0.002	-0.002	0.003
v_cadre	-0.029	0.018	0.008	0.012	0.011	0.016
labor	0.006	0.005	-0.0003	0.004	-0.002	0.005
income	-0.010	0.014	0.002	0.011	-0.006	0.014
farmland	0.0001	0.001	-0.0003	0.001	-0.0002	0.001
parcel	-0.002	0.005	0.002	0.002	-0.001	0.002
dispute	0.100**	0.045	0.012	0.023	0.035	0.029
cooperation	0.030	0.034	0.017	0.022	0.004	0.023
logging	-0.027***	0.006	-0.003	0.004	-0.025***	0.007
subsidy	-0.046***	0.015	0.011	0.011	0.023	0.016
mortgage	0.003	0.057	-0.005	0.033	-0.026	0.032
insurance	-0.107***	0.016	-0.004	0.011	-0.011	0.015
C	0.154**	0.060	0.038	0.043	0.176***	0.060
Adj-R2=0.038，F值=4.41***，DW值=1.256						

从家庭务农劳动力数对农户转出林地与否的门限估计结果（表 56）看，第一，户主特征方面。当务农劳动力数≥ 3 且 <4 时，户主年龄和受教育程度对是否转出林地具有显著的负向影响，但作用系数较小。第二，家庭特征方面。当务农劳动力数≥ 4 时，农户林地经营面积对是否转出林地具有显著正向影响，但作用系数太小。农户是否有林权纠纷对林地转出与否的影响是双向的，当务农劳动力数 <2 和≥ 4 时，呈显著正向作用，当务农劳动力数≥ 3 且 <4 时，呈显著负向作用，且作用系数较大。第三，农户行为特征方面。当务农劳动力数≥ 2 时，农户对采伐管制的满意度会显著降低转出林地的可能性，但不同门限区间的作用系数不同。当务农劳动力数≥ 2 且 <3 时，农户获得林业补贴会显著增加转出林地的可能性。当务农劳动力数≥ 2 时，农户参与森林保险会降低转出林地的可能性，但在 [3,4) 的门限区间影响不显著。

表 56 务农劳动力数对农户转出林地与否的门限估计

变量	lobar<2		2≤lobar <3		3≤lobar<4		lobar≥4	
	系数	标准误	系数	标准误	系数	标准误	系数	标准误
age	0.001	0.001	-6.06E-05	0.001	-0.001*	0.001	9.94E-05	0.001
edu	0.004	0.005	0.004	0.003	-0.006*	0.003	0.001	0.003
v_cadre	-0.010	0.027	-0.0001	0.015	0.024	0.017	-0.020	0.015
income	0.011	0.019	-0.014	0.013	-0.006	0.014	-0.006	0.014
farmland	-0.001	0.001	0.001	0.001	-0.001	0.001	-0.001	0.000
parcel	0.003	0.005	0.0003	0.003	0.003	0.003	-0.004	0.002
forestland	-0.0008	0.000	-6.75E-06	0.000	3.45E-05	0.000	0.0001***	0.000
dispute	0.093**	0.046	0.042	0.030	-0.069**	0.033	0.076**	0.034
cooperation	0.068	0.053	-0.003	0.025	0.040	0.032	0.013	0.025
logging	0.007	0.008	-0.013**	0.005	-0.033***	0.006	-0.009*	0.005
subsidy	-0.022	0.022	0.034**	0.013	0.014	0.016	0.020	0.014
mortgage	-0.018	0.084	-0.001	0.036	0.007	0.044	-0.057	0.038
insurance	0.002	0.022	-0.039***	0.014	-0.022	0.016	-0.038***	0.014
C	-0.065	0.081	0.061	0.051	0.249***	0.064	0.076	0.061
Adj-R2=0.02，F值=2.301***，DW值=1.211								

从农户林地流转行为第一过程的检验结果看，农户林地流转与否的影响因素存在门限效应。一是对农户是否转入林地而言，林地块数的影响有三个门限，数值分别为2、3、6；林地经营规模的影响有两个门限，数值分别为50亩和132亩；家庭务农劳动力总量的影响有三个门限，数值分别为2、3、4。二是对农户是否转出林地而言，林地块数的影响仅有一个门限，数值为2；林地经营规模的影响有两个门限，数值分别为11.2亩和69亩。家庭务农劳动力总量的影响有三个门限，数值分别为2、3、6。

农户对林地的依赖度与转入林地可能性的负向相关性仅在以下门限区域内显著存在：林地块数为2～6块，林地经营面积超过132亩，务农劳动力数为2～3或大于4。在门限值上，农户经营林地面积越大，家庭务农劳动力越多，表明农户的营林能力相对越强，转入林地以进一步扩大林地规模的可能性就越大。然而，农户对林地的依赖度在不同门限区域内均不显著影响林地转出的可能性，表明从收入视角反映的土地依赖已不再是决定农户转出林地与否的关键，可能的解释是，土地社保功能向财产性功能的延伸改变了农户土地流转行为决策的约束条件，林地流转中农户更关注财产性价值的实现。

采伐管制显著负向影响农户转出林地的门限区域为：林地经营面积小于 11.2 亩或大于 69 亩，家庭务农劳动力数大于 2。另外，采伐管制在林地块数的两个门限区域的影响均显著。表明在门限区域内，政府采伐管制强度越高，农户转出林地的可能性也就越高，可能的解释是，采伐管制可能存在的设租寻租降低了普通农户获取采伐指标的可能性，造成经营大户对采伐指标的垄断，普通农户只能选择流转来变现木材。采伐管制在不同门限区域内均不显著影响农户林地转入的可能性。普通农户本身转入林地的积极性不高，与采伐管制无关，尽管采伐管制增加了转出的林地，更有利于经营大户转入林地，然而，采伐管制强度的提高又会增加获取采伐指标的成本，从而降低经营大户转入林地的积极性，导致林地租金耗散。采伐管制的双向影响可能致使该变量对林地转入的影响不显著。

林权抵押贷款显著正向影响农户转入林地的门限区域为：林地块数小于 2 或大于 6，林地经营面积大于 132 亩，务农劳动力数大于 3。该变量对农户转出林地与否的影响均不显著。森林保险显著负向影响农户转出林地的门限区域为：林地经营面积小于 11.2 亩，务农劳动力数为 2～3 或大于 4。另外，森林保险在林地块数的两个门限区域的影响均显著，但对农户转入林地与否的影响均不显著。表明在门限区域内，申请林权抵押贷款的农户更可能转入林地，而参与森林保险的农户更不可能转出林地。林权抵押贷款改善了农户营林能力，转入林地的积极性得以提高，尤其对经营大户而言，林权抵押贷款政策能够明显缓解营林长周期的投资压力。森林保险降低了营林风险，保障了财产安全，农户转出林地的积极性下降。值得注意的是，同样是提升农户林地产权行使能力的两项林业金融服务政策，但对农户林地转入与转出产生了不同的作用效果。可能的解释是，森林保险提升了林地价值，强化了土地保障功能或财产功能，抑制了农户转出林地的积极性，但该服务不能显著改善农户的营林能力，从而转入林地的可能性较低，影响不显著。而林权抵押贷款的作用正好相反，并不能保障林木价值而不影响转出行为，但促进了营林能力的改善，转出林地的积极性提高。由此可见，农户土地产权强度的提升未必会强化禀赋效应，由于产权行为能力的多重维度，不是所有提升产权强度的政策服务都会导致禀赋效应，需要区分不同产权维度指向的具体行为功能，毕竟禀赋效应的强化更多指向的是物品所有权的强化，产权行为能力在多大程度上改变了禀赋效应还需要进一步讨论。

在检验农户是否流转林地门限效应的基础上，本研究进一步检验农户流转林地规模的门限效应，分析农户林地流转行为的第二个过程。

2. 农户林地流转规模的门限效应检验

从样本农户中筛选出参与林地流转的农户，i 表示农户为个体，i 农户拥有的地块为 t，t=4，构建面板数据，根据 Wang（2015）的门限估计程序和命令，运用 Stata15.0 对农户林地流转规模的门限效应检验和估计。从检验结果看，农户转入林地规模的面板数据无法进行门限回归，命令显示数据共线，得不出门限值，这可能与数据特征有关[1]。构建的农户转出林地规模面板数据能够进行门限估计，而且激活林地流转市场的关键在于农户转出林地，对此，本研究对农户林地转出规模进行门限效应检验。

模型估计无法识别出农户家庭务农劳动力数的门限效应，这可能与该变量数据过于集中有关，多数农户的该变量小于 4。对此，选择农户林地经营面积作为门限变量，分析不同门限区域内核心解释变量对农户林地流转规模的影响。

检验结果表明（如表 57 所示），当以农户家庭收入在村里水平为核心解释变量时，农户林地经营面积的双重门限通过了 1% 的显著性检验，但三重门限未通过检验，即存在双重门限：γ_1=270，其置信区间为 [236,300]，γ_2=300，其置信区间为 [264,320]。当以家庭务农劳动力数为核心解释变量时，农户林地经营面积的双重门限通过了 5% 的显著性检验，但三重门限未通过检验，即存在两个门限：γ_1=270，置信区间为 [239,300]，γ_2=300，置信区间为 [264,320]。以是否具有林权证为核心解释变量时，农户林地经营面积的双重门限未通过 10% 的显著性检验，即接受存在一个门限的假设：γ_1=501，置信区间为 [479,558]。从以上门限值及其置信区间看，各门限变量高度集中在门限值附近，表明估计门限值与实际门限值比较符合（如表 58 所示）。

[1]　从样本数据看，尽管参与林地转入的农户有 118 户，但转入地块仅有一块的比例为 62.5%，也就意味着，转入林地面板数据中，多数农户仅有一块地块信息，其他地块信息均为空，以此数据代入门限回归模型中，门限估计程序跑不出来，提示“矩阵、向量或标量具有错误的行数”。而转出林地的农户中，转出地块仅一块的农户比例为 44.88%，转出地块有 2 块的农户比例为 34.81%，相对较为平衡，能够运行程序。另外，转入地块在 4 块及其以下的农户比例近 95%，转出地块在 4 块及以下的农户比例达到了 90%，也就意味着，选取 4 块作为农户流转的林地块数能够涵盖样本农户的林地流转信息，基于面板数据的门限回归要求必须是平衡面板，所以对于超过 4 块流转的农户我们统一选择问卷调查排序的前四块。如果选择 3 块作为农户林地流转的地块最大样本，不仅会损失少有的多地块流转农户，而且构建的面板数据单一，程序仍会提示有错误。

表 57 门限效应检验

核心解释变量	门限变量	Fstat	Prob	Crit10	Crit5	Crit1
Income	双重门限	26.99***	0.000	12.717	15.199	19.337
	三重门限	5.94	0.470	62.857	95.217	140.190
Labor	双重门限	15.19**	0.020	9.440	10.285	22.536
	三重门限	7.15	0.100	15.650	17.730	27.729
certificate	单一门限	10.15*	0.095	9.856	12.675	15.926
	双重门限	3.40	0.600	7.658	7.658	7.658

注：P 值与临界值均采用“自抽样发”(Bootstrap) 获得，***、**、* 分别表示 1%、5%、10% 的显著水平。

表 58 门限值估计结果及其置信区间

核心解释变量	门限变量	估计值	置信区间（95%）
Income	γ1	270	[236,300]
	γ2	300	[264,320]
Labor	γ1	270	[239,300]
	γ2	300	[264,320]
certificate	γ1	501	[479,558]

通过绘制以农户林地经营规模为门限变量的似然比函数图，本研究可以更清晰地理解门限值的估计及其置信区间。图 32 中虚线为似然比统计量的临界值，门限估计值的 95% 置信区间是 LR 在 5% 显著水平下的临界值 7.35 所构成的区间。门限估计值是似然比统计量 LR=0 时的 γ 取值，从图 32 可以看出，门限估计值在 10% 的显著水平拒绝原假设，即存在门限值，而且在“无拒绝区”内接受门槛估计值是否等于真实值的原假设。不同核心解释变量下的门限估计值及其置信区间如图 32、图 33、图 34、图 35、图 36 所示。

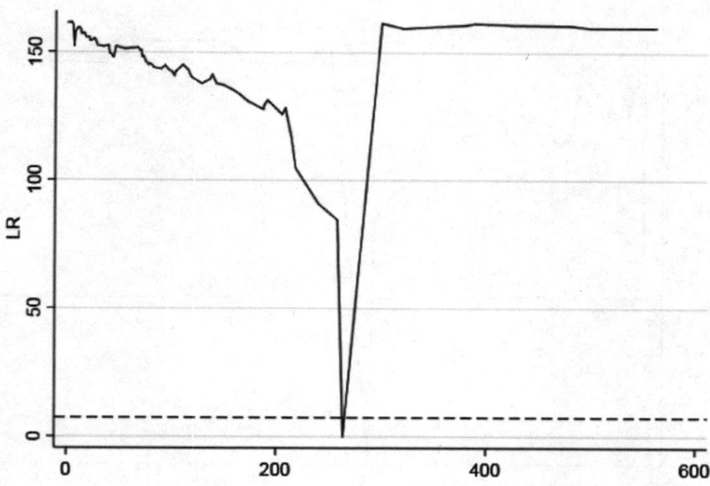

图 32　第一门限估计值与置信区间（income）

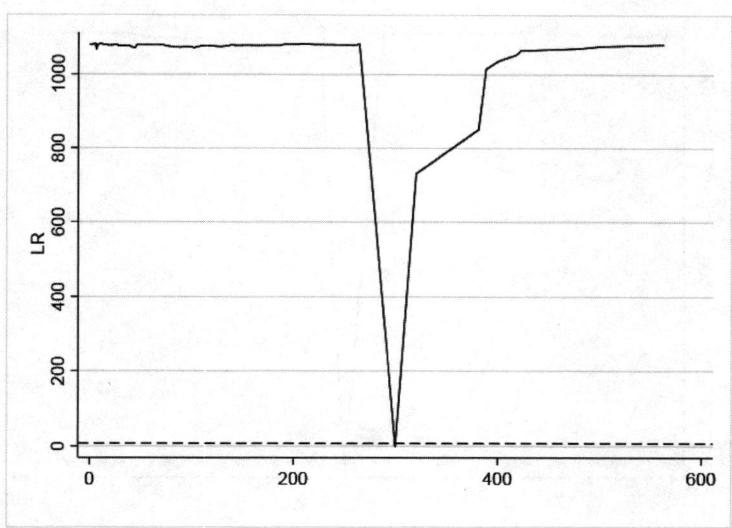

图 33　第二门限估计值与置信区间（income）

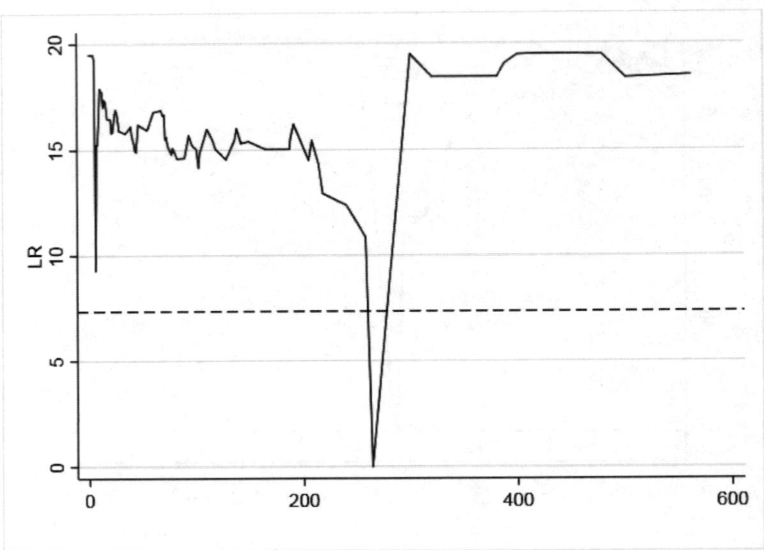

图 34 第一门限估计值与置信区间（lobar）

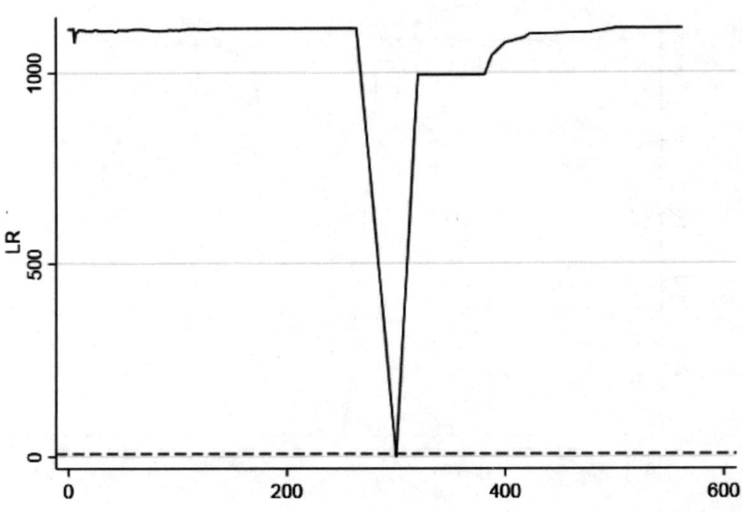

图 35 第二门限估计值与置信区间（lobar）

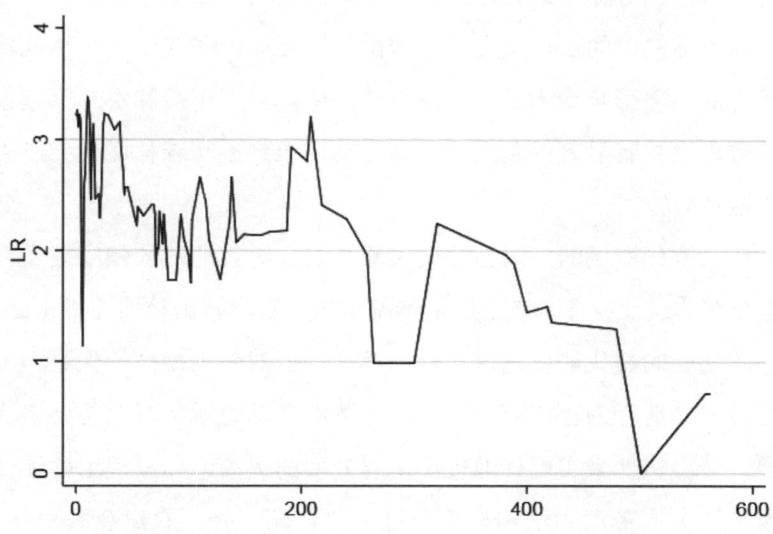

图 36　第一门限估计值与置信区间（certificate）

第二，门限回归。从估计结果看（如表 59 所示），一是从以农户家庭收入在村里水平为核心解释变量的估计结果看，当农户林地经营面积大于且等于 270 亩时，农户对林地依赖度越低，转出林地面积就越大，且影响显著，但仅当农户林地经营面积大于且等于 300 亩时，农户对林地依赖度的作用系数明显高于在其他门限区域的作用系数，即小于 300 亩时，农户就落入低流转率的门限触发区。另外，控制变量中，务农劳动力数对转出林地面积具有显著的负向影响，家庭务农劳动力越多，营林能力越强，转出林地面积越少，甚至可能不转出而倾向于转入林地。农户申请林权抵押贷款会显著减少转出林地面积，且作用系数很大，明显高于其他变量对转出林地面积的作用系数。

二是从以家庭务农劳动力数为核心解释变量的估计结果看，当农户林地经营面积小于 300 亩时，农户务农劳动力数对转出林地面积具有显著影响，其中，在 [270,300) 区间时，具有显著的正向影响，且作用系数较大，当农户林地经营面积小于 270 亩时，具有显著的负向影响，即务农劳动力对林地转出的影响并不是单向的，而是双向非线性的。控制变量中，户主年龄对转出林地面积具有显著的负向影响，即农户年纪越大，转出林地面积越小。农户家庭收入在村里水平对林地转出具有显著正向影响，即农户对林地依赖度越低，转出林地面积越大。农户申请林权抵押贷款仍会显著减少转出林地面积，且作用系数仍很大。

三是从以农户是否拥有林权证为核心解释变量的估计结果看，当农户林地经营面积小于 501 亩时，农户拥有林权证会减少转出林地面积，但当农户林地经营面积大于且等于 501 亩时，拥有林权证的农户又会增加转出林地面积，即该变量对林地转出规模的影响是双向非线性的，但影响均不显著。控制变量中，户主年龄和农户家庭收入在村里水平分别对林地转出仍具有显著的负向和正向影响。农户参与森林保险会显著增加转出林地面积，且作用系数较大。

对比不同核心解释变量的门限估计结果看，农户对林地的依赖度确实显著影响林地转出行为，但存在非线性特征，对土地依赖度越低，农户转出林地面积未必能显著提高，表明对土地保障功能的替代能促进农户转出林地，但对转出规模的促进作用有限。务农劳动力总量对转出林地行为存在双向影响，当务农劳动力增加对改善要素匹配的作用甚微时，只有通过转出林地来实现林地资源配置效率的提高，即呈现出估计结果中的正向相关性。相反，当务农劳动力增加显著促进了要素匹配时，农户会减少林地转出面积，从而表现出负向相关性。即意味着非农劳动力转移未必一定能促进林地转出，可能只在一定林地规模下存在正向影响。不同林地经营规模下，林地确权的影响也是双向的，表明确权强化了禀赋效应，也降低了林地流转的交易费用，两者均衡依赖于一定的林地规模，可能在某一规模水平下两者达到平衡，从而居于均衡水平两端表现出不同的作用效果，但影响不显著，意味着确权对林地流转的影响不如想象的关键。另外，需要注意几个控制变量。一是户主年龄。一般而言，户主年龄越高，营林能力越弱，转出林地面积应该越大，实际却越少。可能的解释是，一方面，随着户主年龄增加，营林经营增加，也可能倾向于转出林地，当户主年龄达到某一水平可能才会出现营林能力的显著下降，从而转出林地；另一方面，当农村社会保障体制仍不健全时，由于林地承载着社保功能，户主年龄越大，越可能持有林地，就越不可能转出林地。二是林权抵押贷款。林权抵押贷款服务和对林地转出规模具有显著的负向影响，与农户是否转入林地的估计结果一致。林权抵押贷款政策能明显缓解营林长周期的投资压力，对营林能力的提升作用更为突出，更倾向于转入林地而不是转出，林权抵押贷款政策在改善农户营林约束的同时，可能也抑制了农户林地转出行为，提升了林地转入需求，但转出供给减少，而激活土地流转市场关键在于提高农户的土地转出意愿。

表 59 门限估计结果

变量	模型Ⅰ		模型Ⅱ		模型Ⅲ	
	系数	标准误	系数	标准误	系数	标准误
age	-0.940	0.720	-1.558*	0.880	-1.769*	0.900
edu	1.184	3.192	2.129	3.893	1.987	3.942
labor	-12.69**	5.921			-9.988	7.452
income			25.537*	15.023	28.768*	15.280
timber	8.774	27.269	6.106	33.438	-1.736	35.041
economic forest	30.804	26.746	19.937	32.773	2.149	34.480
bamboo	-12.795	36.965	12.093	44.906	19.525	46.979
certificate	10.066	23.645	-6.116	29.072		
disaster	-24.206	48.778	-17.933	59.916	-17.471	61.529
native villager	-5.700	18.669	-12.933	22.687	-23.114	23.424
mortgage	-1143.174***	114.010	-752.17***	133.760	-554.611	128.971
insurance	11.882	24.303	18.808	29.617	26.488***	30.277
logging	2.693	7.326	-7.474	8.743	-9.374	8.991
C	48.687	68.058	102.795	82.407	128.097	84.539
income(forestland<270)	13.111	12.514				
income(270≤forestland<300)	62.36**	28.347				
income(300≤forestland)	427.363***	37.889				
labor (forestland<270)			-14.144*	7.276		
labor (270≤forestland<300)			60.329***	20.042		
labor (300≤forestland)			-0.285	12.244		
certificate(forestland<501)					-25.250	29.736
certificate(501≤forestland)					60.228	60.604
sigma_u	61.532		75.984		78.711	
sigma_e	82.454		101.17		104.216	
rho	0.358		0.361		0.363	
F检验	1.62***		1.48**		1.51**	

第三，稳健性检验。从门限估计结果看，农户对林地的依赖度、务农劳动力数和地权稳定性对林地转出规模具有非线性影响，为检验估计结果的稳健性，本研究根据门限值将样本农户划分为不同的样本组进行重新估计，检验核心解释变量的作用效果。以农户家庭收入在村里水平和家庭务农劳动力数为核心解释变量的林地经营规模门限值相同，分别为 270 亩和 300 亩，从而将样本农户以门限值为节点，划分成三组；以农户是否拥有林权证为核心解释的林地经营规模门限值仅一个，为 501 亩，从而以 501 亩为节

点将样本农户划分为两组[1]。从估计结果看（如表 60 所示），农户家庭收入在村里水平和家庭务农劳动力数对林地转出规模的影响方向与门限估计结果一致，其中，在小于 270 亩样本估计结果中，务农劳动力的影响不显著，在 [270,300) 的样本估计结果中，农户家庭收入在村里水平的影响不显著，而这两者在门限估计中均显著。另外，农户是否拥有林权证对转出林地规模的影响方向与门限估计结果一致，而且均不显著。不同样本组的估计结果中核心解释变量的影响系数大小对比情况，与门限估计的结果相似。总体上，农户林地转出规模的门限估计结果比较稳定。

表 60　门限效应的稳健性检验

变量	forestland<270	270≤forestland<300	300≤forestland	forestland<501	501≤forestland
	固定效应	固定效应	随机效应	固定效应	随机效应
lobar	-0.199 （2.639）	0.832* （5.322）	-82.086 （67.813）		
income	4.306* （5.398）	5.611* （7.540）	47.760 （65.882）		
certificate				-16.535 （30.094）	24.812 （21.641）
控制变量	控制	控制	控制	控制	控制
C	-8.632 （29.422）	7.554 （57.451）	910.641 （771.711）	98.764 （85.961）	201.983 （231.437）
sigma_u	32.178	24.752	52.099	79.528	133.563
sigma_e	33.976	51.364	68.376	104.671	39.993
rho	0.473	0.5116	0.367	0.366	0.918
F值	1.78*	1.64*		2.57***	
Wald值			17.64*		76.09***

小结

从全国农村土地流转的现实情况看，一方面，部分地区的农村劳动力转移缓解了农村土地的人口压力，但土地流转依旧滞缓，即“人动”与“地动”不相关；另一方

[1]　需要说明的是，门限估计的样本数据是平衡面板，而以门限值划分开来的样本组不再是平衡面板，但同样可以选择以面板数据进行回归，只是在小样本组中，如 [270,300) 的样本组，在控制变量赋值为 0 或 1 的变量中有的变量全部为 1 或全部为 0，如是否有林权抵押贷款，该项就均为 0，估计中就自动剔除了这类变量。

面，部分地区的农村劳动力转移程度相近但土地流转率相差却甚远，即“人动”与“地动”不同步。不同于以往研究，本研究的猜想是，影响农村土地流转的因素可能存在门限效应，这些因素对农户土地流转行为的影响并不是简单的单向非线性，可能存在某个或某几个门限值，影响因素在不同的门限区域内表现出不同的作用效果。实际上，无论是基于期望效用理论还是行为经济学的前景理论，农户土地流转行为决策本身隐含着门限特征。为检验农户土地流转行为的门限效应，本研究基于国家林业局经济发展研究中心2016年集体林权制度改革监测数据，运用Hansen（2000）提出的门限模型进行估计。农户林地流转行为包括两个递进过程：是否参与林地流转和流转林地面积，以往研究大多侧重于探讨其中一方面，本研究将两者结合起来以回答“人动”与“地动”的关系。一方面，基于截面数据，以农户是否参与林地流转为因变量，包括转出与转入，以农户林地块数、林地经营面积和家庭务农劳动力数为门限变量，进行门限效应检验；另一方面，从样本农户中筛选出参与林地流转的农户，按农户拥有的地块构建面板数据，以每个地块转出的林地面积为因变量，以农户林地经营面积为门限变量，再次进行门限效应检验。通过实证发现，影响农户土地流转行为的因素确实存在门限效应，从农户林地流转行为第一过程的检验结果看，对农户是否转入林地而言，林地块数的影响有三个门限，数值分别为2、3、6；林地经营规模的影响有两个门限，数值分别为50亩和132亩；家庭务农劳动力总量的影响有三个门限，数值分别为2、3、4。另外，对农户是否转出林地而言，林地块数的影响仅有一个门限，数值为2；林地经营规模的影响有两个门限，数值分别为11.2亩和69亩。家庭务农劳动力总量的影响有三个门限，数值分别为2、3、6。在核心解释变量中，农户对林地的依赖度与转入林地可能性的负向相关性仅在以下门限区域内显著存在：林地块数为2～6块，林地经营面积超过132亩，务农劳动力数为2～3或大于4。采伐管制显著负向影响农户转出林地的门限区域为：林地经营面积小于11.2亩或大于69亩，家庭务农劳动力数大于2。林权抵押贷款显著正向影响农户转入林地的门限区域为：林地块数小于2或大于6，林地经营面积大于132亩，务农劳动力数大于3。可以看出，对土地功能的替代未必能促进林地流转，可能只在一定行为门限区域内存在正向影响，表明当农村劳动力转移程度低于门限值时，农村土地流转市场难以活跃，“人动”带不动“地动”。

从农户林地流转行为第二过程的检验结果看，农户林地经营面积对林地转出规模的影响依不同的核心解释变量存在不同的门限，当以农户家庭收入在村里水平和以家庭务农劳动力数为核心解释变量时，均存在双重门限，数值均分别为270亩和300亩，前者在三个门限区域内均表现为正向影响，后者在第二个门限区域内表现为正向影响，其他为负向影响。当以是否具有林权证为核心解释变量时，存在单一门限，数值为501亩，在两个门限区域内均表现为双向影响。可以看出，农户对土地依赖度越低，转出林地面积未必能显著提高，如同对农户参与林地流转与否的影响，即对土地保障功能的替代仅在一定林地规模门限区域内能促进农户林地规模流转，也就意味着处于门限区域内的地区土地流转率就相对较高，回答了尽管农村劳动力转移程度相近的地区土地流转率差异却较大的问题。另外，林地确权的影响也是双向的，表明确权强化了禀赋效应，也降低了林地流转的交易费用，两者均衡依赖于一定的林地规模，但影响不显著，意味着确权对林地流转的影响可能不如想象的关键。

第七章 门限效应的内生性检验：基于农户增收的视角

上一章检验了农户林地流转行为的门限效应，值得进一步追问的是，为了促进林地流转，农户行为门限都可以通过政策激励得以改变或调整吗，即，门限是否内生。考虑到林地经营规模报酬或规模经济的作物依附性，是否存在门限难以调整的情况，即，门限是否外生。如果农户林地流转行为门限确实存在内生与外生两种，那么，显然会对促进林地规模化经营有不一样的政策寓意。

土地流转在一定程度上促进了土地资源的有效配置，但可能牺牲小农利益，导致贫富差距拉大（林乐芬、王军，2010），由于农村社会内部要素禀赋差异，土地流转对农户收入结构的影响也大不相同，进一步强化了农户间收入差距（刘鸿渊，2010），土地流转加剧了农户阶层分化。尽管收入增长降低了农村贫困发生率，但务农农户贫困状况始终未得到明显改善，降低村庄组内不平等程度才是缓解农户贫困的关键（沈扬扬，2012）。农户土地租入与租出均促进了农户增收，却在一定程度上加剧了农户收入分配的不平等（朱建军、胡继连，2015）。更为重要的是，林地经营特征不同于农地，经营周期更长、风险更高且树种经营特征差异明显，林地流转是否会加剧农户内部收入差距而产生相对贫困？现有文献对此关注并不多，但也讨论了林权改革对农户收入差距的影响。不同林地流转类型下的林业经济效率存在差异，村集体流转会降低社会福利（李怡、高岚，2014）。林权改革对林业收入较低的农户影响明显小于林业收入较高的农户，农户增收的相对减贫效应也存在树种依赖（刘林等，2016）。林地流转对提高农户经营收入明显带有“歧视性”。正如研究发现集体林权改革产生了社会排斥，普通农民并没有享受到改革利益（朱冬亮、肖佳，2007）。

土地流转促进农户增收假设得到了广泛论证，尽管土地流转是否会加剧农户收入差距仍存在分歧，但越来越多的研究观察到了土地流转的反向影响。由于贫困人口大多集中在山区，在农村土地不断集中的改革背景下，林地流转是否也存在加大农户内部收入差距而加剧农村相对贫困的可能。一方面，不是所有的树种经营都存在规模依赖，林地流转未必能带来预期增收，甚至会有反向作用；另一方面，不同树种对农户的生产行为能力诉求不同，不同农户从林地流转中获益差异造成相对收入差距也可能存在树种依赖。也就意味着农户林地流转行为低于门限可能就是外生的，流转门限固化，难以通过政策激励改变农户林地流转行为门限来促进林地规模经营。当经营树种不存在明显的规模报酬或规模经济时，林地流转难以实现转出方与转入方的“双赢”，林地规模经营的政策激励甚微，可以认为农户林地流转门限是外生的。当经营树种存在明显的规模报酬或规模经济时，林地集中的内在驱动激发了，政策激励的空间较大，林地流转无论是加剧还是缓解相对收入差距，都可以通过政策创新来调整农户林地流转的行为门限，由此可以认为门限是内生的，从而奠定了不一样的政策优化路径。

一、农户林地流转与相对收入差距

1. 理论分析

经济学假设个体均是理性的，在资源稀缺的社会里必然引发理性行为主体对稀缺资源的无休止争夺。而贫困的实质在于丧失获取稀缺资源的可行能力，包括教育、技能、健康、机会等内容（森，2005）。能力贫困可以分为制度与权力缺失的显性排斥，如城乡二元结构，和产权行为能力不足的隐形排斥，如拥有土地产权与产权行使能力的不匹配。村集体内部更多关注后者。产权行使能力由实施它的可能性与成本来衡量（Alchian，1965）。农户的土地产权行使能力除了与产权内容、产权边界以及产权行使成本相关外，还会受到自身禀赋的影响，经营能力越强的农户越倾向于转入土地（罗必良、郑燕丽，2012）。在相同制度环境下，农户自身禀赋对产权行使能力的影响尤为关键。在土地产权细分的改革背景下，农业经营决策能力优势的农户寻求能力与规模的匹配，倾向于扩大农地经营规模，造成农户间土地经营规模的分化（朱文珏、罗必良，2016）。由于林业生产周期长，通过扩大规模以降低经营成本和控制经营风险的诉求更为强烈，与此同时对农户的产权行使能力提出了更高的要求。然而，由于农户生产经营能力的差异，拥有同一土地产权的不同农户，其土地资源的利用价值可能呈现巨大反差（胡新艳等，2014）。基于农户行为能力异质性的土地要素流动以改善整体配置效率而提高农户比较收益，却面临内生于行为能力差异下村庄内部经营收入差距扩大的尴尬。贫困农户经营能力不足，土地租赁市场加大了耕地配置不平等，加剧了村庄内的贫富差距（田传浩、贾生华，2008）。农村社会异质化程度逐步加大，相比于低收入的农户，土地流转对高收入的农户更有利（肖龙铎、张兵，2017）。

由于不同树种的轮伐期不同，与之匹配的农户生产经营能力也就不同。一般而言，轮伐期越长的树种，对农户的种植、管护、采伐和销售能力的要求相对越高，村集体内部转入林地的群体比重相对也就较小，受限于行为能力而“被迫”转出林地的农户比重相对越大，林地流转改变公平分配的地权格局，加剧土地经营规模的分化，进而可能会进一步扩大农户间经营收入差距，加剧相对贫困[1]。需要强调的是，不同于农地经营，由于采伐限额的存在，即使行为能力不足而继续持有林地的经营收益未必明显高于流转租金收益。毕竟任何对产权施加的约束都会导致产权的“稀释”（Barzel，1989），在采伐指标的竞争中，行为能力越强、经营规模越大的农户更具有优势。对此，不能完全预判林地流转对农户经营收入差距的影响，然而，果树经营不存在采伐限额的行为约束，且在采用新品种技术和获取市场信息方面规模经营更具有优势，通过林地流转不断扩大的经营规模会加剧农户间经营收入差距。由于存在非农就业机会，转出林地的农户也可能从林业经营中解脱出来获取务工收入进而缩小收入差距，实际上，考虑到留守在农村的以老年人和妇女居多，外出获得固定职业的可能性较小，加之宏观就业环境的不稳定性和与之匹配的就业能力，农户通过林地转出以获取务工收入的可能性不高，因此，仅从土地经营收入差距的角度来反映农户间相对收入差距。

基于效用的福利对比看，即使林地流转的产权交易促进了双方收入增长，但收入差距扩大形成的相对剥夺感却抑制了交换的帕累托改进。相对剥夺效应最早是由 Stouffer 等提出，反映不平等带来的一种矛盾的心理感受（Stouffer et al，1949）。他人收入的提高会造成自身收入“被降低”的错觉，产生一种被剥夺的感觉。正如行为经济学中的参照依赖：效用的感知依赖于参照点的变化而不由最终状态决定，高于参照点则感知受益，相反则感知受损，进而决定个人感知效用的高低（Kahneman and Tversky，1979）。即使林地流转提高了农户经营收入，但由于增收水平的差异而产生的相对剥夺效应会加剧相对收入差距的感知。假设 μ 为他人收入，x 为自身收入，a 为相对剥夺效应系数，则相对收入差距可表示为：$P=a(x-\mu)$。对此，需要验证林地流转是否促进了农户收入增长，同时又如何影响了农户间相对收入差距。

[1]　对于农户间的林地流转，林地转出方只是转出部分林地，如不方便经营的一块或几块林地，受到传统文化或土地社保功能的影响，调查中很少有农户将林地全部转出的情况，对此，转出林地的农户仍然继续经营部分林地，加剧农村土地经营规模的两极分化。

2. 模型设定

将农户林地经营收入作为目标变量 Y_i，对于转出户而言还包括林地流转的租金收入，Y_i 是包括农户特征、林地资源禀赋等因素的函数，将影响因素作为控制变量 Controls，Y_i 的影响函数可以表示为：

$$Y_i = \beta_0 + Controls + v_i \tag{47}$$

其中，β_0 为截距项，v_i 为随机扰动项。为估计林地流转是否对农户林业经营收入产生影响，以 T_i 表示农户林地流转行为，将该变量引入式（47）中得到：

$$Y_i = \beta_0 + \beta_1 T_i + Controls + v_i \tag{48}$$

T_i 为虚拟变量，当农户参与林地流转时，变量取值为 1，否则为 0，借此评估该变量对农户林业经营收入的影响。由于林地流转并不直接作用于经营收入，而是通过土地利用方式和要素配置的变化，作用于林业生产效率，进而对经营收入产生影响。对此，引入农户林业生产效率变量及其与林地流转的交互项，反映农户林地流转与否对经营收入的作用逻辑。以 E_i 表示农户林业生产效率，则有：

$$Y_i = \beta_0 + \beta_1 T_i + \beta_2 E_i + \beta_3 E_i \times T_i + Controls + v_i \tag{49}$$

可以看出，当农户未参与林地流转，即 T_i=0 时，则有：

$$E(Y_i \mid T_i = 0) = \beta_0 + \beta_2 E_i + Controls \tag{50}$$

而当农户参与林地流转，即 T_i=1 时，则有：

$$E(Y_i \mid T_i = 1) = \beta_0 + \beta_1 + \beta_2 E_i + \beta_3 E_i + Controls \tag{51}$$

因此，T_i 对目标变量 Y_i 的影响表示为：

$$E_T = E(Y_i \mid T_i = 1) - E(Y_i \mid T_i = 0) = \beta_1 + \beta_3 E_i \tag{52}$$

根据式（52），T_i 对目标变量 Yi 的影响可以分为两个部分：一是在其他条件不变的情况下，β_1 反映了 T_i 对 Y_i 的影响；二是 $\beta_3 E_i$ 反映了 T_i 变量通过林业生产效率作用于 Y_i 的影响，即若 $\beta_3>0$，E_i 越大则 E_T 越大，表明林业生产效率越高的农户从林地流转中获益更多；若 $\beta_3<0$，E_i 越小则 E_T 越大，则表明林业生产效率越低的农户从林地流转中获益更多。所以，当 $\beta_1>0$ 且 $\beta_3<0$ 时，T_i 有利于改善 Y_i 的分配，即林地流转促进了农户收入增长，同时减小了农户间相对收入差距。然而，当 $\beta_1>0$ 且 $\beta_3>0$ 时，T_i 仅能促进 Y_i 的增长，即林地流转促进了农户收入增长，但与此同时加剧了农户间林业经营收入的不平等，相对收入差距拉大；当 $\beta_1<0$ 时，T_i 对 Y_i 呈负向影响，对于林地转出农户，流转租金收入低于原有经营收入，可能存在林地流转的“被迫性”或“盲目性”，林业经营收益受损，

即林地流转不存在增收效应。对于林地转入农户，林地经营规模的提高未能改善经营收入，树种经营不存在明显的规模依赖。具体待估计的基本模型为：

$$\ln(Y_i) = \beta_0 + \beta_1 T_i + Controls + \mu_i \tag{53}$$

进一步反映林地流转对农户林业经营收入的影响，根据推理，可将式（53）扩展为：

$$\ln(Y_i) = \beta_0 + \beta_1 T_i + \beta_2 E_i + \beta_3 E_i \times T_i + Controls + \mu_i \tag{54}$$

需要说明的是，E_i 通过 DEA 来测算，效率值包括综合效率、纯技术效率和规模效率三项内容，分别引入式（54）进行估计。

二、数据描述与变量

调查样本主要来源于 2017 年广东梅州和贵州黔东南地区的农户调查，因为这部分问卷具有相对较为完整的农户林业经营投入与产出统计。

1. 林业经营的投入产出情况

亩均林地产出收益（元 / 亩）表示产出指标，亩均林地经营资金投入（元 / 亩），包括种苗、化肥、农药等支出，以及亩均林业经营劳动投入（日 / 亩），包括自投劳动力和雇工投入两部分，亩均资金与劳动投入作为投入指标，需要说明的是，投入要素成本中不包括固定资产，如林道建设和林业机械等，一是考虑到折旧，难以估算；二是实地调查发现农户林地经营的机械化程度很低。另外，杉木与松木的生产特征相似，归为一类做分析；果树类别多且分散，也作统一分析。表 61 反映了农户不同经营树种的平均投入与产出情况，从户均经营的林地面积看，毛竹经营面积最大，近 150 亩，果树经营面积最小，仅为 16.52 亩；从亩均劳动投入看，果树经营的劳动投入相对最高，为 21.45 日 / 亩，杉木与松木经营的劳动投入最小，仅为 1.35 日 / 亩；从种植资金投入看，果树最高，为 814.72 元 / 亩，其次是毛竹，最小的是杉木与松木，仅为 157.19 元 / 亩；从经营产出看，依旧是果树最高，为 11476.22 元 / 亩，杉木与松木次之，毛竹最低，为 712.12 元 / 亩。在不考虑其他经营成本的情况下，轮伐期较长的杉木与松木亩均产出明显高于速生树种的毛竹。

表 61 农户不同经营树种的平均投入产出情况

经营树种	产出（元/亩）		资金投入（元/亩）		劳动投入（日/亩）		经营面积（亩）	
	均值	标准差	均值	标准差	均值	标准差	均值	标准差
杉木与松木	5847.17	1542.26	157.19	525.81	1.35	1.51	51.42	53.26
毛竹	712.12	284.25	561.36	611.52	2.84	3.28	149.2	983.58
果树	11476.22	17168.11	814.72	1342.24	21.45	1.98	16.52	15.61

2. 林地流转后的土地分配情况

不同地区、不同经营树种和不同村庄内户均林地面积存在差异，通过基尼系数来反映差异水平。计算基尼系数的方法较多，Sen（1983）提供了一个较为简单的测算方法，其表示形式为：

$$G=\frac{n+1}{n}-\frac{2}{n^2u_{y_i}}\sum_{i=1}^{n}(n+1-i)y_i \tag{55}$$

式（55）中G表示基尼系数，n为观测样本数目，y_i为观测样本值，u_{yi}为观测样本均值。具体到林地分配的基尼系数，n为农户样本数，y_i为户均林地面积，u_{yi}为y_i的均值，权重（n+1−i）为y_i的逆序数，即y_i越大权重值越小。通过测算发现，分树种看，杉木与松木、毛竹、果树的总体基尼系数分别为0.5713、0.9025和0.5546，毛竹经营规模的分化较为严重（见表62）。分地区看，两个地区样本农户经营果树规模的基尼系数比较均衡，林地分配差异较小；而在贵州省的样本农户经营杉木与松木、毛竹规模的基尼系数明显高于广东省。不同地区、不同树种的户均经营面积差异较大，变异系数反映了样本农户的规模差异。可以看出，农户林地分配的基尼系数大多超过了0.5，土地经营规模的分化比较突出，这与实地调查的情况比较一致。农户林地经营规模的分化可能会造成经营收入差距的变大。

表 62 农户土地分配基尼系数

地区	杉木与松木		毛竹		果树	
	基尼系数	变异系数	基尼系数	变异系数	基尼系数	变异系数
贵州	0.6924	1.7752	0.8976	5.7521	0.6147	1.5781
广东	0.3112	0.4916	0.2164	0.5348	0.5852	1.4023
总体	0.5713	1.2103	0.9025	4.6122	0.5546	1.1842

3. 变量描述

由表 63 可知，受访农户的平均年龄在 50 岁以上，其中，经营毛竹的农户年龄最低、果树最高；农户受教育程度普遍是初中水平，经营果树的农户受教育年限最高，超过 9 年，经营毛竹的最低，仅为 7.58 年。从 16—60 岁的人口统计看，农户的家庭劳动力人数最高的仍为果树经营，经营果树对劳动力的需求较大，最低的是毛竹，毛竹自我生长能力较强，管护的劳动投入较小；从林地经营的细碎化程度看，果树的平均经营的面积最小，为 16.52 亩，平均林地块数为 6.67 块，细碎化程度最高，而毛竹的平均经营面积最大，为 149.2 亩，平均林地块数为 6.41 块，相对集中。而且农户林地的立地条件较好，但坡度偏大。另外，从农户对林权改革政策的认知看，了解森林保险和林权抵押的农户并不多，林地流转大多不是自发组织进行的，农户普遍认为流转较容易。

表 63 变量的描述性统计特征

变量	变量说明	杉木与松木		毛竹		果树	
		均值	标准差	均值	标准差	均值	标准差
农户年龄X1	年龄	54.62	10.28	53.88	15.11	57.52	11.42
农户受教育水平X2	上学年限	8.21	3.12	7.58	4.31	9.13	3.53
家庭劳动力X3	人数	3.22	0.74	2.29	1.84	4.32	1.65
林地面积X4	亩	51.42	53.26	149.2	983.58	16.52	15.61
林地块数X5	块	7.16	4.52	6.41	5.83	6.76	7.85
是否有林地流转X6	是=1，否=0	0.41	0.49	0.52	0.65	0.65	0.42
立地条件X7	好=1，一般=2，不好=3	1.52	0.71	2.24	0.74	1.28	0.77
林地坡度X8	很大=1，大=2，一般=3，小=4，很小=5	1.91	0.71	3.01	0.58	2.55	0.81
是否了解森林保险X9	是=1，否=0	0.51	0.62	0.82	0.56	0.52	0.91
是否了解林权抵押X10	是=1，否=0	0.36	0.61	0.48	0.55	0.32	0.54
林地流转组织形式X11	自发组织=1，其他=0	0.32	0.91	0.41	0.72	0.49	0.64
流转难易程度X12	容易=1，一般=2，难=3	1.41	0.71	1.73	0.75	1.91	0.75

三、农户林地流转增收效应的实证检验

1. 农户林业生产效率

第一，产出效率比较。利用 deap2.1 软件对不同经营树种的农户投入产出效率进行测算，结果如表 64 所示。从农户林业经营的综合技术效率（TE）、纯技术效率（PTE）和规模效率（SE）的测算结果看：一是分树种对比效率差异。农户不同经营树种的平均 TE 均不高，其中毛竹最高，平均 TE 为 0.4135，而果树最低，仅为 0.1462；PTE 均值中，杉木与松木最高，为 0.6362，果树依旧最低，仅为 0.2317；SE 均值中，毛竹水平最高，为 0.7615，杉木与松木水平最低，为 0.3207。总体上，多数农户林地经营未达到 DEA“有效”水平，即 TE 值为 1 的状态，其中，实现 DEA“有效”的农户比例中，经营毛竹的最高，为 6.12%，杉木与松木最低，仅为 2.54%，所有农户中，林业生产效率为 DEA“有效”的比例为 5.24%，比重很小，农户林业生产效率提升的空间还很大。

表 64　农户不同经营树种下的产出效率

经营树种	TE		TE=1	PTE		SE	
	均值	标准差	农户比例%	均值	标准差	均值	标准差
杉木与松木	0.1831	0.2562	2.54	0.6362	0.2659	0.3207	0.2014
毛竹	0.4135	0.3012	6.12	0.5327	0.3019	0.7615	0.2715
果树	0.1462	0.2658	5.88	0.2317	0.2798	0.3742	0.3209
平均值	0.2913	0.1987	5.24	0.4193	0.1925	0.5164	0.2465

二是农户行为能力差异。一般而言，农户经营收入越高，生产行为能力越强，生产效率也越高。生产效率可以反映农户林业经营行为能力。不同树种经营收入量纲差异，从而对农户经营收入的分组标准不同。总体上将农户经营收入（元 / 亩）分为低收入、中等收入和高收入三个组，不同组的样本量大体均衡。其中，杉木与松木的分组区间分别为：4000 以下、[4000,7000) 和 7000 及以上；毛竹分组区间为：500 以下、[500,800) 和 800 及以上；果树分组区间为：2500 以下、[2500,7000) 和 7000 及以上。从不同经营收入组的生产效率对比看，高经营收入组的 TE 均值高于低收入组，其中果树尤为明显，低收入组的平均 TE 仅为 0.0176，高收入组的平均 TE 为 0.3514，但不同经营收入分组下毛竹的生产效率差异较小。进一步通过方差分析来验证差异的显著性，以低收入组为基准，和其他收入组对比（如表 65 所示）。其中，杉木与松木、果树的 Levene 值对应的

P 值均大于 0.05，表示可进行方差分析，且 F 值对应的 P 值均大于 0.1，表明不同经营收入组的生产效率差异具有显著性，即农户经营行为能力存在明显差异，林地流转后可能会加剧经营收入差距。毛竹高经营收入组的 Levene 值未通过齐次性检验，而中等收入组通过了检验但 F 值不显著，即不同经营收入组的生产效率差异不显著，表明林地流转后未必能拉大经营收入差距。

表 65　不同经营收入水平农户的生产能力比较

树种	低经营收入	中等经营收入			高经营收入		
	TE	TE	Levene值	F值	TE	Levene值	F值
杉木与松木	0.0958	0.2025	1.551	4.175*	0.2011	0.845	10.24***
毛竹	0.3107	0.3402	1.276	0.002	0.4412	5.791**	0.782
果树	0.0176	0.0319	4.156*	1.517	0.3514	2.227***	8.617***

注：***、**、* 分别表示在 1%、5% 和 10% 的显著水平。下同。

2. 林地流转对农户增收效应的影响

首先，模型估计结果。分树种将农户林业生产的 TE、PTE 和 SE 代入式（7.8）中，利用 Stata15.0 进行估计。表 66 报告了模型整体显著的情况，即 F 统计值对应的 P 值小于 0.1 的估计结果。

从估计结果看，第一，农户经营杉木与松木的收入影响。农户参与林地流转与否的变量 X_6 的影响系数为正，X_6 与 TE 和 PTE 的交互项的影响系数均为负，且均显著。可以认为，$\beta_1>0$ 且 $\beta_3<0$，从林业生产的综合技术效率和纯技术效率看，对于经营杉木与松木的农户而言，林地流转促进了农户收入增长，生产效率较低的农户林业经营收入的改善更大，缩小农户间的经营收入差距。另外，TE 与 PTE 的影响系数为正，且均在 1% 的水平上显著，这也反映了农户参与林地流转的积极影响。特别是 TE 作用下的分配效应系数较高，为 −3.1462，表明通过林地流转对缓解农户间相对收入差距具有较大的促进作用。可能的解释：一是权能匹配的视角。杉木与松木的生产周期相对较长，林地产权的稳定与明晰激发了生产积极性但却受限于高风险下的投资能力，尤其是在林业金融与保险服务仍不完善的地区，普通农户的行为能力有限，难以长期规划经营以实现最大收益，有林地转出或经营合作的意愿；相反，农村社区精英受限于林地产权细分下的经营细碎，生产行为能力未得到充分释放，有林地转入或经营合作的意愿。通过林地流转，无论是以合作还是转出的形式，改善林地资源禀赋，实现与行为能力相匹配的资源配置

结构，提高经营收入。二是经营特征的诉求。不同于速生树种，由于轮伐期较长，杉木与松木的经营风险较大，无论是种植抚育还是灾害防控，林业经营管理对土地规模的诉求较高，在农村劳动力大量转移的背景下，部分农户退出林地经营，通过林地流转提高平均林地经营规模，在改善经营效率的同时提高经营收入。

第二，农户经营毛竹的收入影响。引入 PTE 的估计结果中，PTE 的影响系数为正，且在 1% 的水平上显著，X_6 与 PTE 的交互项影响为负但不显著，即 $\beta_1>0$ 且 $\beta_3<0$，从纯技术效率的影响看，林地流转对农户收入的影响不明显。作为速生树种，毛竹对经营规模的诉求较低，而且对农户生产行为能力的要求也不高，甚至不需要管护，对生产投入要素的不可分性依赖较低，如灌溉等基础设施，总体经营成本较低，可以看出分散经营对毛竹经营的效益损失相对较小，可从引入 SE 的估计结果得到印证。SE 的影响系数为 −0.8063，且在 10% 的水平上显著，表明对经营毛竹的农户而言，规模效率不仅难以改善经营收入，相反呈负向影响，毛竹经营对林地规模的依赖不明显。X_6 的影响系数为 −0.3453，即 $\beta_1<0$，表明从规模效率的视角看，经营毛竹的林地流转不存在明显的增收效应。综合来看，农户林地流转可能对生产效率的改善有限，并不一定带来毛竹经营收入的提高以及农户间相对收入差距的缓解。

第三，农户经营果树的收入影响。X_6 的影响系数均为正，X_6 与 TE 和 SE 的交互项的影响系数也均为正，且交互项均显著。表明 $\beta_1>0$ 且 $\beta_3>0$，从林业生产的综合技术效率和规模效率看，对于经营果树的农户而言，林地流转促进了农户收入增长，且仅在引入 SE 的估计结果中增收效应才明显，提高了农户的经营收入，但生产效率较高的农户从林地流转中获益更大，拉大了农户间的经营收入差距。作为经济林，包括管护和灾害控制的经营成本同样具有规模依赖，而且对农户生产行为能力的诉求也比较高，通过林地流转下的要素变动，促进权能匹配以提高经营收入，但会加剧农户经营收入的不平等，这可能与市场竞争相关。果树经营收入很大程度上依赖于市场条件，经营规模越大，进入市场的能力、议价能力和获取市场信息的能力等竞争性优势相对越大，经营收入相对越高，通过林地转入扩大产出能力进一步强化了原有在产品市场上的竞争地位，获益程度随之提高。而林地转出或未参与流转的农户的竞争能力相对下降，尽管经营收入有一定提高，但与大规模农户的经营收入差距拉大。农户林地经营面积变量 X_4 的影响系数为正且作用程度较大，也可以在一定程度上印证经营规模对果树经营收益的重要性。

表 66　农户增收效应的估计结果

变量	杉木与松木		毛竹		果树	
C	7.6855*** （27.59）	6.6249*** （24.34）	6.6819*** （18.72）	7.1086*** （13.76）	8.5609*** （12.61）	9.0568*** （16.01）
X1	-0.0211* （-1.12）	-0.0076 （-1.31）	0.0056 （1.38）	0.0088 （1.09）	-0.0178* （-1.96）	-0.0128** （-2.87）
X2	0.017 （0.73）	0.0341** （2.74）	-0.0913** （-2.96）	-0.0501* （-1.94）	0.0307 （1.32）	0.0113 （0.37）
X3	0.0524** （2.78）	0.0423 （1.84）	-0.035 （-0.64）	-0.0412 （-0.23）	-0.0296 （-0.67）	-0.007 （-0.69）
X4	0.0012 （0.41）	0.0004 （0.15）	2.67E-05 （0.45）	-2.58E-05 （-0.5）	0.0282 （1.39）	0.0239*** （3.19）
X5	0.0028 （0.52）	-0.0078** （-2.95）	-0.0317* （-1.95）	-0.0128 （-0.69）	-0.0064 （-0.93）	-0.0402 （-0.64）
X6	0.09174* （1.68）	0.1187* （1.96）	0.0345 （0.16）	-0.3453* （-2.01）	0.1041 （0.49）	0.419* （2.01）
X7	-0.0413 （-0.19）	-0.0532* （-2.19）	-0.1028 （-1.92）	-0.0433 （1.02）	-0.4134* （-2.17）	-0.3681* （-1.96）
X8	0.0215 （0.12）	-0.0038 （-0.62）	0.1689** （2.88）	0.1583* （1.96）	0.456*** （3.91）	0.4291*** （3.51）
X9	-0.0406 （-0.64）	-0.0301 （-0.32）	0.5183*** （3.53）	0.0741 （0.67）	0.1815 （0.86）	0.1685 （0.57）
X10	0.0117 （0.52）	-0.0632 （-0.26）	-0.2601* （-2.04）	0.0705 （0.64）	0.2614 （0.65）	0.1567 （0.75）
X11	0.1641 （1.39）	0.1722* （2.04）	-0.2497** （-2.87）	-0.2149 （-1.34）	0.5458** （2.85）	0.4205** （2.88）
X12	-0.0312* （-1.95）	0.039 （0.63）	-0.2025*** （-3.36）	-0.1589 （-1.21）	-0.2129* （-1.96）	-0.197* （-1.87）
TE	3.3172*** （3.18）				1.7759** （2.24）	
PTE		2.5056*** （11.75）	1.1726*** （3.77）			0.7862* （1.86）
SE				-0.8063* （-1.85）		
TE* X6	-3.1462* （-2.38）				1.9863* （2.01）	
PTE* X6		-0.46125* （-1.96）	-0.2582 （-1.05）			2.8364*** （2.91）

续表

变量	杉木与松木		毛竹		果树	
SE* X6				0.6507 (1.48)		
Adj-R2	0.2125	0.8732	0.5673	0.3156	0.6846	0.6014
F值	2.92**	23.93***	3.36**	2.11*	9.48***	10.21***

其次，处理效应模型（TEM）估计。农户林地流转行为受到个人及家庭情况、林地资源禀赋、政策认知等多方面因素的影响，而并非完全是样本总体的随机选择，从而可能导致有偏差的系数估计，即存在“自选择问题”。农户林地流转行为与经营收入既相互独立又相互联系，相比普通农户，经营收入越高的农户，可能林地经营效率越高，从而转入林地或参与林地流转的可能性也就越大。为避免样本选取产生的偏误和内生性问题，选择采用 Maddala（1983）提出的处理效应模型来检验模型估计的内生性问题。以是否参与林地流转来区分对照组与处理组：

$$X_6 = \alpha + \alpha_i X_i + \gamma IV + \varepsilon_i \tag{56}$$

其中，X_i 为控制变量，$i \neq 6$，IV 为工具变量，α、α_i 和 γ 为待估参数，ε_i 为随机扰动项。通过 Probit 模型估计出将式（56）中农户参与土地流转的预测值作为对原有农户是否参与土地流转变量 X_6 的值 0 或 1 的替代导入式（54）中。工具变量选取农户所在村庄的累积土地流转率，即该村林地已流转面积占总林地面积的比重，反映土地流转的同群效应。该变量的选取借鉴了肖龙铎和张兵（2017）的分析思路。

对于经营毛竹与果树的农户而言，引入 PTE 的估计结果显示，hazard lambda 值均在 10% 的水平上显著，表明农户是否参与林地流转存在内生性，对此，处理效应模型的估计结果更有效，估计结果显示，土地流转及其与生产效率交互作用的影响结果与 OLS 估计结果基本一致（见表 67），关键变量的作用方向一致，只是影响系数存在差异。在对毛竹的估计结果中，$\beta_1>0$ 且 $\beta_3<0$，且系数值分别高于 OLS 估计结果中的系数值，农户林地流转更能够促进农户收入增长和农户间相对收入差距的缓解，但 β_3 仍不显著，即相对收入差距的缓解不显著。在对果树的估计结果中，β_1 和 β_3 均为正，同 OLS 估计结果一致，农户林地流转仍具有增收效应但却加剧了农户间相对收入差距，且 β_3 的值更高，表明农户间收入差距更大。

表 67　处理效应模型的估计结果

变量	杉木与松木		毛竹		果树	
C	8.7749*** （16.08）	7.4022*** （16.18）	6.2308*** （20.16）	5.742*** （13.26）	9.5061*** （8.12）	10.3812*** （8.45）
X1	-0.0072* （-1.94）	-0.0084 （-0.21）	0.0051 （1.48）	0.0027 （0.33）	-0.0216** （-2.89）	-0.0296** （-2.76）
X2	0.0321 （0.46）	0.0332* （1.86）	-0.037** （-2.79）	-0.0877* （-1.91）	0.0764 （1.39）	0.0394 （0.56）
X3	0.0317** （2.96）	0.0406 （1.15）	0.0002 （0.05）	-0.0445 （-0.23）	0.0546 （0.64）	0.0362 （0.46）
X4	0.0005 （0.21）	0.0002 （0.72）	5.75E-05 （1.81）	-3.17E-05 （-0.05）	0.0317** （2.76）	0.0276*** （5.01）
X5	0.0123 （0.56）	0.0037** （2.87）	-0.0365*** （-6.51）	-0.0326 （-1.25）	0.0181 （0.66）	-0.0106 （-0.18）
X6	0.0714* （1.85）	0.2198* （1.75）	0.4156 （-0.47）	-0.6867 （-1.26）	1.3924* （1.86）	1.862* （1.83）
X7	-0.2135* （-1.91）	-0.1287 （-1.69）	-0.1149** （-1.96）	0.2025 （1.22）	-0.4657** （-2.67）	-0.6725** （-2.76）
X8	-0.0568 （-0.43）	-0.0458 （-0.45）	0.2021*** （5.02）	0.2048** （2.81）	0.0605 （0.54）	0.2504 （1.45）
X9	0.0187 （0.71）	0.0443 （0.34）	0.6514*** （5.66）	0.0596 （0.24）	-0.0819 （-0.64）	-0.0649 （-0.14）
X10	0.0625 （0.63）	-0.0367 （-0.76）	-0.3259*** （-3.59）	0.0487 （0.32）	-0.0938 （-0.62）	-0.0623 （-0.38）
X11	0.1817* （1.24）	0.257** （2.75）	-0.6815*** （-9.03）	-0.0601 （-0.25）	0.8016** （2.91）	0.2917** （2.91）
X12	-0.1209 （-0.54）	-0.0405 （-0.25）	-0.1478*** （-4.92）	-0.1082 （-1.27）	-0.1957* （-1.83）	-0.5719* （-1.85）
TE	4.2103*** （3.36）				0.6805 （0.65）	
PTE		2.3171*** （14.68）	1.2351** （2.88）			0.6432 （0.56）
SE				-0.7935** （-2.93）		
TE* X6	-2.4734* （-1.79）				2.0646** （2.65）	
PTE* X6		-0.5274** （-2.62）	-0.2215 （-0.81）			2.1728*** （3.51）

续表

变量	杉木与松木		毛竹		果树	
SE* X6				0.7615 （1.35）		
Hazard lambda	0.2665 （0.48）	0.2175 （0.75）	0.1941* （1.85）	0.1351 （0.95）	08217 （1.15）	0.7115* （1.79）
rho	0.6712	0.9441	0.9128	0.6125	0.9136	0.9126
sigma	0.3402	0.2154	0.1781	0.1995	0.8214	0.7592

小结

森林资源是农户生计的重要来源，然而，林地产权明晰与细分在激发农户生产积极性的同时引发了受限于产权行使能力不足下的经营困境，通过农户间林地流转以改变要素禀赋与行为能力的错配，提高整体生产效率以增加农户收入，却存在加剧农户间相对收入差距的风险。由于农户间产权行使能力的固有差异，可能出现“强者恒强、弱者恒弱”的现象。林地流转促进经营收入提高的同时，也面临由于增收差距拉大而形成相对剥夺的困境。基于广东和贵州的农户调查数据，测算了农户经营杉木与松木、毛竹和果树的 DEA 效率，将林地流转引发的 DEA 效率变化对农户经营收入影响产生的增收效应进行估计。结果发现：

第一，不同地区林地经营规模的分化程度较大，细碎化经营格局未得到明显改善。通过基尼系数测算发现农户林地分配的基尼系数大多超过了 0.5，不同地区、不同树种的户均经营面积差异较大，土地经营规模的分化比较突出，“均山”改革背景下的林地细碎化经营格局未得到明显改善。

第二，农户林地经营的效率较低且差异大。农户经营毛竹的综合技术效率均值最高，杉木与松木最低，分别为 0.4135 和 0.1831；对比纯技术效率均值，经营杉木与松木的最高，果树最低，分别为 0.6362 和 0.2017；不同树种经营的规模效率均值差异较大，毛竹最高、杉木与松木最低，分别为 0.7728 和 0.2317。从不同树种经营的 DEA 效率均值看，规模效率高于纯技术效率，而综合技术效率最低。另外，相同经营树种下的效率差异和不同经营树种下的效率差异均会加剧农户间经营收入的差距。

第三，不同经营树种的林地流转下农户的增收效应存在差异。从实证结果看，对经营杉木与松木的农户，林地流转促进了农户收入增长的同时也缓解了农户间相对收入差距，经营效率更低的农户能从林地流转中获益更多。对经营毛竹的农户，引入纯技术效率的估计发现，林地流转也具增收效应，但引入规模效率的估计结果却不存在。经营毛竹的林地流转对农户经营收入的影响不稳定。对经营果树的农户，林地流转促进了农户收入增长，但加剧了农户间相对收入差距，经营效率更高的农户从林地流转中获益更多。

由此可以看出，一方面，林地流转并不必然存在增收效应，甚至会产生反向作用，即处于未触发林地流转发生率的门限区域，行为门限本身是外生的，难以通过外部力量触发，如毛竹。不同于农地经营，林业经营内容的独特，农户林地经营对规模的依赖因林种或树种特征而存在差异。轮伐期较短的树种，加工与销售环节对经营收入的影响更大，通过林地流转改变要素配置以降低经营成本的增收空间有限，追求经营收入最大化的规模依赖不完全在于土地要素，而是更倾向于生产分工下的社会服务，产品市场的支配地位高于要素市场。对此，社会化服务的政策鼓励可能更有利于经营收入的改善。另一方面，即使林地流转改善了农户营林收入却存在加剧相对收入差距的风险，容易落入低林地流转率的门限区域。林地流转在整体促进农户经营收入提高的同时可能伴随经营收入差距的拉大，特别受外力因素，如采伐限额和政策鼓励，农户“非自愿”和“盲目”的林地流转下，林业经营收入的农户分化会更为明显，社区精英、村干部与工商资本的联合会进一步加剧林地经营的垄断，形成排斥。

第八章　林地反公地悲剧治理的国际经验借鉴

一项开放性资源很容易被过度利用而造成资源破坏，哈丁在提出公地悲剧后引起了社会对如何有效利用公共资源的激励争辩。随着新制度经济学派的兴起，产权私有化被认为是一项可供选择的重要治理方案，在不考虑私有化成本的基础上，公共资源的私有化能规避开发行为的短期化而达到长期持续利用的效果。显然，私有化本身隐含了这项功能，不可否认公共资源私有化的理论预期，然而，私有化产权安排的预期效果还依赖于怎样私有化，本研究可能忽视了私有化会细分公共资源从而在资源利用中产生的交易费用。细分程度越大，拥有产权主体越多，交易费用相对就越高，公共资源的私有化尽管不会因为过度利用而被破坏，但也会导致利用不足而被闲置。假设本研究把开发性资源私有化给最初进入这项资源而导致公地悲剧的所有主体，每个人不明确拥有公共资源中的哪一部分，但拥有排他性权利，即对于资源的利用如果有一个所有者不同意，则所有个体均不能进入该项资源，对此，Heller 就发现，尽管资源产权私有化了，但资源利用需要所有主体一致同意才能得到开发利用，当所有者无穷多时就会造成协商资源利用的交易费用高到难以形成一致意见，从而导致资源闲置，即对应于资源过度利用的公地悲剧，过度私有化导致资源使用不足的反公地悲剧。与公地产权相对比，Heller（1998）将反公地产权（anticommons property）定义为在一项稀有资源利用中，多个所有者拥有有效排他性权利的一项产权制度。Heller 同时强调反公地产权又不完全等同于私有产权，私有财产垂直化地细分了物质世界，每个所有者拥有细分单一对象的一束权利；而反公地产权反映了细分对象中重叠权利在所有者之间的一种水平关系（见图 37）。可以看出，在私有产权中 A、B 和 C 分别拥有独立的一块资源 1、2 和 3，即物理上的划分，可以独立决定各自资源的利用。但在反公地产权中，A、B 和 C 共同拥有一块资源，共同决定资源的利用。以林地资源为例，中国集体林地细碎化指的是图中私有产权形式。无论哪一种制度安排，两种产权共同需要面对的是交易费用，公共资源无论是以私有产权的形式还是以反公地产权的形式过度细分都会带来交易费用，当所有者协商的交易费用很高时，资源仍会出现利用不充分而导致反公地悲剧。当一项资源被多个主体拥有，而且他们都具有排他权时，就会出现反公地问题，该问题反映了资源的潜在利用价值是如何和怎样耗散在利用不充分的黑洞中，资源的过度利用（overuse）和未充分利用（underuse）产生的影响是相当的（Buchanan et al，2001）。其实，早在20世纪80年代初，Michelman（1982）对管制制度的定义就涉及反公地产权的核心，他指出每个人都有权利但没有人有权在未经其他人同意的情况下使用。对于土地而言，由单个主体拥有一块土地所创造的价值显然比划分给多个主体所产生的价值更高，然而，随着人口不断增长，资源的产权细分似乎成了不可逆的趋势，尤其在发展中国家尤为突出。许多对自然资源（主要是森林、海洋和草地资源）依赖较强的发展中国家正在经历资源产权管制放松的改革（Tuihedur Rahman，2012）。对此，本研究梳理了国外林地细碎化的现状、缘由、影响及其反公地悲剧的治理，为中国集体林地产权改革和资源利用提供参考。

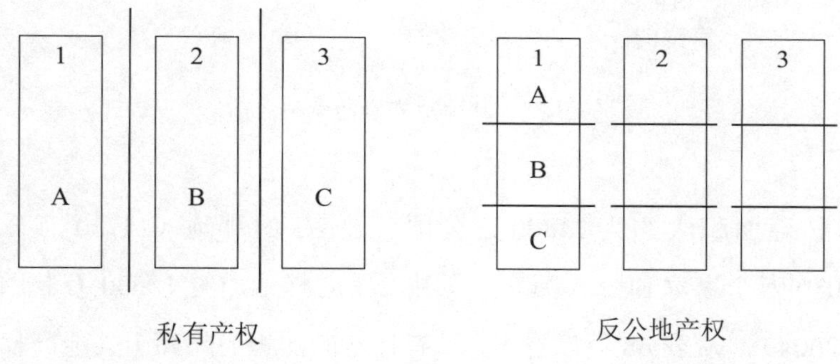

图37　私有产权与反公地产权的差异

一、国外林地产权与林地细碎化界定

1. 国外的林地产权形式

林地——至少有10%的土地被森林树木覆盖，包括曾经被树木覆盖过或在未来自然或人为再生树木的土地，林地最小的面积为1英亩[1]（Smith et al，2004）。林地所有者的分类（Butler，2008）：一是私有林主，林地归家庭、个人、企业或其他私人团体所有；二是森工企业，拥有林地、初级木材加工设备的公司或者是私人团体；三是非工业私有林主，拥有林地的家庭或个人，以及拥有林地但不具备初级木材加工设备或能力的企业

[1]　1英亩约等于6.07亩。

和其他私人团体；四是家庭林主，林地归家庭、个人、信托、地产、家庭合伙人和其他非法人团体所有。总体上，森林所有权形式的类型（见图 38）：一是私人所有，包括个人，家庭（比如单个家庭或者多个小家庭聚集在一起的大家庭），非政府组织，企业和私人组织；二是国家或地方所有；三是公私共同所有（Schmithusen and Hirsch，2010）。在过去几十年，森林所有权结构变化最为显著的特征之一就是私有林主增多，国有土地私有化加剧了林地细碎化进程。

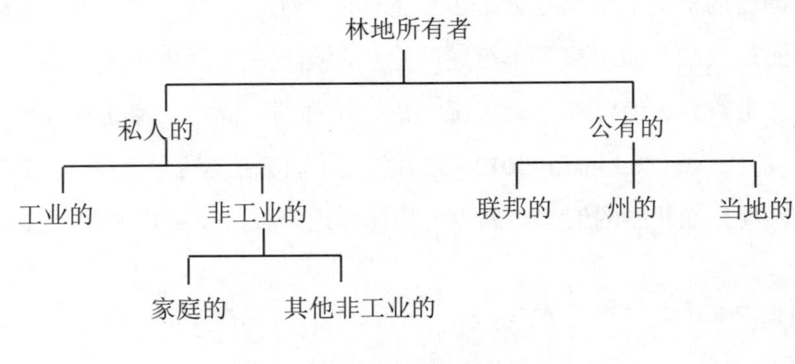

图 38 林地所有者的类别

在美国，林地面积大约为 24800 万公顷，近 2/3 的林地（15700 万公顷）归私人所有，而且 1030 万个家庭和个人拥有了其中 2/3 的林地，约 10500 万公顷（Butler and Leatherberry，2004）。从表 68 可以看出，私有林地的面积明显高于其他产权形式，其中，美国北部地区和南部地区的林地私有化程度更高，分别为 75% 和 86%，家庭所有形式的林地面积占比也高于美国整体水平，私有林地占据了林地产权形式的主体。

表 68 美国林地不同所有权形式下的林地面积及其占比

所有权形式	面积（千英亩）	比重（%）		
		总体	北部	南部
私有	379917	62	75	86
家庭所有	251974	41	55	58
其他私有	127943	21	20	28
公有的	238791	38	25	14
联邦的	185977	30	8	9
州政府的	41964	6	13	3
地方的	10850	2	4	1
总计	618708	100	100	100

据估计，在欧洲拥有小规模林地的人口大约有1500万，他们占据的总林地面积超过了3700万公顷，其中西欧占3000万公顷，中东欧占700万公顷（Wiersum et al，2005）。基于2006～2007年间对欧洲23个国家的调查数据显示，私有林地面积占比为49.55%，公有林地面积占比为50.09%，其中，私有林中个人和家庭所有的占比为83%，公有林中国家所有的占比为86%（Schmithüsen and Hirsch，2010）。从欧洲各国林地所有权形式看（见表69），多数林地归私人或中央政府所有，其中比利时、芬兰、法国、挪威和英国的私有林占比较高，保加利亚、捷克共和国、匈牙利、罗马尼亚、波兰和斯洛伐克的国有林占比较高；其中挪威的私有林占比达到了69%，而波兰的国有林占比超过80%，欧洲地区林地所有权形式呈现"两极分化"的现象，私有林和国有林占据了大部分。

表69　欧洲国家的林地所有权结构（%）

国家	个人/家庭所有	森工企业	私营机构	中央	地方	社区	其他
比利时	37	0	15	12	0	36	0
保加利亚	10	0	1	77	0	12	0
捷克共和国	23	0	1	61	0	15	0
芬兰	56	8	4	30	0	2	0
法国	64	0	12	9	1	14	0
匈牙利	28	0	13	58	0	1	0
挪威	69	3	5	21	0	2	0
波兰	16	0	1	82	0	1	0
罗马尼亚	11	0	10	66	1	12	0
斯洛伐克	14	0	28	42	0	10	6
英国	51	1	13	32	3	0	0

2. 林地细碎化界定

从国外林地产权形式看，家庭森林占据了主体，被认为是小规模林地经营的代名词，而且存在进一步细分的可能。家庭森林（family forest）这一术语通常与非工业私有林地（NIPF）和私有林地是同义词。家庭林场所有权区别于其他类型的森林所有权形式的三个特征（Pan et al，2007）：一是所有权属于私人，而非公共的；二是森林的面积相对较小，且森林经营技术通常是适用于小规模的；三是私有林所有者一般不会拥有一个木材加工厂。

许多国家对未来林地功能，包括提供林木产品、休闲娱乐和维持生态系统价值等感到担忧，主要的原因就是林地分块化（forestland parcelization），即把较大的林地分为更小的地块（Gobster and Rickenbach，2004）。林地细碎化包括两个维度：一是细，即林地面积小；二是碎，即林地分散不集中。国外林地细碎化的过程在这两方面其实是独立的，森林分块化（forest parcelization）和森林碎片化（forest fragmentation）不是同一个概念，森林分块是将由单个所有者拥有的毗连地块林地分给两个或多个主体所有的过程，而森林碎片化是在物理上将森林资源分为更小块的过程，不涉及所有权关系的变化（Zhang et al，2009）。只是在中国，集体林权制度改革践行“分山到户”，林地在物理上的细分也伴随着产权的分割，即所有权关系的变化，从而统一起来称为细碎化。林地分块化是林地细碎化的主要原因，林地分块化通常伴随着土地所有权、土地使用 / 土地覆盖和公共获取方面的变化和发展（Host and Brown，2009）。实际上，对于林地细碎化的过小规模经营国外有相对明确的界定。

根据森林管委会（Forest Stewardship Council，FSC）的调查显示，大约有 1600 万个小规模林地所有者占据了大约欧洲森林总面积的 55%，但这些所有者并不是全部都积极经营林地（FSC，2010）。FSC 对小规模、低强度林地经营（SLIMF）进行了详细的描述，当林地经营规模小于 100 公顷时称为“小规模”(small)，而且存在下列情形之一即可称为“低强度”(low intensity)：一是采伐率低于年平均增长量的 20%；二是年均采伐量小于 5000 立方（FSC，2009）。考虑到地区差异，对于一些国家来说，SIMLF 资格标准与国际规定不同。小规模林地经营的弊端包括经营的低效率、高昂的采伐和经营成本、林地经营实践中的教育缺失、合作的低意愿、被动参与政府的激励计划，而且由于缺乏动力和商业技能又不愿投资木材采伐（Urquhart and Courtney，2011）。

二、国外林地细碎化状况及其缘由

1. 林地细碎化状况

在美国林地分块化的进程从 20 世纪初就开始了，只是分块化的程度和速度在近几十年有加剧的趋势，1984～2000 年，每块林地的平均面积从 17.6 英亩下降到 14.5 英亩（Sampson and DeCoster，2000）。美国农业部林务局的调查数据显示，1978 年到 1994 年间拥有林地面积在 4～20 公顷的所有者数量增长超过了一倍，这些私有林主经营的每块林地面积从 10.9 公顷下降到 10.1 公顷（Gobster and Rickenbach，2004）。在美国，林地所有权是多元的，私有林主没有木材生产加工的设备，另外，联邦政府拥有大量的林地，而州政府和地方政府拥有的林地较少。Bulter（2008）针对美国林地与家庭森林经营状况做了一份详细报告，数据来源于美国林业局基于2002～2006年对1000万个家庭林地所有者的调查。从报告中可以看出私有林地经营的细碎化问题确实比较突出（见表70），拥有1～9英亩林地规模的总面积比重尽管只有5.44%，但这部分林地的所有者比重却达到了61.41%，大部分群体占据了小部分林地；100英亩以下的总林地面积比重为33.1%，其所有者数量比重为94.22%，几乎占据所有者的全部，即近95%的私有林主占据的林地面积仅为总体的1/3，多数林地掌控在少数人手中，而且私有林经营规模越小，细碎化程度越严重。另外，私有林中家庭森林的规模呈正态分布，20～499英亩的林地规模占比明显较高，过大规模和小规模的林地面积占比较小，其中1～9英亩林地规模的总面积比重为7.6%，其所有者数量比重为60.85%；不同的是，尽管规模在100英亩以下家庭林主数量比重为94.85%，但总林地面积比重达到了47.34%，接近一半，家庭森林经营的细碎化相对更明显，且经营规模越小细碎化程度也越高。总体上，美国私有林经营规模呈“两极分化”，家庭森林规模呈正态分布。

表70 美国私有林地的不同规模分布

林地规模（英亩）	私有林				家庭森林			
	面积（千英亩）	比重（%）	所有者（千人）	比重（%）	面积（千英亩）	比重（%）	所有者（千人）	比重（%）
1～9	20661	5.44	6821	61.41	19158	7.60	6221	60.85
10～19	18475	4.86	1496	13.47	17691	7.02	1430	13.99
20～49	42591	11.21	1465	13.19	40894	16.23	1402	13.71
50～99	44020	11.59	683	6.15	41562	16.49	644	6.30
100～199	43770	11.52	372	3.35	38946	15.46	318	3.11
200～499	47300	12.45	185	1.67	39926	15.85	158	1.55
500～999	25578	6.73	45	0.41	18795	7.46	32	0.31
1000～4999	42229	11.12	28	0.25	25127	9.97	18	0.18
5000～9999	12677	3.34	2	0.02	4217	1.67	1	0.01
>10000	82617	21.75	9	0.08	5659	2.25	<1	
总计	379917	100	11108	100	251974	100	10223	100

20世纪90年代以来，林权格局在欧洲不断变化，公共森林数量锐减而私人持有量在逐渐增加（MCPFE，2007）。私有林地的平均面积在比利时、法国、西班牙和瑞士

较低，从 2 公顷到 4 公顷不等，而在芬兰、挪威和瑞典较高，从 28 公顷到 53 公顷不等（Wiersum et al，2005）。基于 2006～2007 年对欧洲 23 个国家的调查数据显示，私有林地面积占比为 49.55%，公有林地面积占比为 50.09%，其中，私有林中个人和家庭所有的占比为 83%，公有林中国家所有的占比为 86%（Schmithüsen and Hirsch，2010）。从 Schmithüsen 和 Hirsch 详细报告的欧洲私有林发展情况看（见图 39）：一是从欧洲不同规模的私有林主数量占比情况看，小于 1 公顷的私有林主数量占 61%，明显高于其他林地规模的私有林主数量比重，小于 10 公顷的占比超过了 90%，表明大多数私有林主都是小规模经营。二是从不同规模划分林地面积占比结构看 [1]，小于 1 公顷的林地规模类型所占有的总林地面积占所有类型林地总面积的比重为 5%，101 公顷～200 公顷规模类型的林地面积占比最高，为 18%，小于 10 公顷规模类型的林地面积占比为 30%，大于 100 公顷规模类型的林地面积占比也是 30%。可以看出，欧洲林地细碎化程度总体不高，但私有林的细碎化程度相对较高。

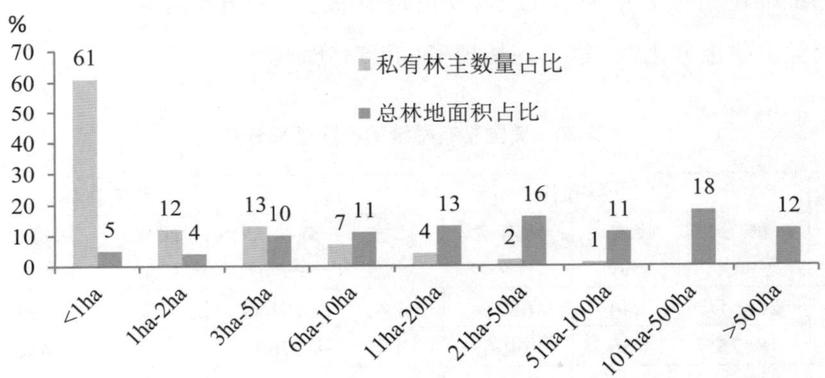

图 39　欧洲私有林与所有林地不同规模下的占比情况

Nijnik ea al（2009）以中东欧国家为例，分析了林权形式及其规模经营情况发现，林地中国家所有的占比范围为 40%～82%，私人所有的占比范围为 15%～60%，大约 17% 的林地归合作农场、社区和教堂所有；另外，林地非国家所有者从 15 万增长到 1500 万，这部分林地所有者中 35% 的林地面积小于 5 公顷（见表 71）。从中东欧国家的林地规模分布看，私有林地面积的分块化比较严重，小于 10 公顷的林地面积占比超

[1]　林地面积占比的数据涉及欧洲九个国家：奥地利、比利时、保加里亚、法国、匈牙利、拉脱维亚、立陶宛、斯洛伐克和英国，而私有林主数量的占比数据少了立陶宛。

过了80%，林地规模在6～10公顷的占比最高，为56.38%，尽管超过100公顷的占比仅为7.51%，但仍高于其他规模类型的林地面积占比。

表71　中东欧国家不同私有林规模类型下林地面积的分布情况（千公顷）

国家	规模类别					
	<5 ha	6～10 ha	11～25 ha	26～50 ha	51～100 ha	>100 ha
捷克共和国	161	35	28	19	40	90
匈牙利	245	180	120	90	30	25
波兰	1462	155				
罗马尼亚	350					
斯洛伐克	1.2	4500		328		535.3
斯洛文尼亚	328.3	165.7	138.8	113.4		
总计	2219.2	4880.7	286.8	550.4	70	650.3

评估林地细碎化的方法很多，对林地分块化演变的实证分析多数是追踪林地分块大小及其分布图谱的变化。一是通过地理信息系统进行追踪。以三个密歇根县为例，通过1970年、1980年和1990年三个时点的地图，将林地分块的历史过程数字化，计算平均林地地块规模在三个时间点的变化（Drzyzga and Brown，1999）。1984～2000年，通过比较地理信息系统（GIS）文件资料对纽约四个县的林地分块化进行了实证研究，包括分别数字化同一林地地块在1984年和2000年的边界，检验两个时间点的林地地块大小分布变化（LaPierre and Germain，2005）。二是通过财产税收变化进行追踪。林地分块化的演变可以归因于亲子关系，由于财产继承造成了林地分割，可数字化历史图谱追踪1928至1997年间印第安纳两个乡镇的林地所有权变化（Donnelly and Evans，2008）。发展林地分块的聚类分析以表征不同类型的地块分裂或聚集程度。通过数字化税收账簿、纸质地图构建所有权图谱，分析1954～2007年的林地所有权变化（Kilgore et al，2013）。Haines et al（2011）在威斯康星北部的几个社区，使用表格化的纳税主体记录识别代际之间的林地分块化，通过GIS数字化重构历史纳税地块的地图。三是通过财产交易记录进行追踪。Mundell et al（2010）使用房地产记录分析森林所有权随时间的变化情况。而不是使用基于地图的数据，这项研究仅仅依靠房地产交易记录。以独特的地块标识符号和相关的土地面积在连续几年内进行匹配，以追踪1995～2006年所有地块及其演变情况，反映林地分块化的历史变迁。

2. 林地细碎化的缘由

第一，人口老龄化。一块林地被两个及以上的多个主体共同所有，这种利益的不可分性（Undivided interest，UDI）是林地所有权安排的一种形式，类似于中国集体林地归集体经营而不是下分到户的产权安排，农民共同享有集体林地承包经营权，但不明确享有集体中的哪一块林地的权利。UDI 的产生主要通过以下途径：一是由一个林地所有者把遗产转让给多个继承者；二是一个林地所有者死后未留下有效的遗嘱，部分产权所有权就会分配给所有继承者；三是一块林地出售或转让给多个主体。UDI 所有权结构类似于法律实体，如有限责任公司，共同享有财产使用权，如狩猎。不管持股股份多少，每个共有财产的主体都享有与其他主体一样使用整个财产的权利（Deaton，2012）。UDI 所有权结构在美国非常普遍，少数民族、美洲土著和农村低收入地区拥有的农村土地较少（Dyer et al.，2009）。到 20～30 年在美国将有 1/5 的人口超过 65 岁，未来几年，私有林中归家庭所有的比重近 2/3，其中有 270 万家庭林主（FFOs）的年龄都将超过 55 岁，占家庭所有林地面积的 80%（Butler et al，2016）。

从欧洲国家私有林主的年龄结构看（见图 40），超过 60 岁的比重较高，其中比利时的私有林主年龄超过 60 岁的比重为 65%，老龄化最为严重，波兰的私有林主年龄结构相对年轻化，30～60 岁的比重达到了 70%；多数国家的私有林主年龄处于 30～60 岁阶段（Schmithüsen and Hirsch，2010）。未来欧洲地区的林业经营难以避免林主老龄化问题，林地可能会进一步细分，细碎化可能更突出。

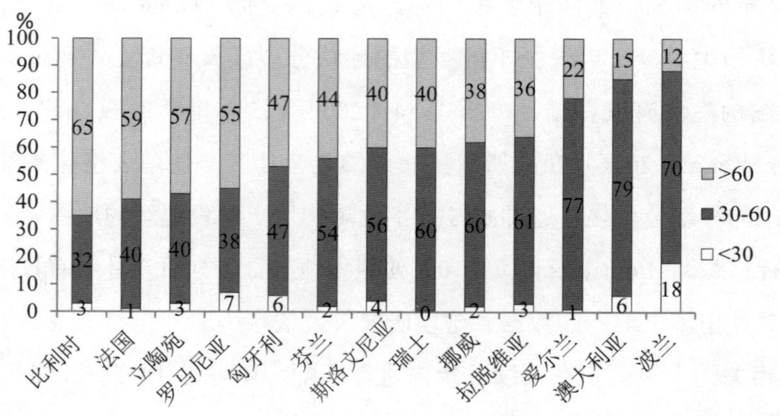

图 40 欧洲国家私有林主的年龄结构

第二，林地价值的演变。对于发达国家，特别是后工业化国家，随着城市人口的不断扩张，相比于森林提供的木材产品，居民对森林的非木材产品和服务的需求逐渐提高。对森林的非木材产品服务需求较频繁的个体而言，从交易费用的角度看，直接拥有林地而满足自身需求可能比从他人购买这项服务来得划算（Zhang et al，2005）。由于市场的不确定性，林地规模增大并不意味着收益增加，但林地经营成本会越高，而且随着非林产品服务需求的提高，以木材生产为主的林地持有成本提高，林地价值提高会进一步增加林主税收。对此，Zhang et al（2009）认为当边际收益等于边际成本时的经营规模就是最优持有林地规模，私有林主调整规模的过程决定了私有林主数量的变化，见图41。

边际成本主要反映林地持有成本，与林地价格相关。林地价格是未来关于生产木材的价值和非木材产品与服务价值的现值，同时也共同由供需双方的市场需求决定。林地的边际价值是林地所有者所享有的效用或收益，效用曲线反映了林主的偏好，两条曲线表示不同时间点上的效用变化，U_0 和 U_1 分别表示当前与未来的效用曲线，两者不是平行的，U1 更陡峭些，表明非木材价值的权重更高，随着居民收入的增加、公众意识改变和森林环境感知价值的提升，边际非木材价值可能比木材价值增长更快。P_0 和 P_1 表示当前与未来的林地价格，一定时期内价格相对稳定，均为水平的直线，反映持有林地的边际成本。

边际价值与边际成本相等的位置即为均衡点，即效用曲线 U 和林地价格 P 相交的点，初始均衡点为 B_0，对应的林主持有林地面积为 A_0，林主数量为 N_0。当居民收入增加，边际价值曲线，即效用曲线由 U_0 上移到 U_1，对非木材价值需求的增加抬高了林地价格，P_0 上移为 P_1，新的均衡点为 B_1，B_1 对应的林地面积为 A_1 小于 A_0，而林主数量为 N_1 大于 N_0，意味着居民收入提高对森林非木材价值的需求会降低林主持有林地的面积而增加林主数量，毕竟随着林地价值的提升，持有林地的边际成本提高，如税收，占用大规模林地的负担就变得难以承受。

林地细碎化是社会、政治、经济三方面共同作用的结果，对发达地区过度服务但征税较少，而对农村土地所有者低服务但过度征税（DeCoster，1998）。死亡率、城市化、收入、管理不确定性和土地所有者的财政援助均对平均持有林地规模的变化具有显著影响（Mehmood and Zhang，2001）。

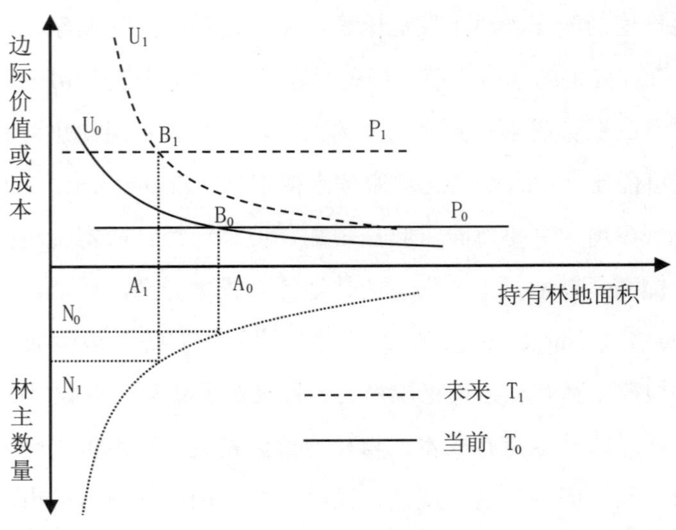

图 41 林地规模与林主数量变化(Zhang et al,2009)

三、反公地悲剧及其治理

1. 林地细碎化的反公地悲剧

UDI 所有权结构不同于社区林业，在发展中国家比较常见的是森林共有产权形式，产权由政府转移给社区集体或群体，由林区集体管理（Pinyopusarerk et al，2014）。林地的 UDI 所有权结构却存在很多问题，当多个主体对林地经营管理难以达成共识时，土地往往是非托管的、被撂荒的、进一步分割成小块的，或通过法律程序强制出售，毕竟达成共识确实很困难。林地的 UDI 所有权结构可能使林地经营行为复杂化，包括间伐、采伐、炼山等，只有所有林主都签订一份合同或协议准许后才能开展以上活动（Gordon et al，2013）。另外，对于林地经营，林主们难以获得贷款或政府提供的技术和援助支持，因为享受贷款或获得政府支持都需要一定的条件，在此条件下很难确保林主们能达成一致协议。更严重的是，考虑到当前林主的年龄结构，未来会出现大规模的林地转让或继承，这意味着林地多主体共有的形式会更加突出。多主体共有林地的产权形式可能会降低土地利用效率，从而产生反公地现象（anti-commons）。共同财产资源所有者既有权使用资源，也有权排除其他所有者使用，从而造成资源利用的低效率，称这一现象为反公地悲剧（Buchanan and Yoon，2000），是公地悲剧的延伸。林地的 UDI 所有权结构显然存在反公地悲剧的可能，当一个林主反对其他林主就一项林地经营活动，如采伐，达成的意见时，林地经营或管理就很难开展。在欧洲家庭所有的小规模林地经营中，反公地现象表现为林地在木材生产、生态效益和社会利用方面的效率不足（Schlueter，2008）。

Buchanan et al（2001）发现，其实资源完全公共化与过度私有化产生的结果是一致的，他们通过一个例子来说明开发性资源带来了公地悲剧与过度细分下的反公地悲剧具有对称性。他们通过拟定一个案例来说明：临近村庄有一片大空地，可用于停车，附近1英里的距离处有其他停车场可供停车，停车场的停车价值与停车数量呈单调的负相关关系，当停车场完全免费时，停车数量达到最大Qc，停车场的价值被完全耗散掉。如果停车场归个人所有或使用，则资源可以得到有效利用实现价值最大化，假如停车场归两个人或多个人所有，考虑两种情况：一是对停车场有使用权但没有排他权，即公共用地，停车场的价值只能通过限制进入来实现，否则就会造成过度利用（overuse）而出现公地悲剧；二是对停车场同时具有使用权和排他权，停车场的价值通过一致同意来实现，即任何一个所有者可以拒绝其他人停车，任何人想停车必须所有者均同意才行，否则就会造成资源闲置而未充分利用（underuse），造成反公地悲剧。

构造一个几何—代数数值例子。停车场的边际价值，作为汽车数量的函数，通过线性关系HQm来表示，对应的平均价值为HQc（如图42）。假设：①潜在停车场的利用者都是同质的；②拥有停车厂的使用权者或所有权者之间信任是缺失的，即不存在合作或合谋。停车场归一个人所有的情况下，价值最大化下对应的停车数量为Qm，价格为Pm。考虑两个所有者的情况时，停车数量和价格均会发生变化，而且仅有使用权和同时拥有使用权与所有权的情况是对称一致的，租金价值小于单个所有者的情况。

Q和P分别表示停车场这项资源的使用量和平均价值，构造两者的线性关系式：

$$P=a\text{-}bQ \tag{57}$$

其中，a、b为常数，首先考虑两个主体A和B仅有使用权的情况，两者相互作用将收敛于一个平衡点，类似于古诺-纳什（Coumot-Nash）的双寡头均衡。在给定B选择使用量Q_2，即停车量的条件下，A选择停车量Q_1，总使用水平为$Q=Q_1+Q_2$，A获得的最大化租金可表示为：

$$\max_{Q_1} PQ_1=\left(a-bQ_1-bQ_2\right)Q_1 \tag{58}$$

对式（58）一阶求导可得：$a\text{-}2bQ_1\text{-}bQ_2=0$，进而得出$Q_1=Q_2=(a/b)/3$，每个人获得的租金为$R_0$，$R_0=(a2/b)/9$，停车场总租金为R，$R=2R_0=(2a2/b)/9$,，如果拥有停车场使用权的主体不止两个，有n个，均衡条件下总租金为Rn，Rn=(na2/b)/(n+1)2，当n趋近于无穷大时，Rn则趋近于零，即当不限制进入停车场的使用时，资源价值将被耗散掉。

其次，考虑两个主体A和B同时拥有使用权和排他权的情况，如前所述，其他人想停车需经过 A 和 B 的共同同意，假如停车者分别需要从 A 和 B 手里获得停车券，价格分别为 P_1 和 P_2，只有同时拥有 A 和 B 的停车券才能停车，则停车价格为 P，$P=P_1+P_2$，可以得到：

$$P_1+P_2=a-bQ \tag{59}$$

同理，纳什均衡下单个所有者获得的最大化租金可表示为：

$$\max P_1 Q=P_1 (a-P_1-P_2)b \tag{60}$$

对式（60）一阶求导可得：$(a-P_1-P_2)/b-P_1/b=0$，进而得出 $P_1^*=P_2^*=\frac{a}{3}$，停车者需要支付的总价格为 P*，$P^*=P_1^*+P_2^*=\frac{2a}{3}$，总租金为$\left(P_1^*+P_2^*\right)Q=\frac{2}{9}\frac{a^2}{b}$。同理，当停车场的所有者有 n 个时，停车量为 Qn，$Qn=(a/b)(n+1)$，总租金为 TRn，$TRn=n(a^2/b)(n+1)^2$。当 n 趋近于无穷大时，Qn 和 Rn 均趋近于零，停车场被闲置，资源价值如同过度利用一样被耗散掉了。

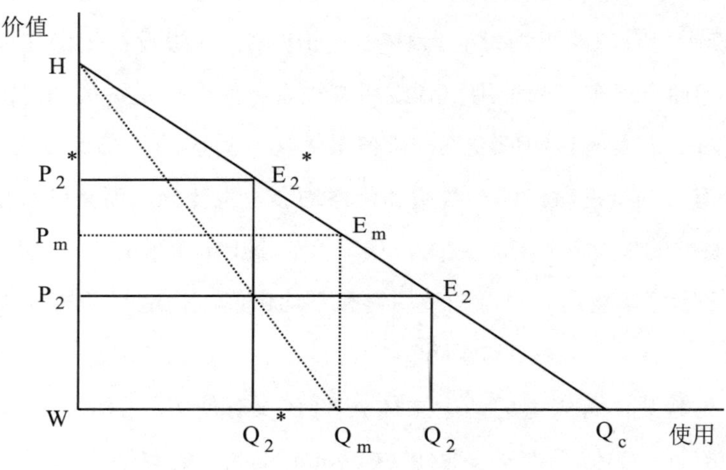

图 42　公地与反公地的对称性

资源过度使用和未充分利用的结果或影响是对称的。当停车场所有权归一个人时，该停车场租金最大化的价值为 $P_mE_mQ_mW$。当停车场同时被两个人拥有时，在仅拥有使用权的条件下，根据公式推理，单个所有者获得的停车场租金最大化价值为 $P_2E_2Q_2W$，在拥有使用权和排他权的条件下，单个所有者获得的停车场的租金最大化价值为 $P_2^*E_2^*Q_2^*W$，两种条件下的租金相等。然而，当停车场的所有者不断增加时，P2 逐渐下降到原点处，即为零，停车场被过度使用，租金耗散掉；P_2^*逐渐上升至 H 处，即无限大，停车场被闲置，租金也被耗散掉，两种产权安排下的结果是一致的，即对称的。

2. 反公地悲剧治理

第一，选择性激励。为解决小规模林业经营的固有缺陷，组织私有林主被认为是一项有效的政策工具，然而，即使在具有悠久传统合作历史的发达国家，林主之间的合作机制仍不完善，效率不高（Schraml，2005），难以实现政策预期目标。而且在私有林主合作成功的国家，参与合作的林主占总体的比例也不高。小规模林业经营者合作面临集体行动的困境，难以避免搭便车者的存在，合作组织内部成员可能会免费享受他人努力的成果，如争取到的国家放松采伐管制、补贴等，这部分群体成为主动搭便车者；合作组织外部的林主也享受到合作经营带来的好处，如道路建设、灌溉条件的改善等，这部分群体成了被动搭便车者，这些共同利益带有明显的外部性或公共物品性。个体行为在小群体和大群体的集体行动中存在明显差异，难以规避搭便车者而面临集体行动的困境，对此，Olson（1965）认为可通过选择性激励来治理集体行动的搭便车问题。除了群体规模大小外，影响群体合作的因素还包括制度、文化、信任、社会资本等，群体特征也对参与合作激励具有重要影响。然而，不太可能将所有因素都纳入分析合作行为中，从选择性激励的视角看，可能存在某些触发因素来解决搭便车，达到合作激励的效果（Mendes et al，2006）。而且这些不可忽视的触发因素存在临界水平，临界值成为集体行为的一个关键因素，取决于公共物品特征、群体异质性和成员与资源间的关联性（Nonic，2011）。对于公共池塘资源而言，每一个人在评价个人选择时必须考虑其他人的选择，如果独立行动，他们获得的净收益总和通常会低于他们以某种方式协调他们的策略所获得的收益。当个人看到其他许多人为获得更大的共同利益而放弃眼前收益时，往往也会愿意采用同一策略。只要有最低数量的个人参与，组织便能依靠这种频次依赖的行为来使其他许多人受益（奥斯特罗姆，2012）。

另外，Nonic（2011）认为提高小规模林主的合作意愿还可以通过由政府来承担公共物品来实现，如基础设施建设、种苗补贴等，支持合作组织的发展，由政府承担合作经营或规模经营的外部性成本。解决林地细碎化或低强度经营的途径之一就是森林认证（Forest certification）。森林认证最早由欧盟于20世纪90年代发起，可以改善林地经营管理，实施规范的监测和检查制度，从源头上规范林产品营销。森林认证计划在全球范围内得到了推广，FSC向小规模林业经营者提供的激励措施包括小农基金、能力培训、市场准入等（Lallo et al，2016）。

第二，规划森林遗赠选择。家庭森林是公共服务的重要供给者，居民能够享受到的公共利益包括清洁的水和空气、碳汇、生物多样性、森林产品和娱乐机会等。然而，从1982年以来，美国的林地城市化率不断提高，预计到2062年，美国的非联邦森林覆盖面积将下降7%（Alig et al. 2010）。尽管多数家庭林主管理林地的初始目标并不是木材生产，但它确实又是普遍的林地经营活动。林地细碎化不仅降低木材产出效率，还可能不利于非木材产品或服务的供给。家庭森林的代际传递会改变林地的所有权形式，部分林主倾向于卖掉或转让家庭林地，比重约为23%。这可能与家庭林主的年龄结构有关，超过70岁的林主所占据的林地面积约为20%（Butler，2008）。森林遗赠可能面临的选择（见图43）：维持原有状态，改变土地利用，部分保持、部分改变。如果遗赠涉及可能维持部分或者全部林地的原有状态，则称为保护遗赠。基于此，关于林地所有权和林地使用包括以下几种情况：一是以一种简单的形式（即未开发其所有权利）移交给保护组织（如土地信托）；二是通过移除永久开发权而保留其他权利，附带保护地权条款的形式出售或遗赠土地；三是将土地以未开发的形式完整移交给继承人，但遗嘱指示土地保留未开发状态（Markowski-Lindsay et al，2016）。

家庭森林的林主们可能什么也不做，推迟有关未来林地的决定；卖掉土地，这或许会转变土地用途；给继承者，让他们自己决定土地的用途；将土地出售或捐赠给保护组织。继承家庭森林的新一代林主拥有不一样的文化背景、经营目标，新的环境背景下面临不一样的林地特征，这些都将影响林地利用，改变家庭森林的结构。家庭森林所有者普遍最关心的问题是病虫害、火灾、非法入侵、财产税和为继承人保留好土地。对此，本研究可以规划家庭森林遗赠选择以避免反公地悲剧，如在遗赠中施加保护地权的条款。

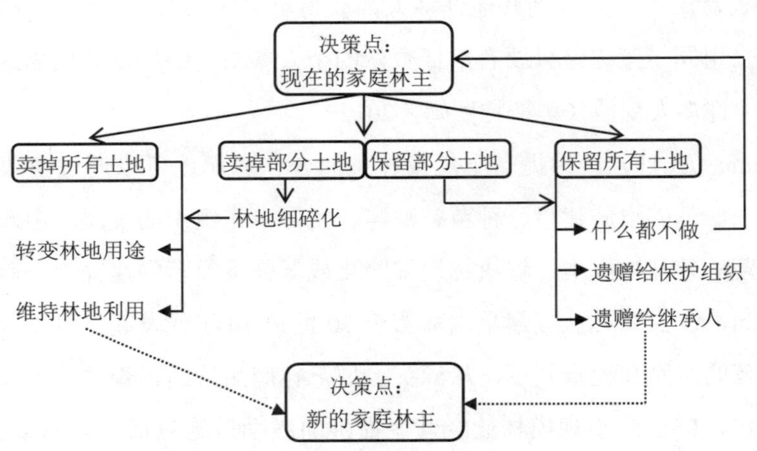

图43　家庭林主未来所有权形式与林地利用决策

第三，乡村重构。对森林非木材价值需求的变化是农村社会的变迁的内在动力，随着农村劳动力向城镇转移和农村第二、三产业的发展，传统上，在农村占主导地位的初级生产发生的改变，如耕地或造林。对于农村发展形成了两种不同的观点：农村现代化与乡村重构。其中，农村现代化坚持延续城市生产生活方式改造农村，强调初级生产的专业化和商业链的集成。毕竟林地分散和小块的细碎化特征降低了林主对林地的经济依赖度，导致林业经营的业余化（amateuristic），产出的木材不能满足当地木材加工的要求。而乡村重构更尊重乡村本身的风貌，强调初级生产活动与其他农村活动的互利共赢，旨在增强农村凝聚力、幸福感和归属感（Kusel，2001）。这两种农村观点显然会影响小规模林业经营，遵循农村现代化，则需要林主合作，形成大规模经营；而按照乡村重构的逻辑，则维持现有小规模经营状态，甚至可能进一步细碎化（parcelization）。其实，这两种观点并不完全对立，在木材生产上未能充分利用的林地资源同样可以创造就业和收入，小规模经营可以通过发展旅游增加当地就业和居民收入，改善农民生计，这与农村现代化的目标一致（Wiersum et al，2005）。

基于村庄内在资源禀赋，重构乡村多元化经营活动，增强林业与其他产业的融合，释放产业关联效应，比较符合社会经济发展对乡村经济、生态与文化的需要，尽管林地细碎化可能会产生反公地悲剧，但主要是从林地经济效益的角度考察利用不足的影响，而森林效益本身是多元化的，在林地的UDI所有权结构下未能形成一致意见而造成资源闲置，林地闲置并不显著影响森林生态效益，甚至可能改善森林生态，毕竟大规模化单一树种经营的生态风险更高。也有研究发现，共有林地的林主达成一致意见可能性未必就小，甚至对林地资源的利用程度比单个主体所有的情况更高（Snyder and Kilgore，2018），研究结果可能与选择的样本有关。共有林地的林主关系也会影响达成一致意见的可能性，反公地悲剧可能弱化了社会资本对林地利用的影响，对此，奥斯特罗姆（2012）就批判了在公共资源利用中忽视占用者的社会属性和内在行为规范，一味强调国有化或私有化的制度安排，提出应基于社区环境特征制定资源利用或管理的自组织制度。

小结

本章梳理了国外林地产权结构、林地细碎化状况与缘由，以及林地细碎化经营可能出现的反公地悲剧现象。

第一，私有林占据主体且存在进一步强化的趋势。林地分为私有与公有两方面，其中私有林包括森工企业和非工业私有林主，家庭林主属于后者。在美国，私有林面积占比近 2/3，且家庭和个人又拥有了其中的 2/3。在欧洲，私有林面积占比近 50%，其中，个人和家庭所有占有的部分为 83%。随着城市化与工业化的不断推进，土地买卖会加剧土地私有化。

第二，林地细碎化加剧。林地细碎化包括森林分块化（forest parcelization）和森林碎片化（forest fragmentation），两者内涵不同，前者是将由单个所有者拥有的毗连地块林地分给两个或多个主体所有的过程，表现为林地所有权关系的变化，而后者是在物理上将森林资源分为更小块的过程，林地物理结构的变化。美国林地细碎化的进程从 20 世纪初就开始了，而且在近几十年有加剧的趋势。美国家庭森林的调查报告数据显示，仅 95% 的私有林主拥有的林地面积仅为总体的 1/3，其中，仅 95% 的家庭林主拥有的林地面积占总体的近一半，林地规模越小，细碎化程度越高。另外，2006～2007 年对欧洲 23 个国家的调查数据显示，规模小于 1 公顷的私有林主数量占 61%，但林地面积仅占总林地面积的 5%，私有林的细碎化程度较高。对于林地细碎化评估的实证研究并不多，主要通过地理信息系统、财产税收变化和财产交易记录追踪林地细碎化。

第三，林地细碎化的缘由。主要有两方面的原因：一是人口老龄化。由于私有林占据了林地主体，且家庭森林又是私有林的主体，家庭成员继承财产会导致林地细分。到 2030 年，美国将有 1/5 的人口超过 65 岁，未来几年，有 270 万家庭林主（FFOs）的年龄都将超过 55 岁，占家庭所有林地面积的 80%；在欧洲，多数国家的私有林主年龄处于 30～60 岁阶段，其中，比利时的私有林主年龄超过 60 岁的比重为 65%，老龄化最为严重。老龄化加剧会造成家庭林地的进一步细分。二是林地价值的演变。随着居民收入提高，对森林的非木材产品和服务的需求逐渐提高，以木材生产为主的林地持有成本提高，林地价值提高为增加税收，占用大规模林地的负担就变得难以承受。私有林主会根据持有林地的边际收益与边际成本适时调整林地规模，从而改变林权结构。总体上，林地细碎化是社会、政治、经济三方面共同作用的结果。

第四，林地细碎化的反公地悲剧及其治理。一块林地被两个及以上的多个主体共同所有，这种利益的不可分性（Undivided interest，UDI）是林地所有权安排的一种形式。林地的 UDI 所有权结构可能使林地经营行为复杂化，因为只有所有林主一致同意时，林地经营活动才能开展。本研究把共同财产资源所有者既有权使用资源，也有权排除其他所有者使用，从而造成资源利用的低效率的现象称为反公地悲剧。反公地悲剧是公地悲剧的延伸。在结果上，反公地悲剧和公地悲剧具有对称性。国外研究对此提出的治理办法主要有：一是选择性激励。选择激励少数人来推进林地经营活动，哪怕承担外部性成本。但需要注意的是，对少数人的激励存在门限特征。二是规范森林遗赠行为。老龄化会导致家庭林地细碎化，为了保持原有家庭林地提供的非木材产品或服务，可以通过对遗赠行为施加一定约束来实现，如地权保护条款。三是基于自组织的乡村重构。不必一味强调木材生产的产业化，细碎化经营的木材产出效率较低，但可以与其他农村生产经营活动相融合，提高产业聚集效应，从而提供林地经营收益同时又能保护乡村风貌，但需要强调的是产业融合的制度安排需要考虑社区资源禀赋特征，通过家庭林主自组织的形式实现社区森林资源的有效利用。

值得注意的是，林地细碎化成为不可逆的发展趋势引起了广泛关注，已有研究表明土地细碎化本身并不一定就是负面影响的隐喻，反公地悲剧更多侧重于土地资源的利用不足，而这里的利用更多是经济学意义上的效率视角，而不是广义的，毕竟森林功能是多元的，而生态效益与社会效益明显带有外部性而难以衡量，反公地悲剧的治理中选择性激励侧重于改善效率，而规范森林遗赠行为更多强调保护，侧重于森林生态，总体上都是为了提高林地利用价值，而问题的关键在于伴随细碎化增加的林主隐含着达成共同意见的交易费用增加，反公地悲剧的关键应该是强调形成一致意见的困难程度，而不在于指向集体行为的经济效率导向或是生态价值导向。

由此带给我们以下启示：一是中国集体林地的细碎化程度更高，人均林地面积更小，面临的反公地悲剧可能更严峻；二是依赖于社区自组织的形式实现林地资源的有效利用可能难以实现，随着中国老龄化加剧，新一代农民可能打破了原有社区或乡村社会网络的格局，乡村社会规范的弱化与人际关系的解构都可能增加社区林地自组织治理的难度，而且随着农民对林地依赖程度降低，林地被闲置的可能性增大，反公地悲剧加重。

第九章　集体林地规模经营的政策优化路径

集体山林的“均山制”改革以保障公平、维持稳定为底线，配套改革不断扩大林业经营效益实现的空间，在公平的基础上最大限度地兼顾效益才是新一轮林改的真正内核。“均山制”改革实现了集体林权的公平分配，并通过林权流转制度建设和市场培育，引导林地细碎化经营走向规模化，降低效率损失以实现公平与效率在农户与政府间的双重兼顾。实践调查发现，尽管影响农户林地流转的因素众多，但关键门限变量的作用更值得重视，为改善林地细碎化经营格局，促进林地规模经营，农户林地流转行为门限的表征反映到实践上引申出的问题主要在以下六方面。

第一，农户林地流转意愿低，推进林地规模化的任务仍然紧迫。无论是从集体林权改革监测数据看还是从课题组的调查样本情况看，农户的林地流转意愿都较低，且存在进一步降低的趋势。从宏观上看，当前林业经营呈现出超小规模的小农经济与工商资本进入的大规模生产并存态势，就样本地区测算结果来看，现有不同树种的林地经营面积均远未达到最优规模，林地细碎化经营的特征仍未得到明显改善，超小规模经营模式的局限性将日益展现出来，如果林地流转不能得到有力推动和支持，集体林业的自身发展及其对国民经济的支撑作用将受到很大挑战。

第二，避免林地规模盲目扩大，“三过”现象普遍存在。由于不是所有的树种经营都存在明显的规模报酬或规模经济，对此需要避免规模扩大的盲目性。然而，2003 年中央加快林业发展决定出台后，一些先知先觉的社会资本抓住机遇，以较低的成本进入林业并取得长期的、大范围的林权，从而催生了林权流转面积过大、价格过低、期限过长的“三过”问题，损害了集体组织成员利益，导致严重的山林纠纷。因此，根据不同区位、不同树种以及林地的不同功能定位，确定林地流转和经营规模的适宜标准和浮动范围，防范盲目扩大规模的经济生态风险，尤其要防止林地规模化成为基层干部的绩效指标而以行政介入方式推动，进而导致林农权益受损。

第三，林权交易成本过高催生非正式交易普遍存在。尽管林农习惯熟人介绍、现场交易，不会也不太愿意运用现代信息手段交易，进场交易的意愿很低，然而，我国尚未形成完整的自下而上的市场交易体系，市场交易信息来源不足，交投不活跃，各方参与度不高，流转竞价不充分。因此，政策扶持的重点应着力于推动家庭经营林地的转出，需要有效降低林地流转的交易成本，提升林地流转的信息化程度。

第四，权力寻租与社会排斥。集体林地的承包经营权、处置权和收益权等权利都归集体所有，农民只享有集体林的部分收益权，这会导致：一方面，村干部的权利寻租。集体林低价转包或出租，农民利益受损。由于社会资本的投资需求借助了地方基层政府的经济增长需求，在村委会的组织下，合力推动了林地大规模流转。另一方面，社会排斥。集体林承包经营权的竞标要求对普通农民形成排斥，不具备竞标的可能性。

第五，林地用途监管与生态安全防范。林地流转后继续用于林地经营的比例并不高，很可能转作他用而影响森林覆盖率。另外，大规模林地流转种植速生树种危及森林生态安全，适当限制短周期树种的扩张速度，特别是大规模造林，引导社会造林向长周期、阔叶林、混交林树种发展，加强对超大规模林业经营的监管，有效防范或降低生态环境风险。

第六，林地流转价格机制不完善与流转增收效应待检验。部分地区的林地流转的定价机制随意性强，缺乏地区最低指导价，流转价格低、期限长直接关系到农户的长期收益预期。森林资源资产的评估机构缺失，评估费用过高，导致集体林权流转群众不愿意评估，而且金融机构找不到有资质的专业评估机构和评估人员，导致一些评估机构滥竽充数，评估结果偏差大，林权处置和变现难等问题。另外，农户参与林地流转获取的租金对农户福利的长远影响还有待进一步观察，毕竟不是所有树种经营的林地流转都能实现共赢，在林地流转中如何保护普通农户的林权权益需要政府给予关注。

显然，内生门限值不是完全固定的，可能会因地区经济发展水平、林地资源条件和村庄文化习俗等条件的不同而呈现差异性。不考虑处于生存边缘的农户群体，制约林地流转的关键仍在于转出收益有限与转入规模经营的增收不足，那么，也就意味着在经济发展程度更高的地区，农村基础设施或公共服务相对较为完善，农户转出林地实现的规模报酬相对较高，转入行为决策的门限与不发达地区也就会不同，而且林地依赖因经济水平而呈现的地区差异也会对农户林地转出门限产生影响，农户林地流转行为决策存在地区经济依赖。另外，从林地资源条件看，由于土壤肥力、坡度等自然条件的差异，同一树种经营的收益也会不同，也就意味着通过规模经营实现的规模报酬也就存在差异。考虑两种极端的情况——林地禀赋极高和极低的情况，从林地利用效率的角度看，规模经营与细碎化经营的产出水平差异就较小，因而，农户林地流转行为的决策门限也就存在林地禀赋依赖。如果再加入村庄传统文化习俗的非正式制度影响，农户行为门限特征会更为复杂，与保持社区风貌和传统习俗的村庄相比于受工业化与城镇化冲击而人际关系瓦解的村庄，农户林地流转行为决策更依赖于经济收益权衡，其门限特征也会呈现差异，因而存在社区传统依赖。

从理论分析与实证估计结果看，为改善农村集体林地细碎化经营格局，推进规模经营，需要激活林地流转市场，依据农户林地转出与转入行为的门限效应，政策激励除了普适性的进一步明晰产权、完善集体林“三权分置”、降低林业税费、推进森林保险等措施外，根据农户林地流转行为门限的情境依赖性，主要从不同林改模式、不同经济发展区域、不同生态区域三方面讨论促进林地规模经营的政策优化路径，涉及的内容主要包括以下几方面：一是供需双方的激励。可从林地供给方，即林地转出方，和林地需求方，即转入方两方面来讨论引导集体林地规模经营的基本策略。从林地转出方引导林地规模经营的策略侧重于林权资本化和林权市场化，而从林地转入方引导林地规模经营的策略侧重于林权组织化和林业经营的“政经分离”。二是分树种经营的激励。由于不是所有树种经营都存在规模依赖，农户林地流转行为决策的门限可能是外生的，无法触发门限而难以激励林地流转积极性，对此，需要考虑不同树种的规模经营策略。三是制度弹性的考量。结合农户政策需求的优先序，探讨深化集体林权改革的制度弹性。

一、不同林改模式下的优化路径

在新一轮集体林权制度改革中，不是所有地区都选择了“分山到户”，即“均山”，沿海发达地区仍维持集体经营，采取“均股均利”但“不均山”的制度安排，即“分股不分山、分利不分林”形式，如广东、浙江和福建的部分地区，其中以广东省的林改方式最为独特。2008 年，广东省颁布了《广东省人民政府关于推进集体林权制度改革的意见》，开始实施新一轮集体林权制度改革，将自留山、责任山进一步确权到户，一些生态区位重要、不适于分山到户的林地采取“均股均利”的方式，而且将经营收益的 70% 以上均分到农户。以“均股”方式按人头分配给村民，以“均利”方式按股份分配经营收益；已流转集体山林和国有林地，则维护现有经营格局，但要将利润与村民分享。并且，无论采取何种形式，都要经村民会议 2/3 以上或村民代表会议 2/3 以上成员同意，方可实施。总体上，新一轮林改模式大体上就分为两种：以江西等地为代表的“分山到户”

和以广东等地为代表的“均股均利”。

1.“均股均利”改革下的林权组织化

“均股均利”制度安排下的林地流转需要加强组织化管理。行使“集体所有权”的产权主体模糊及“集体所有权”在集体内部的非排他性，导致集体统一经营的经营主体激励不足，也就容易发生暗箱操作，村集体对统管山林的流转未经大多数村民讨论，不公开透明，程序不合法。对此，选择联户、村小组或村集体经营的情况，需要加强林权组织化与乡村治理，主要指林业生产经营的组织化管理。集体林的经营管理需要集体成员的共同决策，经过村民会议 2/3 以上成员或 2/3 以上村民代表同意，通常有两种表决方式：一是由集体经济组织 18 周岁以上全体成员中 2/3 以上表决同意；二是由集体经济组织每户的代表参会，代表 2/3 以上表决同意。根据《村民委员会组织法》规定，村民代表是由村民按每 5 户至 15 户推荐一人，或由村小组推荐。另外，对农村集体经济组织成员资格的确认在国家和地方尚未有统一的规定，一般以户籍为原则，结合当地实际情况来划定。在保障林农权益的情况下“集体”内部还面临组织成本和协商成本的问题，而且集体行动的困境和权力寻租，影响集体林的有效管理。

维持集体经营的林地可考虑的管理方式：①通过委托代理的方式聘用合适的职业经理人来负责林地的经营管理，既能降低林地细碎化的经营成本，又能实现规模经营收益，避免因林地流转而获得的有限收益以及未来的社会风险。引导“均山制”改革下的农户走向小组或联户经营，同样以聘用职业经理人的方式来改善经营困境。②负责集体林经营的职业经理人既可以从村集体内部产生，也可以聘用外来人员，相同条件下应鼓励和支持本村人员。一方面，引入竞争机制，对职业经理人聘期内的经营效益进行评估，从而决定续聘与否；另一方面，建立监督制度，由于林业生产周期较长，林业经营损失的社会风险较大，村集体成员需要对职业经理人的林业经营行为进行必要监督，避免损失、影响社会稳定。尤其要注意防止权力寻租和委托人与代理人合谋带来有损农民利益的行为。

另外，鉴于森林资源是公共池塘资源中的一类，根据奥斯特罗姆（2009）关于治理公共池塘资源的理论经验和实践基础，构建社区产权制度有利于提高集体统一经营管理的效率。参照长期续存的公共池塘资源制度中所阐述的设计原则，可以提出集体林地社区治理的制度安排（见表 72）。这里的“设计原则”是一种实质要素或条件，有利于集体林地等公共池塘资源的可持续利用。

一是林地边界必须是清晰的。无论是“未分”的集体林地还是已经“分山到户”的集体林地，林改一直致力于明晰林地产权，明确林地四至边界，确保林地利用的排他性，防止“外来者”侵占资源，避免公地悲剧或反公地悲剧。这里的“外来者”包括占用资源以外的所有群体、外村人员和政府官员。

二是占用和供应规则需切合当地条件。在社区产权内部，成员具有利用集体林地资源的权利，对获取资源的数量、途径或方式以及时间段都需要明确，比如林木采伐需要进行整体规划，即使集体林地统一流转出去了也需要给予当地村民获取一定资源的权利或条件。另外，林下经营权的分配也需要明确，由于林下经营存在明显的地理依赖，对此，经营权分配与管理需要结合当地林地资源条件。

三是集体选择的安排。制度变迁需要适应外界环境的变化，需要对不合时宜的规则进行调整，社区产权内部人员都有参与修改和完善林地资源利用或管理的权利，大家共同遵守，即使信誉是重要的，成员都认同遵守规则，但信誉并不足以形成长期稳定的合作关系，对此，集体林地资源利用规则需要不断完善。

四是监督。集体林地资源的管理需要成员参与监督，相互监督，每个成员既是占用者，也是监督者，相互约束对方的资源利用行为，维护集体利益。

五是分级制裁。违反规则的成员要受到制裁，一般情况下可由乡约民规处理，确立惩罚机制有利于保障资源的可持续利用。一旦占用者做出权变式的自我承诺，便有了监督其他人行为的动机，为的是使自己确信社区成员的大多数都遵守规则。权变式的自我承诺和相互监督两者是相互补充的。

六是冲突解决机制。当集体林地占用者之间或者占用者与地方政府官员之间存在冲突时，社区共识或地方共识的非正式制度往往是有效的解决之道。社区产权运行更多依赖于非正式制度。随着农村劳动力转移与城镇化的冲击，农村社区乡约民规逐渐瓦解，遵守规则与监督难度加大，对此，需要重塑农村社区共识，维护社区集体利益而不是部分成员利益。

七是对组织权的最低限度的认可。农村社区内部形成的规则最终需要得到地方政府或国家的认可，才有可能得以实施。2/3 以上村民代表同意原则在很大程度上保障了集体统一经营林地的“自治权”，降低了外部权利的挑战，地方政府需要确保集体林地经营决策环境的公平、公开。

通过以上原则，在维护村集体利益的情况下，保障村民享有的林地权益，尽可能降低内部协商成本，以提高林地规模利用效率。

表 72　集体林地公共治理的原则与要求

原则	具体要求
林地边界清晰	集体林地产权的边界必须要明确界定，有权利用集体林或集体林地资源的个人或家庭也必须要明确。
占用和供应规则需切合当地条件	时间、地点、技术和资源单位数量的占用规则，应该与当地条件及所需要的劳动力、物资和资金的供应规则相协调。
集体选择的安排	绝大多数受操作规则影响的个人或家庭应该能够参与对操作规则的修改和完善。
监督	积极检查集体林地资源状况和占用者行为的监督者，或是对占用者负有责任的人或家庭，或是占用者本人。
分级制裁	违反操作规则的占用者很可能要受到其他占用者、有关政府职能部门官员或这两者的分级制裁（制裁的程度取决于违反内容及其严重性）。
冲突解决机制	占用者和相关职能部门官员能够迅速通过成本低廉的地方公共论坛来解决占用者之间或占用者与官员之间的冲突。
对组织权的最低限度的认可	占用者涉及自己制度的权利不受外部政府权威的挑战。

2.“分山到户”改革下的林权资本化

基于林业资源的基本属性及其产业特性，规模化经营是实现林业产业发展的基本途径。“均股均利”模式下的承包大户或企业虽然具有规模化经营的优势，但不完善的林权交易市场导致林权交易成本的增加阻碍了林业的规模化发展。“均山”模式下的林农不仅面临不完善的林权交易市场的约束，同时还受到其自身行为能力、要素市场与产品市场的发育与规模、金融与信贷市场的不完善等方面的限制，其规模化经营应建立在多样化经营的基础上，创造条件鼓励合作组织、企业或林场开展林业经营。

林业生产长周期是一把“双刃剑”。一般而言，林业生产长周期制约了农民的投资收益，农民的农地依赖度要高于林地，农地对农户家庭具有相对更高的社保功能价值，在农村劳动力转移和农民分化的背景下，林地流转应该更为活跃。然而，林地价值提升在对农户林地低流转意愿的行为影响中，很重要的一点还在于林业生产长周期降低了组织生产的频率，能够避免劳动力不足的约束，而流转租金相比于不断上涨的土地增值预期与林业收益预期，对农户的吸引力明显不足，不同树种经营特征的差异反映到农户对林地流转或合作的依赖不同，以林地要素入股来实现林地集中更能够迎合农户需要。

林权资本化主要是指将林地承包经营权资本化，罗叶（2009）认为，土地承包经营权资本化就是农民将自己的土地承包经营权作为资本，进入要素市场，以各种形式获得土地的资本化收益。对于难以触发林地流转发生门限的农户可以鼓励以要素入股形式的林地流转或合作，强化林地财产性功能 [1]，以提高农户参与林地流转或合作的意愿，规避地租经济的区域依赖。林权的资本化不仅能保障农民收益权，而且能提高林地资源的配置效率，但存在一个前提就是完整清晰的林业权能而且完善的林权交易市场，林改已经满足了前者，但后者仍然需要进一步推行，林权的资本价值提升很大程度上依赖于林权交易市场的成熟程度。但林权资本化能够使农民获得林业经营的未来收益，真正实现收益权的保障和农民增收，特别是在土地生产要素功能和社会保障功能都逐渐让渡于财产性功能的背景下，林权资本化无论是在农村社区稳定与林业发展，还是对劳动力转移等宏观经济影响方面，都具有重要的意义 [2]。

需要的政策支持：①“均山制”改革下，需要引导林业收入低与依赖度低、对林业经营意愿不强的农民群体的林地向经营能手集中，搭建林权交易平台、规范林权流转，保障双方权益。而且，对林业具有高依赖度的农民群体，需要给予发展林业合作组织更大的政策支持，鼓励开展与当地条件相适应的要素资本化经营。②林业社会化服务的跟进方面。林业经营的阶段性较为明显，在农村劳动力大量转移的背景下，高依赖度与高林业收入的农民群体面临雇工困境，而林业经营的专业化社会服务如专业的种植队、管护队和采伐队，能够有效弥补这一不足。林业生产服务的外包，使得经营大户等同于“职业经理人”，从而进一步降低经营风险和保障经营收益。

二、不同经济发展区域下的优化路径

人口压力是影响农村土地流转的关键因素，那么地区经济发展程度差异也就在很大程度上决定了农户林地流转行为的门限差异。经济发展程度越高或市场经济越发达的地区，农户对林地的依赖度就相对越低，农户转出林地的意愿也就相对较高，林地流转发生门限和流转率门限相对也就越低，进一步完善林权交易制度、降低林地流转成本能够促进农村林地流转。然而，欠发达地区，尤其是贫困山区，林地仍是农户的生存保障，

[1] 其实，政策文本多次提及以要素入股的林地集中，《关于进一步放活集体林经营权的意见》（林改发〔2018〕47 号）中指出，推广集体林资源变资产、资金变股金、农民变股东的“三变”模式。入股形式的流转或合作面临收益低于固定租金的风险，执行效果还与市场成熟程度相关，但股份制改革应该是推动林地规模经营的重要方向，还需要继续巩固。

[2] 林业股份制改革可参见附录 3 中的案例三。

农户对林地的依赖度较高，从而转出林地的意愿相对较低，即使参与林地流转更倾向于私下交易，促进林地规模经营更多可能依赖于合作，需要提高农户营林能力，引导合作经营。

1. 市场经济发达地区的林权市场化

新一轮集体林权制度改革的初始产权配置满足了农户的公平需求，但引发了赋权与权能不符的配置扭曲，改善的途径通常是林地流转，尽管农户林地流转的意愿较低，但并不能否定林地流转的可能性，在林权市场竞争与采伐管制的条件下，农民林地流转实现的可能性仍然较高，对于触发林地流转发生门限，但仍落入低流转率区域的农户，需要进一步完善林权交易制度，降低林地流转的交易费用，特别是村集体林地流转，引入市场竞争机制（包括拍卖、招标等）有利于集体林价值保护，如广东和浙江地区，但需要给予本村农民承包优先支持。其次，在林木流转方面。实地调查显示，农民的林木流转意愿较高，由于单个农户的林木采伐成本和运输成本较高，关键是获取采伐指标比较困难，农户倾向于流转林木或青山买卖，认为企业或木材加工厂在获得采伐审批上更具有优势。

林权市场化需要政策支持：①完善林权交易市场。林业产权交易逐渐受到政府重视，林权交易中心的建设也得到加快，但通过宣传提高农户认知、完善和发布交易信息等具体操作仍然还处于起步阶段。需要建立林权管理信息网络。通过各种渠道调查、搜集林权流转的供给和需求、市场价格等信息，并加以统计、分析和预测，对外进行发布，使广大农户和有意投资林业的经营者及时、准确地获取可靠信息，沟通市场供需双方的相互联系，为达成林权合理流转创造条件（孔凡斌、杜丽，2008）。②完善林权交易规则。非正规林权交易渠道的违约风险较大，在信息不对称的情况下，交易双方的利益都容易受到侵犯，通过完善林权交易规则，保障交易当事人的合法权益，林权市场化交易有利于交易稳定和降低违约风险。③创建良好的林权交易环境。调查发现，农户认为通过林权交易中心实现林权流转的交易成本高，更趋向于选择自主交易，对此，在制定公平的市场交易规则的基础上，更需要完善交易程序，简化交易流程与合理制定收费标准。④加强林地权属管理。林业主管部门依法在登记造册的基础上，核发证书，予以确认。权属发生变更，要依法更换证书，有效地保护经营者的合法权益。

总体上，对于少数高于门限值的情况：一是对转出户而言，进一步规范林地流转程序和流转合同，降低流转过程的交易费用和未来可能因林权纠纷而产生的交易费用，稳固农户林地转出积极性；二是对转入户而言，鼓励农户走向家庭林场或联户经营，林业金融方面的配套政策服务有利于提高营林收益增量，稳固林地转入积极性。

另外，通过门限效应检验发现，在经济发展程度较高的地区，农户对林地依赖度很低的地区，如沿海地区，林地流转租金对家庭福利的边际影响趋于零甚至为负，通过明晰产权、提供流转信息等降低交易费用的政策服务促进林地流转都可能失效，对此，也可考虑行政干预，在保障村民利益的基础上，村集体按照流转政策程序，组织流转，由地方政府负担交易费用，农户分享流转收益。行政资源由鼓励农户林地流转向组织农户林地流转配置。在农户对林地依赖度一般的地区，如广东粤北山区，土地承载了一定的价值功能，既可能通过提高农户的非农收入或非农转移程度，促进林地流转，也可能根据地区林地资源禀赋，鼓励农户走向合作，无论是流转还是合作，都需要一定示范来引导行政资源的具体配置。

经济发达地区的林权市场化需要定价机制，确定合理的林地流转价格。在林权流转过程中，林地资产的评估是关键，需要建立一个可操作的林地评估系统，真正形成省—市—县的评估机构，统一培训各级评估人员，尤其是提高基层评估人员的实际操作能力、水平和公信力。确定各种类型林地的公允价格，在此基础上，各地可因地制宜制定本地区的林地流转最低保护价格。同时，简化评估程序，努力降低评估成本，以确保林地流转的科学性、规范化和可操作性（孔凡斌、杜丽，2008）。

2. 市场经济欠发达地区的林权合作化

市场经济欠发达地区市场不完善，林业经营主体参与市场交易的成本可能更高，林权资本化和市场化创新的成本也可能更高，因而各经营主体可能更倾向于林业合作组织与经营方式的创新。

市场机制的作用要求林权能够自由流转，资源才能从评价低的地方流向评价高的地方；另外，林业生产更强的规模性诉求需要林地作为生产要素能够自由流转，提高资源的利用效率。林业生产的长周期与高风险性需要林权抵押与保险为支撑，以提高农民参与生产经营的行为能力；林业经营的多重效益需要政府给予经营者内部化外部性的激励，增进社会福利。未来改革的方向应该从关注分权转向赋权的讨论，林改被视为“还权于民”的过程，对制度安排有效与否的判断很大程度上取决于该制度下行为主体是否得到有效激励，而赋予农民完备的林业产权不仅是促进林业发展的现实需要，同时也是保障农民权益的必然要求。尽管从实证结果看，集体林地流转政策效力增强了农户对林地的持有能力，强化了禀赋效应，制约了林地流转，但不意味着要降低政策效力以缓解禀赋效应对林地流转的负面影响，毕竟林地集中还可通过合作来实现，改革需要深入，只是政策作为一项稀缺资源需要进行合理匹配，重视政策供给的优先序。

一是政策供给需更多关注农户营林方面。政策作为一项资源也需要强调配置效率，基于农户需求的视角，在提升农户林地产权行为能力方面给予更多政策支持，如造林补贴、政策性森林保险、林业科技支持等，有利于提高农户林地资源的利用效率。二是加大对林业合作经营的政策支持力度。由于农户持有林地的意愿高，转出意愿低，通过鼓励农户间林地流转以缓解林地产权错配的政策难以奏效，而农户对林业合作经营政策的需求意愿明显高于林地流转政策，政策支持也可通过引导农户营林合作的途径实现林地权能匹配。尽管合作可能面临较高的交易成本，而且合作形式可能受地理环境、林地资源、经济条件等因素的影响而呈禀赋依赖，难以大范围地推广，政策执行成本较高，但政策支持确实需要鼓励合作创新，不仅可以平衡村庄内部的营林收入差距，而且有利于促进改革政策惠及更多农户，如林权抵押贷款。三是政策供给呈现梯度性。制度的结构性特征强调政策供给的系统性，从农户政策需求的优先序看，营林政策支持有助于经营规模提升，而林业金融服务又存在林地规模依赖，毕竟单个农户对森林保险和林权抵押贷款的需求较低。深化林权改革的政策供给应有所侧重而不是全面推进，渐进式改革不仅要求区域层面推广的渐进，也需要重视农户对政策需求的先后顺序。

在农户对林地依赖度很高的地区，如贵州黔东南地区，土地承载的福利功能较强，配套政策如林权抵押、森林保险强化了农户的林地财产性权利，如前文所述，政策鼓励可考虑林权资本化，通过林地要素入股以分享增值收益的合作形式来实现林地整合，而不是以获取流转租金的出租等流转形式，如贵州六盘水的“三变改革”，行政资源向林地经营合作方面倾斜。林地合作化还可借鉴农业共营制的实践经验尝试林业共营制。在农村劳动力不断转移的背景下，四川崇州试验的“农业共营制”模式，以培育农业职业经理人队伍推进农业的专业化经营，以农户为主体自愿自主组建土地股份合作社推进农业的规模化经营，以强化社会化服务推进农业的组织化经营（程国强等，2015），来解决新时期“谁来经营”“谁来种地”“谁来服务”三个难题。实际上，该模式的成功已推广到林业，开始推行林业共营制，培育林地（木）股份合作社，解决农民“既不失地，又不失利”问题，培育林业职业经理人，解决农民“不会管理，低效管理”问题，构建林业综合服务体系，解决“为谁服务，谁来服务”问题，探索实践“林地（木）股份合作社＋林业职业经理人＋林业综合服务”三位一体的“林业共营制”新型林业经营体系[1]。这项制度安排是林业合作经营制度的创新，有条件的地方可尝试推广。

三、不同生态区域下的优化路径

由于林业生态功能具有外部性，各经营主体在实现其决策目标时较少考虑林业的生态功能。虽然林业的分类经营制度在一定程度上可以保证林业的生态功能，但新一轮集体林权改革主要是针对商品林，公益林产权主体及其产权结构的界定值得进一步的关注。林业分类经营本身就考虑到了林地的生态区位特点，商品林侧重于木材供给，而生态公益林侧重于保障生态安全，然而，实际上，林业天然的生态功能无论在商品林还是生态公益经营上都是存在的，由于生态公益林和商品林并不是完全割裂开的，在生态脆弱区划分有商品林，而在木材供给区又划分出生态公益林，从而在不同生态区域内的林地流转带来的生态效应可能就不同，尽管林地流转以促进规模经营的初衷在于提高林地利用效率，侧重于经济效率，但生态文明建设背景下也需要尽可能兼顾生态效益。

1. 生态脆弱区的林地流转补偿市场化

生态脆弱区的林地规模经营主要在于实现生态效益，更多依赖于国家或地方政府的财政补贴，提高森林生态补偿标准，变相将商品林流转给地方政府，只是获取租金是行政标准，然而，森林生态补偿的标准相比于市场化的林地租金或采伐收益都太低，农户“转出”林地的意愿不高，对此，需要将生态脆弱区的林地流转补偿市场化。一方面，可通过引入市场机制，多渠道拓展生态公益林补偿金的融资体系。生态公益林的公共物品特性使其提供的生态服务具有显著的外部性，直接或间接的受益者从中获得的生态效益难以在市场中直接反映出来。根据“谁受益，谁补偿”原则，通过市场机制将生态效益的外部性内部化，生态效益的受益者也应该作为生态公益林的补偿主体之一。

可从以下方面拓展补偿资金的来源渠道。一是通过开征生态税的方式向直接或间接受益人收取生态补偿费，如：学习德国、日本、巴西等国家征收生态税、电力税、水源税和生态增值税等。二是开展森林碳汇项目交易。随着《京都议定书》的生效，森林碳汇项目交易日益增多，比如广东省已有森林碳汇项目交易，但还未形成森林碳汇贸易市场及科学的温室气体减排评估标准。哥斯达黎加的碳补贸易较为成熟，可借鉴其先进经

[1] 国家林业和草原局发布的《关于进一步放活集体林经营权的意见》（林改发〔2018〕47号）提出，将成都市探索出的“林业共营制”经验向全国推广。

验，构建森林碳汇贸易市场。此外，经济发达地区还可以通过发行森林彩票、债券、票据、社会捐赠、国际贷款、BOT 融资（特许权投融资）等方式，为禁止经营区生态公益林筹集补偿基金。

另一方面，发展森林生态旅游，内在激励农户林地集中。在不改变公益林地（含防护林、特用林）林地用途和现状前提下，可以进行流转。借鉴国外林地细碎化的治理路径，随着居民对森林生态需求意愿的不断提高，本研究可从乡村重构的视角鼓励发展森林生态旅游，竹林和果园相对于其他树种又具有开发优势[1]，即使在细碎化经营格局下，通过旅游开发也能提高林地整体利用效率，毕竟大规模化单一树种经营的生态风险更高。特别是在快速城镇化与工业化背景下，中国乡村地域发生巨大变化，农村现代化受到了极大关注，然而，乡村振兴显然不是要求农村与城市同质化，不是城市发展模式在农村的复制或延伸，而需要重视乡村的根源性，重构其功能和价值。基于乡村重构的集体林地规模经营，着力于生态、生产和生活，更尊重乡村本身的风貌，以森林生态旅游发展为推动，提高村庄社会福利，重构乡村与城市的联系与互哺，林地作为村民生存、生产、生活的“三生”要素，乡村重构需要从林业生产空间、森林生态空间、乡村生活与文化空间，重构乡村经济价值、生态价值、社会与文化价值，从而增强村民的乡村文化自信和发展道路认同。

2. 非生态脆弱区的采伐管制放松与“政经分离”

首先，采伐管制放松。非生态脆弱区的商品林可进一步细分为纯商品林和一般商品林。纯商品林经营主要目的就是经济收益，采伐限额制度不仅降低了转入林地的规模收益，还可能产生权力寻租。林地流转率低也在于转入方的收益增量不足，放松采伐管制能够提高林地转入方的经营收益，从而激发转出积极性，应当尝试取消对成熟林的采伐限制。

国家林业与草原局《关于进一步改革和完善集体林采伐管理的意见》（林资发〔2014〕61 号）指出“完善采伐指标的分配管理、简化林木采伐的审批手续、推行简便易行的伐区设计、改进采伐作业的监管方式”。农户获取采伐指标的难度是影响农户林地流转发生率和林地流转率的重要门限变量。采伐限额仍统一控制，也就可能造成当林木成熟后，却不一定能申请到采伐指标，制约了林权市场价值的实现，放松采伐管制有利

[1]　从林业分类经营的角度看，保障木材安全主要在用材林的规模经营，而追求其他效益不必一定要求林地大规模集中。可参见附录 3 中的案例二。

于林地要素流动。对此，可以尝试在统一采伐限额下，放松纯商品林的采伐管制，而适当收紧一般商品林的采伐限额。需要强调的是，商品林单一树种经营风险较高，不仅存在自然风险、市场风险，还可能引发生态风险，毕竟大规模的归一化的树种经营可能会冲击当地原有的森林生态系统，包括小气候与涵养水源等。对此，政府有必要控制超大规模的单一速生树种经营。另外，放活生态公益林的经营权。《关于全面推进集体林权制度改革的意见》指出，"对公益林，在不破坏生态功能的前提下，可依法合理利用林地资源，开发林下种养业，利用森林景观发展森林旅游业等"。一方面，适当放松生态公益林的采伐管制，比如抚育更新、间伐本身就是林木持续生长的需要，有利于提高生态补偿，促进农户参与生态公益林规模经营的意愿。

其次，林业经营的"政经分离"。在非生态脆弱区需要激发农户的林业生产积极性，以收益最大化为导向需要降低社区公共服务不足的约束，剥离社会功能，凸显要素的经济功能，为林地流转或规模化经营"松绑"。长期以来，中国农村地区实行"政经合一"的治理结构，农村党组织、自治组织和集体经济组织捆绑在一起，同时承担了多重社会功能，导致农村社区公共服务供给不足，尤其在基础设施方面，具有公共物品属性的基础设施建设转嫁给村庄农户承担，无疑加剧了农户的经营成本。制约林地流转的另一方面还在于转入方的收益增量不足，农村"政经合一"的管理体制降低了林地转入的收益增量，寻求补贴政策面临搭便车的现状，小规模林业经营者合作又面临集体行动的困境，也难以避免搭便车者的存在。一方面，合作组织内部成员可能会免费享受了他人努力的成果，如争取到的国家放松采伐管制、补贴等，这部分群体成为主动搭便车者；另一方面，合作组织外部的林主也享受到合作经营带来的好处，如道路建设、灌溉条件的改善等，这部分群体成了被动搭便车者，这些共同利益带有明显的外部性。从实证结果看，林业补贴和采伐管制在不同门限区域内对农户林地流转行为具有不同影响，从政策需求的优先序看，参与流转的农户对林业补贴政策和林业基础设施建设的需求程度更高。对此，激发林地转入需求的积极性需要推进"政经分离"的改革。

农村"政经分离"要求让基层中共党组织回归党建主业，自治组织回归社会管理和服务职能，集体经济组织回归集体资产经营管理职能，由地方政府承担农村基础设施建设，包括林道、灌溉、道路建设等，适当放松采伐管制，提高农户造林补贴标准，在经济比较发达和城市化水平较高的地区如广东、浙江推进"政经分离"改革，在有条件的地区进行推广示范，即使在不宜进行"政经分离"改革的地区，如经济发展相对落后的地区，也需要进一步完善农村社会公共服务建设，从农村剥离出林业基础设施建设交由地方政府或国家承担。另外，进行选择激励。暂时不具备“政经分离”的条件下，国家或地方政策红利可适当向村庄能人集中，降低转入林地的交易成本和经营成本，在保障普通农户基本权益的基础上，加大对林地转入户的政策支持，如林业金融服务、采伐限额、造林补贴等，鼓励林地向营林能人集中。

总体上，一是对于区位条件、经济条件等资源禀赋较好的区域，鼓励有技术、有资金、有能力的业主通过转让、租赁、吸纳入股等形式流转获得林权，创办各种类型的基地，在合理规划的前提下发展林下经济，提供就业机会，带动农户及产业发展，促进当地经济社会和谐稳定。二是对于偏远山区，可以通过国家财政补贴，引导林农联合组建家庭林场，利用林地资源开发多种经营，增加财产性收入。三是对于生态区位非常重要的区域，除了继续给予生态公益林补偿外，还可以引进一些环境保护公益组织参与流转，建立小型保护区，通过科学策划，开发特色旅游产品，既可以增加当地林农的财产性收入，又可以保障财产转移性收入。另外，加强林地流转用途管制。一方面，设定工商资本进入林业领域的准入条件（贺军伟等，2013）。一是对企业资质进行审核，查验企业是否具备应有的林业经营能力、资金实力、技术力量和管理团队等。二是对经营项目进行审核，审核是否符合产业政策与当地的产业规划。三是对土地流转等工作进行审核，检查林地流转是否依法有偿自愿，合同签订是否规范，确保林农权益不受损害。四是对林地利用进行审核，确保不改变林地用途，不破坏林业综合生产能力，排除非林化和有明显圈地占地意图的工商资本。另一方面，强化监督管理。建立健全跟踪监管机制，重点是监管流转林地的用途、流转林地租金的支付、工商资本注入林业的进度。按照“不改变所有权属、不改变林地用途、不破坏综合生产能力”的要求，严格林地用途管理，纠正改变林地用途的违规行为，禁止林地资源非林化。督促工商企业按照合同约定及时兑付林地租金，保障集体经济组织和农民权益。

最后值得强调的是，以上政策优化路径可以重叠，并不是完全独立的。比如“分山到户”改革方式下的农户林地流转也可以通过林权组织化来实现林地规模经营，欠发达地区的林地规模经营也可以通过林权市场化来实现，只是基于本研究的实践调查和实证分析，发现在以“分山到户”改革方式为主的地区，通过林权资本化可能更有利于促进农户林地流转，实现规模经营；而欠发达地区的农户林地依赖度较高，流转意愿较低，合作化经营更可能切合当地农户需求，以促进林地集中。政策本身是一项资源，也是稀缺的，改革应有所侧重。再者，林地规模经营的优化路径不是完全孤立的，也存在交叉。比如林权合作化本身也表示林权组织化，林权资本化也隐含着林权市场化，只是侧重不同，林权合作化强调农户联合的行为，而林权组织化则重视集体林管理方面。毕竟同一地区存在不同的林改方式，同一林改方式也在不同的地区呈现，需要重视政策制定与执行的弹性。

诚然，以上政策执行都存在自身局限，地方政府主导的林地流转存在损害农户自主交易权利和利益的风险，而营林合作又面临固有的集体行动困境，通过示范又可能不具有普适性，不可否认提高林地资源配置效率确实需要持续的努力，政策启示可作为一种尝试，发现潜在的可能。

结 语

在学术视野中，认识农户行为逻辑从来都不是一个容易的问题，无论是斯科特（Scott）的“实体小农”理论，认为农户行为动机在于满足家庭基本消费需要的生存伦理，还是舒尔茨（Schultz）的“理性小农”理论，强调农户行为仍在于追求利益最大化的经济理性，农户行为激励一直都不是简单的线性效应，只是要回答农户行为的全部逻辑过于复杂了，向新古典假设的回归，工具化效用确实极大地推进了农户行为研究，却又将逻辑解释推向了一项简单易操作的方程式而脱离了实际，转而丰富假设的“血肉”，切入“安全第一”原则又可能将逻辑解释引入农户落后、不理性的范畴而面临“庸俗论”的偏见。这种既不能以效用工具简单化又不能以生存保障复杂化的尴尬局面引发了农户行为逻辑研究的激励争辩。黄宗智折中了两方面的观点，认为中国农户既是维持生计的“实体小农”，又是追求家庭福利最大化的“理性小农”，问题的关键在农户禀赋，也就是农户“身份”本身[1]。一个农户以家庭消费为主的生产，则接近于“实体小农”，相反则更像是“理性小农”，由此将农户行为激励引向了非线性而规避了农户行为逻辑依生存伦理还是经济理性的争辩，这就为农户行为决策的门限表征提供了解释的可能，尤其在农村土地流转方面。

如何促进中国农村土地流转一直是农村改革乃至经济发展的重要议题。从全国农村土地流转的实际情况看，一方面，农村劳动力转移缓解了农村土地的人口压力，但土地流转依旧滞缓，即“人动”与“地动”不相关；另一方面，农村劳动力转移程度相近但土地流转率相差却甚远，即“人动”与“地动”不同步。结合理论推演，引申出来的猜想是农户土地流转行为可能存在门限效应，农村土地流转滞缓与流转率差异都可通过门

[1] “这些特性的混合成分和侧重点，随不同阶层的小农而有所区别。一个经济地位上升的、雇佣长工及生产有相当剩余的富农或经营式农场主，要比一个经济地位下降的、在饥饿边缘挣扎、付出高额地租和领取低报酬的佃、雇农，较为符合形式主义分析模式中的形象，而后者则更符合马克思主义的分析模式。”（黄宗智，2000）

限原理得以解释：当关键因素值未触发门限水平时，农户就选择不参与土地流转，即流转滞缓；即使该因素值触发了门限水平，但落在了低土地流转率触发区，农户土地流转规模小，即土地流转率存在差异。借此，以集体林地经营权流转为对象，本研究通过引入门限原理，揭示农户林地流转行为决策的门限特征，在检验林地流转门限效应的基础上，分析林地流转的触发条件，由此进一步厘清农户林地流转行为的逻辑线索及其政策寓意。

本研究的主要结论如下所示。

第一，集体林地经营出现两极分化态势，即经营规模细碎化与经营规模扩大化并存。集体林地流转面积占已确权林地面积的比重呈先上升后下降的趋势，其中，东部和中部地区的集体林地流转市场相对于西部地区更活跃，林改试点省份的林地流转相对较为活跃，而且，转让和出租成为林地流转的主要方式。分区域看，除了东北地区外，转出林地的农户量在其他地区均呈明显下降趋势。农户参与集体林地流转的积极性不断减弱，转出林地的意愿逐渐下降，在南方集体林区尤为明显。

第二，集体林地“三权分置”是相关利益主体博弈的新均衡。集体林地规模经营内生于利益主体对林地价值功能的诉求演变，林地流转或规模经营也不单纯是一项要素效用最大化的市场行为，还兼顾着多重利益诉求。推进林地适度规模经营是符合供给侧改革的内在要求，是顺应土地功能变迁的现实需要，是遵循制度变迁的路径依赖。集体林地规模化的实现路径依赖于树种或林种特征以及内生于林业规模经营的要素禀赋特征。

第三，在集体林地流转相关政策文本的解构语句中“行动”语句的有效性不足，但内容越发丰富。通过政策文本分析认识到一个悖论：集体林地流转政策预期的实现寄希望于激发农民集体林地流转积极性，而政策文本关于集体林地流转的行动措施本身却又未有效关切农民的利益诉求。通过政策文本内容分析可发现林地流转的主要演进特征：一是林地流转经历了从全面禁止到逐渐放松的过程；二是林地流转的权利内容从承包经营权衍生出经营权；三是林地流转的转入对象从单一个体，如专业户，到多元主体，包括合作经济组织、村集体、工商企业、家庭林场、新型职业农民；四是林地流转的产权功能从一项经济功能或福利功能的转让发展到一项财产性功能的转让；五是林地流转的政策工具逐渐从需求型向供给型与环境型转变。

第四，抑制农户林地流转的关键在于转出与转入意愿价格的不协调，流转意愿价格差异取决于环境变迁下林业经营收益的变化。木材价格的上涨预期、非木材收益的逐渐显现和林地的禀赋效应共同抬高了林地转出意愿价格，农户经营行为能力的提升则进一步增强了对林地的持有意愿。林地规模收益的增量有限制约了林地转入意愿价格的提升幅度。林地流转很容易陷入“流动性陷阱”，即无论林地转入方出价多高，农户都不愿转出林地。

第五，农户行为并不完全遵从于生产伦理或经济理性，关键在于农户所处的状态，行为门限具有情境依赖性。无论是期望效用理论的效用最大化还是前景理论的参照依赖，都隐含着农户行为决策存在门限特征，门限效应依赖于自身禀赋和外部环境，尽管无法识别出所有的门限变量，但行为门限原理却是普遍存在的，传统连续线性激励确实容易难以凑效，对于农户土地流转而言，采用非线性激励政策可能更满足农户心理需要。

第六，林地流转政策对林地流转具有非线性影响。禀赋效应源于个体对物品的占有强度和估价的不确定性，林地流转政策在提高林地产权强度，强化了禀赋效应的同时，明晰了土地价值，又降低了交易的不确定性，弱化了禀赋效应。从政策力度、政策目标和政策措施三方面对政策文本进行量化，运用门限模型估计得出，林地流转政策效力仅存在一个门限值，在门限值两端该变量对集体林地流转量分别存在正向与负向影响。再以农户的林业依赖度表示土地重要度来反映禀赋效应的估计看，当政策效力低于门限值时，农民的林业依赖度对集体林地流转量具有显著的正向影响，当政策效力大于门限值时，农民的林业依赖度仍具有正向影响，但影响系数下降幅度较大。政策效力不断提高，对集体林地流转量的影响逐渐减弱，即政策效力的提高总体上强化了禀赋效应，降低了农户转出林地意愿。

第七，农户林地流转行为决策存在门限效应。农户林地流转行为决策包括两个递进的过程：是否参与林地流转以及参与流转的林地规模。通过门限估计发现，在不同林地规模门限内，农户的林地依赖度对是否转出林地具有双向影响，但对是否转入林地和转出林地规模均保持正向影响，且当高于门限值时，影响更大；家庭务农劳动力数仅在一个林地规模门限内对林地流转行为具有正向影响，其他均为负向影响；采伐管制对林地转入的正向影响没有明显差异，但当低于或高于门限值时，采伐管制程度越高，农户林地转出的可能性更大；林地产权稳定性在门限值两端对林地转出规模分别具有负向与正向影响。

第八，农户林地流转的增收效应存在树种依赖。由于不同树种的轮伐期不同，与之匹配的农户生产经营能力也就不同。经营杉木与松木的农户通过林地流转能够实现收入增长与相对收入差距的缓解，但对经营果树而言，生产效率更高的农户从林地流转中获益更多，形成相对剥夺，农户间相对收入差距加剧；毛竹经营不存在规模依赖，林地流转也不存在增收效应。表明未触发林地流转门限的农户行为可能是外生的，推动这部分农户的林地流转相反可能不利于收入增长，毕竟不是所有的树种都依赖大规模经营，而对内生门限的农户激励需要政策匹配。

本研究力图将农户林地流转发生率低和流转率差异的表征统一纳入门限原理的框架中，重塑农户林地流转行为决策逻辑，并进行了实证检验与分析。这种尝试，在理论上有一定的探索性意义，然而，由于数据和理论认识等原因，仍存在一些值得讨论或需要扩展的地方。在暂不考虑交互效应的情况下，可尝试按经济发展水平分区域、分林种或树种，构建包括地块禀赋的面板数据，进行农户林地流转行为决策的门限检验，如果能再结合包含时间变量的跟踪监测数据进行检验，这对引导集体林地规模经营将更具有参考价值。在此，本研究更多是从改善林地资源配置以提高林地利用效率的视角进行的讨论，未考虑林地经营的空间结构，包括林下经济、森林生态效益等其他方面。本研究注意到了农户林地流转行为的门限特征，实证检验了本研究的猜想，但门限本身包含的内容也比较多，由于全国不同地区和跟踪监测的数据获取困难，本研究没有在以上方面展开分析，这确实是一种遗憾，当然，这也是以后研究需要进一步努力的方向。

附录 1：政策文本

表 1　土地流转的法律法规与中央政策文本

文件号	文本名称	文本内容	文本编码
相关法律	《宪法》（1982年通过并实施，1988年修订）	第十条第四款：任何组织或个人不得侵占、买卖或者以其他形式非法转让土地，土地的使用权可以依照法律的规定转让。	1988–10–4
	《土地管理法》（1987年开始实施，1988年、1998年、2004年修订）	第二条：任何单位和个人不得侵占、买卖或者以其他形式非法转让土地。土地使用权可以依法转让。	1988–2
	《森林法》（1984年通过并实施，1998年、2009年修订）	第十五条：森林、林木、林地使用权可以依法转让，也可以依法作价入股或者作为合资、合作造林、经营林木的出资、合作条件，但不得将林地改为非林地。	1998–15
	《农村土地承包法》（2002年通过，2003年实施）	第二十六条：承包期内，承包方全家迁入设区的市，转为非农业户口的，应当将承包的耕地和草地交回发包方。	2002–4–26
		第三十二条：通过家庭承包取得的土地承包经营权可以依法采取转包、出租、互换、转让或者其他方式流转。	2002–5–32
	《物权法》（2007年通过并实施）	第一百二十八条：土地承包经营权人依照农村土地承包法的规定，有权将土地承包经营权采取转包、互换、转让等方式流转。流转的期限不得超过承包期的剩余期限。未经依法批准，不得将承包地用于非农建设。	2007–128
中发〔1980〕75号	《关于进一步加强和完善农业生产责任制的几个问题》（1980年）	第六点：（1）要保护集体财产，不可拆毁平分，迅速确定林权，禁止乱砍林木；（2）重申不准买卖土地，不准雇工，不准放高利贷；……。	1980–75–6

续表

文件号	文本名称	文本内容	文本编码
中发〔1982〕1号	《全国农村工作会议纪要》（1982年）	第四点：社员承包的土地，不准买卖，不准出租，不准转让，不准荒废，否则，集体有权收回。	1982–1–4
中发〔1984〕1号	《关于一九八四年农村工作的通知》（1984年）	第三部分第一条：鼓励土地逐步向种田能手集中。社员在承包期内，因无力耕种或转营他业而要求不包或少包土地的，可以将土地交给集体统一安排，也可以经集体同意，由社员自找对象协商转包，但不能擅自改变向集体承包合同的内容。转包条件可以根据当地情况，由双方商定。……。自留地、承包地均不准买卖，不准出租，不准转作宅基地和其他非农业用地。	1984–1–3–1
		第八部分：根据国家或集体的安排，在荒山、荒沙、荒滩种草种树，谁种谁有，长期不变，可以继承，可以折价转让。	1984–1–8
中发〔1986〕1号	《关于一九八六年农村工作的部署》（1986年）	第四点：随着农民向非农产业转移，鼓励耕地向种田能手集中，发展适度规模的种植专业户。发展林业要持之以恒，以短养长。	1986–1–4
中发〔1987〕5号	《把农村改革引向深入》（1987年）	第一部分第四点：双层经营、承包经营、租赁经营、合伙经营、股份制经营、不同所有制间的联合经营等，体现了生产资料所有权和使用权既统一又分离、不同所有制交叉融合的趋向。	1987–5–1–4
中发〔1987〕20号	《关于加强南方集体林区森林资源管理坚决制止乱砍滥伐的指示》（1987年）	第三点：已经分到户的，要以乡或村为单位组织专人统一护林，积极引导农民实行多种形式的联合采伐，联合更新、造林。	1987–20–3
中发〔1988〕2号	《关于夺取明年农业丰收的决定》（1988年）	第九点：少数确实具备条件的地方，在尊重群众意愿的情况下，可以引导农民实行适度的规模经营，以进一步提高农业劳动生产率。	1988–2–9
中发〔1990〕18号	《关于一九九一年农业和农村工作的通知》（1990年）	第一点：少数确有条件发展农业适度规模经营的地方，根据群众的意愿，可以因地制宜地作适当调整，但决不可不顾条件强制推行。	1990–18–1

续表

文件号	文本名称	文本内容	文本编码
中发〔1993〕11号	《关于当前农业和农村经济发展的若干政策措施》（1993年）	第一点：在坚持土地集体所有和不改变土地用途的前提下，经发包方同意，允许土地的使用权依法有偿转让。	1993–11–1
1993年中共中央十四届三中全会	《关于建立社会主义市场经济体制若干问题的决定》（1993年）	第三十一点：在坚持土地集体所有的前提下，……，允许土地使用权依法有偿转让。少数经济比较发达的地方，本着群众自愿原则，可以采取转包、入股等多种形式发展适度规模经营，……。	1993–31
中发〔1994〕4号	《关于1994年农业和农村工作的意见》（1994年）	第三部分的第二点：重点抓好延长耕地承包期和土地使用权有偿转让等政策的贯彻落实。……如何发展多种形式的适度规模经营，研究土地使用权依法有偿转让的具体规则。	1994–4–3–2
中发〔1995〕6号	《关于做好1995年农业和农村工作的意见》（1995年）	第八点：要逐步完善土地使用权的流转制度。	1995–6–8
中发〔1995〕7号	《关于稳定和完善土地承包关系的意见》（1995年）	第四点：建立土地承包经营权流转机制。在坚持土地集体所有和不改变土地农业用途的前提下，……，对承包标的依法转包、转让、互换、入股，其合法权益受法律保护。土地承包经营权流转的形式、经济补偿，应由双方协商，签订书面合同，……。	1995–7–4
体改农〔1995〕108号	《林业经济体制改革总体纲要》（1995年）	第八点：允许尚未开发的集体林宜林荒山（坡）、荒沟、荒滩、荒地（沙）的使用权有偿流转。	1995–108–8
		第四十一点：鼓励集体和农民在山地使用权有偿流转中优化配置，规模经营，共同开发和经营荒山荒地。	1995–108–41
中发〔1996〕2号	《关于“九五”时期和今年农村工作的主要任务和政策措施》（1996年）	第一点：随着劳动力向非农产业转移，要建立土地使用权流转机制，在具备条件的地方发展多种形式的适度规模经营。要大力发展农村社会化服务体系，……。	1996–2–1

续表

文件号	文本名称	文本内容	文本编码
中办发〔1997〕16号	《关于进一步稳定和完善农村土地承包关系的通知》（1997年）	第三点中第三条：少数经济发达地区，农民自愿将部分“责任田”的使用权有偿转让或交给集体实行适度规模经营，……。……，使用权的流转要建立在农民自愿、有偿的基础之上，不得搞强迫命令和平调。	1997–16–3–3
1998年中国共产党第十五届中央委员会第三次全体会议	《中共中央关于农业和农村工作若干重大问题的决定》（1998年）	第三部分：土地使用权的合理流转，要坚持自愿、有偿的原则依法进行，不得以任何理由强制农户转让。少数确实具备条件的地方，……，发展多种形式的土地适度规模经营。	1998–3
中发〔2000〕11号	《中共中央、国务院关于促进小城镇健康发展的若干意见》（2000年）	第七点：对进镇落户的农民，可根据本人意愿，保留其承包土地的经营权，也允许依法有偿转让。	2000–11–7
中发〔2001〕2号	《关于做好2001年农业和农村工作的意见》（2001年）	第三部分：理利用荒山、荒坡、荒滩、荒水和草地等各种农业资源，采取承包、租赁、拍卖等不同形式，大力发展多种经营。	2001–2–3
中发〔2001〕18号	《关于做好农户承包地使用权流转工作的通知》（2001年）	第二点：农户承包地使用权流转必须坚持依法、自愿、有偿的原则。	2001–18–2
中发〔2002〕2号	《关于做好2002年农业和农村工作的意见》（2002年）	第七点：按照依法、自愿、有偿的原则，加强对农村土地流转的引导和管理，严禁强行收回农户承包地搞土地集中。鼓励工商企业采取公司加农户和订单农业等方式投资农业，带动农户发展生产。	2002–2–7
中发〔2003〕9号	《关于加快林业发展的决定》（2003年）	第十四点：加快推进森林、林木和林地使用权的合理流转。国家鼓励森林、林木和林地使用权的合理流转，各种社会主体都可通过承包、租赁、转让、拍卖、协商、划拨等形式参与流转。森林、林木和林地使用权可依法继承、抵押、担保、入股和作为合资、合作的出资或条件。	2003–9–14
国办发明电〔2004〕21号	《关于妥善解决当前农村土地承包纠纷的紧急通知》（2004年）	第五点：严格禁止违背农民意愿强迫流转承包地。	2004–21–5
		第六点：认真处理好占用基本农田植树造林的遗留问题。	2004–21–6

续表

文件号	文本名称	文本内容	文本编码
中发〔2005〕1号	《关于进一步加强农村工作提高农业综合生产能力若干政策的意见》（2005年）	第五点：承包经营权流转和发展适度规模经营，必须在农户自愿、有偿的前提下依法进行，防止片面追求土地集中。	2005–1–5
国发〔2005〕41号	《关于各地区“十一五”期间年森林采伐限额审核意见的通知》（2005年）	第二部分第六点：积极深化集体林权制度改革，建立产权归属清晰、经营主体落实、责权划分明确、利益保障严格、流转顺畅规范、监管服务到位的现代林业产权制度。	2005–41–2–6
中发〔2006〕1号	《关于推进社会主义新农村建设的若干意见》（2005年）	第二十六点：健全在依法、自愿、有偿基础上的土地承包经营权流转机制，有条件的地方可发展多种形式的适度规模经营。加快集体林权制度改革，促进林业健康发展。	2006–1–26
中发〔2007〕1号	《关于积极发展现代农业扎实推进社会主义新农村建设的若干意见》（2007年）	第七点中第二条：坚持农村基本经营制度，稳定土地承包关系，规范土地承包经营权流转，……。加快推进农村集体林权制度改革，明晰林地使用权和林木所有权，放活经营权，落实处置权，继续搞好国有林区林权制度改革试点。	2007–1–7–2
2008年第十七届中央委员会第三次全体会议	《关于推进农村改革发展若干重大问题的决定》（2008年）	第三部分第一点：全面推进集体林权制度改革，扩大国有林场和重点国有林区林权制度改革试点。	2008–3–1
		第三部分第二点：加强土地承包经营权流转管理和服务，建立健全土地承包经营权流转市场，按照依法自愿有偿原则，允许农民以转包、出租、互换、转让、股份合作等形式流转土地承包经营权，发展多种形式的适度规模经营。	2008–3–2
中发〔2008〕1号	《关于切实加强农业基础建设进一步促进农业发展农民增收的若干意见》（2008年）	第六部分第一点：农村土地承包合同管理部门要加强土地流转中介服务，完善土地流转合同、登记、备案等制度，在有条件的地方培育发展多种形式适度规模经营的市场环境。	2008–1–6–1
		第六部分第四点：在不改变林地用途前提下，承包人有权依法处置林地使用权和林木所有权，可依法自主经营商品林。	2008–1–6–4

续表

文件号	文本名称	文本内容	文本编码
中发〔2008〕10号	《关于全面推进集体林权制度改革的意见》（2008年）	第十一条：落实处置权。在不改变林地用途的前提下，林地承包经营权人可依法对拥有的林地承包经营权和林木所有权进行转包、出租、转让、入股、抵押或作为出资、合作条件，对其承包的林地、林木可依法开发利用。	2008–10–11
		第十五条：规范林地、林木流转。林地承包经营权人可采取多种方式流转林地经营权和林木所有权。	2008–10–15
中发〔2009〕1号	《关于促进农业稳定发展农民持续增收的若干意见》（2009年）	第十八点：建立健全土地承包经营权流转市场。	2009–1–18
		第二十点内容中：集体林地经营权和林木所有权已经落实到户的地方，要尽快建立健全产权交易平台，加快林地、林木流转制度建设，完善林木采伐管理制度。	2009–1–20
中发〔2010〕1号	《关于加大统筹城乡发展力度进一步夯实农业农村发展基础的若干意见》（2010年）	第十八点：加强土地承包经营权流转管理和服务，健全流转市场，在依法自愿有偿流转的基础上发展多种形式的适度规模经营。	2010–1–18
		第二十一点：规范集体林权流转，支持发展林农专业合作社。完善林权抵押贷款办法，……。	2010–1–21
中发〔2012〕1号	《关于加快推进农业科技创新持续增强农产品供给保障能力的若干意见》（2012年）	第五点：按照依法自愿有偿原则，引导土地承包经营权流转，发展多种形式的适度规模经营，促进农业生产经营模式创新。……。深化集体林权制度改革，稳定林地家庭承包关系，2012年基本完成明晰产权、承包到户的改革任务，完善相关配套政策。	2012–1–5
国办发〔2012〕42号	《关于加快林下经济发展的意见》（2012年）	第七条：推进林权管理服务机构建设，为农民提供林权评估、交易、融资等服务。	2012–42–7
		第九条：依法加强森林资源资产评估、林地承包经营权和林木所有权流转管理。	2012–42–9

续表

文件号	文本名称	文本内容	文本编码
2013年中国共产党第十八届中央委员会第三次全体会议	《关于全面深化改革若干重大问题的决定》（2013年）	第二十点：赋予农民对承包地占有、使用、收益、流转及承包经营权抵押、担保权能，允许农民以承包经营权入股发展农业产业化经营。	2013–20
		第二十一点：建立农村产权流转交易市场，推动农村产权流转交易公开、公正、规范运行。	2013–21
中发〔2013〕1号	《中共中央国务院关于加快发展现代农业进一步增强农村发展活力的若干意见》（2013年）	第二部分第二点：扩大林权抵押贷款规模，完善林业贷款贴息政策。	2013–1–2–2
		第三部分第一点：逐步健全县乡村三级服务网络，强化信息沟通、政策咨询、合同签订、价格评估等流转服务。	2013–1–3–1
		第五部分第一点：全面开展农村土地确权登记颁证工作。深化集体林权制度改革，提高林权证发证率和到户率。	2013–1–5–1
中发〔2014〕1号	《关于全面深化农村改革加快推进农业现代化的若干意见》（2014年）	第十七点：允许承包土地的经营权向金融机构抵押融资。可以确权确地，也可以确权确股不确地。完善集体林权制度改革。	2014–1–17
		第二十一点：鼓励有条件的农户流转承包土地的经营权，加快健全土地经营权流转市场。	2014–1–21
中办发〔2014〕61号	《关于引导农村土地承包经营权有序流转发展农业适度规模经营的意见》（2014年）	第三部分第五点：鼓励创新土地流转形式。抓紧研究探索集体所有权、农户承包权、土地经营权在土地流转中的相互权利关系和具体实现形式。	2014–61–3–5
		第三部分第六点：严格规范土地流转行为。	2014–61–3–6
		第三部分第七点：加强土地流转管理和服务。	2014–61–3–7
国办发〔2014〕71号	《关于引导农村产权流转交易市场健康发展的意见》（2014年）	第八条第二点：林权是指集体林地经营权和林木所有权、使用权，可以采取出租、转让、入股、作价出资或合作等方式流转交易。	2014–71–8–2

续表

文件号	文本名称	文本内容	文本编码
中发〔2015〕1号	《关于加大改革创新力度加快农业现代化建设的若干意见》（2015年）	第二十一条：创新土地流转和规模经营方式，积极发展多种形式适度规模经营，提高农民组织化程度。	2015-1-21
		第二十五条：深化集体林权制度改革。稳步推进国有林场改革和国有林区改革。积极发展符合林业特点的多种融资业务，吸引社会资本参与碳汇林业建设。	2015-1-25
国发〔2015〕45号	《开展农村承包土地的经营权和农民住房财产权抵押贷款试点的指导意见》（2015年）	第二部分第一点：落实“两权”抵押融资功能，……，盘活农民土地用益物权的财产属性，加大金融对“三农”的支持力度。	2015-45-2-1
中发〔2016〕1号	《关于落实发展新理念加快农业现代化实现全面小康目标的若干意见》（2016年）	第二十六点：落实集体所有权，稳定农户承包权，放活土地经营权，完善“三权分置”办法。完善集体林权制度，引导林权规范有序流转，鼓励发展家庭林场、股份合作林场。	2016-1-26
中发〔2016〕37号	《关于稳步推进农村集体产权制度改革的意见》（2016年）	第十五点：开展农村承包土地经营权、集体林权、“四荒”地使用权、农业类知识产权、农村集体经营性资产出租等流转交易。	2016-37-15
国发〔2016〕58号	《关于印发全国农业现代化规划（2016-2020年）的通知》（2016）	第四部分第一点：在有条件的地方稳妥推进进城落户农民 土地承包权有偿退出试点。	2016-58-4-1
		第四部分第二点：支持通过土地流转、土地托管、土地入股等多种形式发展适度规模经营，加强典型经验总结和推广。	2016-58-4-2
国办发〔2016〕83号	《关于完善集体林权制度的意见》（2016年）	第五点：逐步建立集体林地所有权、承包权、经营权分置运行机制。 第十一点：积极稳妥流转集体林权。	2016-83-5

续表

文件号	文本名称	文本内容	文本编码
国办发〔2016〕87号	《关于完善支持政策促进农民持续增收的若干意见》（2016）	第八条：健全土地流转服务体系，引导农民以多种方式流转承包土地的经营权。	2016–87–8
		第十七条：完善集体林权制度，引导林权规范有序流转，鼓励发展家庭林场、股份合作林场。	2016–87–17
中办发〔2016〕67号	《关于完善农村土地所有权承包权经营权分置办法的意见》（2016）	第三部分第四点：农村土地集体所有权是土地承包权的前提，农户享有承包经营权是集体所有的具体实现形式，在土地流转中，农户承包经营权派生出土地经营权。	2016–3–4
中发〔2017〕1号	《关于深入推进农业供给侧结构性改革加快培育农业农村发展新动能的若干意见》（2017年）	第六点：鼓励地方探索土地流转履约保证保险。研究建立农业适度规模经营评价指标体系。	2017–1–6
		第三十点：鼓励地方开展资源变资产、资金变股金、农民变股东等改革。深化集体林权制度改革。	2017–1–30
中发〔2018〕1号	《关于实施乡村振兴战略的意见》（2018年）	第九部分第一点：农村承包土地经营权可以依法向金融机构融资担保、入股从事农业产业化经营。	2018–1–9–1
		第九部分第三点：深入推进集体林权、水利设施产权等领域改革。	2018–1–9–3
发改农经〔2018〕124号	关于印发《生态扶贫工作方案》的通知（2018）	第三部分第三点：大力发展生态旅游、特色林产业、特色种养业等生态产业，通过土地流转、……，拓宽贫困人口增收渠道。	2018–124–3–3

表 2　关于林地流转的相关政策文本及其内容

文件号	文本名称	文本内容	文本编码
林计发〔2004〕89号	《森林资源资产抵押登记办法（试行）》（2004年，已废止）	第三条：可用于抵押的森林资源资产为商品林中的森林、林木和林地使用权。	2004–89–3
		第七条：资产管理部门负责办理登记或变更登记手续。	2004–89–7

续表

文件号	文本名称	文本内容	文本编码
林策发〔2004〕228号	《关于合作（托管）造林有关问题的通知》（2004年）	第一点：积极鼓励和支持各种社会主体投资发展林业。	2004-228-1
		第二点：国家鼓励各种社会主体参与林业建设，但市场经济条件下从事林业生产经营必须符合法律规范。	2004-228-2
		第三点：国家法律、政策允许森林、林木和林地使用权用于抵押，但不是所有的森林、林木和林地使用权都可以进行抵押。	2004-228-3
财企〔2006〕529号	《森林资源资产评估管理暂行规定》（2006年）	第二章第九条中：应当进行资产评估的森林资源资产包括：转让、置换；中外合资或者合作；股份经营或者联营；租赁经营；抵押贷款、担保或偿还债务等。	2006-529-2-9
林资发〔2007〕33号	《关于进一步加强和规范林权登记发证管理工作的通知》（2007年）	第三部分第一条第二点：农民集体所有和国家所有由农民集体使用的森林、林木和林地，……；承包后依法转让或者互换的，由新的承包方申请。	2007-33-3-1-2
林资发〔2007〕252号	《关于进一步加强森林资源管理促进和保障集体林权制度改革的通知》（2007年）	第一部分第五点：进一步规范森林、林木和林地使用权流转。	2007-252-1-5
银发〔2009〕170号	《关于做好集体林权制度改革与林业发展金融服务工作的指导意见》（2009年）	第二部分：鼓励开展林业规模化经营，鼓励林农走“家庭合作”式、“股份合作”式、“公司+基地+农户”式等互助合作集约化经营道路。	2009-170-2
林改发〔2009〕190号	《关于促进农民林业专业合作社发展的指导意见》（2009年）	第二十一条：要加强森林资源资产评估和林木、林地经营权流转管理，及时依法为农民林业专业合作社办理林权抵押登记手续并加强抵押林地、林木的监管工作。	2009-190-21
林改发〔2009〕232号	《关于切实加强集体林权流转管理工作的意见》（2009年，已废止，被《林改发〔2016〕100号》替代）	1. 依法规范集体林权流转行为；2. 妥善处理集体林权流转的历史遗留问题；3. 加强集体林权流转服务平台建设；4. 强化集体林权流转的管理工作；5. 加强集体林权流转管理工作的组织领导。	2009-232

续表

文件号	文本名称	文本内容	文本编码
林计发〔2009〕253号	《关于印发“林业产业振兴规划(2010—2012年)”的通知》（2009年）	第四部分：林农可依法自愿有偿流转林地承包经营权和林木所有权，可以转包、出租、转让，可以互换、入股、抵押，可以作为出资、合作条件。	2009–253–4
办资字〔2011〕214号	《关于办理涉外林权变更登记问题的复函》（2011年）	外籍人士或者其组织不具有林权登记申请人资格，林业主管部门不予受理外籍人士或者其组织提出的集体林权变更登记申请。	2011–214
银监发〔2013〕32号	《关于林权抵押贷款的实施意见》（2013年）	第一条：可抵押林权具体包括用材林、经济林、薪炭林的林木所有权和使用权及相应林地使用权。	2013–32–1
林改发〔2013〕39号	《关于进一步加强集体林权流转管理工作的通知》（2013年，已废止，被《林改发（2016）100号》替代）	1.坚持依法、自愿、有偿流转原则，切实保障农民林地承包经营权；2.规范林权流转秩序，防范林权流转风险；3.完善制度，全面加强林地承包经营权流转监管工作；4.加强领导，确保林权流转健康有序发展。	2013–39
林资发〔2013〕157号	《关于省级公益林流转及林权登记发证问题的复函》（2013年）	划定为生态公益林的统管山不宜公开竞价转让，且不得办理林权变更登记手续。	2013–157
林造发〔2014〕55号	《关于推进林业碳汇交易工作的指导意见》（2014年）	第十九点：积极探索碳排放权交易下的林业碳汇交易模式。	2014–55–19
		第二十七点：支持和鼓励林业碳汇自愿交易项目作为抵消项目，参与碳排放权交易。	2014–55–27
林造发〔2014〕160号	《关于加快特色经济林产业发展的意见》（2014年）	第四部分第四点：深化集体林权改革，完善配套措施，规范林地流转，促进经济林规模化、专业化、标准化经营。	2014–160–4–4
林改发〔2016〕100号	《关于规范集体林权流转市场运行的意见》（2016年）	1.严格界定流转林权范围；2.准确把握林权流转原则；3.切实规范林权流转秩序；4.严格林权流入方资格条件；5.努力完善林权流转服务；6.强化流转合同管理；7.加强林权流转用途监督；8.推进林权流转市场信用体系建设；9.搭建集体林权流转市场监管服务平台。	2016–100

续表

文件号	文本名称	文本内容	文本编码
林规发〔2016〕168号	《关于运用政府和社会资本合作模式推进林业生态建设和保护利用的指导意见》（2016年）	第二部分第一点：支持创新产权模式，引导各方面资金投入植树造林和国土绿化。	2016-168-2-1
		第二部分第四点：支持深化林业改革，加快推进林区经济转型发展。	2016-168-2-4
		第三部分第四点：加快推进集体林地三权分置，稳定承包权放活经营权。	2016-168-3-4
林改发〔2017〕47号	《关于深入学习贯彻习近平总书记重要指示精神进一步深化集体林权制度改革的通知》（2017年）	第三点：要推进集体林地三权分置，落实集体所有权，稳定农户承包权，放活林地经营权。引导和规范集体林权流转，鼓励农民有序流转林地经营权和林木所有权，优化生产要素配置。加快培育新型林业经营主体，建立健全利益联结机制，促进多种形式的适度规模经营。	2017-47-3
银监发〔2017〕57号	《关于推进林权抵押贷款有关工作的通知》（2017年）	第二部分第三点：推广林权按揭贷款、……、林权流转交易贷款、林权流转合同凭证贷款、……。	2017-57-2-3
		第二部分第六点：健全林权流转体系，提供一站式管理服务。	2017-57-2-6
林改发〔2017〕77号	《关于加快培育新型林业经营主体的指导意见》（2017年）	第七点：鼓励发展股份合作社。鼓励农户以承包的集体林地经营权、林木所有权量化或作价入股，发展林地林木股份合作社。	2017-77
林改发〔2018〕47号	《国家林业和草原局关于进一步放活集体林经营权的意见》（2018）	第二点：积极引导林权规范有序流转。	2018-47-2

表3　地方关于林地流转的法律法规

地区	文件号	文本名称
福建省	1997年福建省第八届人民代表大会常务委员会第三十三次会议通过	《福建省森林资源转让条例》
	闽常〔2005〕20号	《福建省森林资源流转条例》
	闽林〔2015〕25号	《关于引导林权规范流转促进林业适度规模经营的意见》

续表

地区	文件号	文本名称
江西省	江西省人大常委会公告〔2004〕第49号	《江西省森林资源转让条例》
	饶府厅字〔2017〕47号	《深化集体林权制度改革稳步推进林地流转实施方案》
	赣办发〔2014〕24号	《关于积极稳妥推进林地流转进一步深化集体林权制度改革的意见》
	2016年江西省林业厅发	《江西省集体林权流转管理办法（试行）》
浙江省	丽政发〔2006〕24号	《浙江丽水市国有和集体森林林木和林地流转招标拍卖挂牌办法（试行）》
	浙高法〔2009〕250号	《关于为推进农村土地流转和集体林权制度改革提供司法保障的意见》
	景政办发〔2011〕8号	《景宁畲族自治县加快集体林地流转促进林业规模经营实施意见》
	浙江省人民政府令〔2012〕第292号	《浙江省林权流转和抵押管理办法》
	甬政发〔2009〕59号	《关于建立和完善集体林地林木流转机制的实施意见》
	甬林资〔2014〕120号	《宁波市关于进一步加强集体林权流转管理工作的通知》
黑龙江省	黑政发〔2007〕5号	《黑龙江省森林、林木、林地流转试点管理办法》
	黑政办发〔2007〕44号	《关于切实做好森林林木林地流转试点管理工作的通知》
	哈政办综〔2008〕102号	《哈尔滨市国有森林林木和林地流转试点实施方案》
	伊政发〔2014〕5号	《关于印发伊春林权制度改革林权流转办法的通知》
云南省	云府登〔2008〕519号	《云南省集体林地林木流转管理办法（试行）》
	2010年	《昆明市林权流转管理办法》
	云银监发〔2010〕71号	《云南银行业林权抵押贷款管理暂行办法》
	云政办发〔2011〕54号	《关于加快推进林权抵押贷款工作的意见》
重庆市	渝林政法〔2009〕17 号	《重庆市森林资源流转管理办法》
	酉阳府办发〔2010〕238号	《关于规范林地林木流转管理办法》
海南省	2009年海南省第四届人民代表大会常务委员会第十一次会议	《海南经济特区集体林地和林木流转规定》
贵州省	2010年贵州省第十一届人民代表大会常务委员会第十六次会议	《贵州省森林林木林地流转条例》
	毕署通〔2011〕23号	《毕节地区森林林木林地流转管理暂行办法的通知》

续表

地区	文件号	文本名称
河南省	河南省人民政府令〔2010〕第130号	《河南省森林资源流转管理办法》
辽宁省	本溪市人民政府令〔2001〕第79号	《本溪市森林资源转让管理办法》
	大政发〔2010〕21号	《大连市关于规范农村集体林权流转的指导意见》
安徽省	林改〔2011〕11号	《关于规范农村集体林权流转的意见》
	黄政秘〔2014〕9号	《黄山市林权流转管理办法（试行）》
甘肃省	甘林发〔2013〕84号	《甘肃省集体林权流转管理暂行办法》
	甘林改函〔2013〕154号	《关于进一步加强集体林权流转管理工作的通知》
山东省	东营市人民政府令〔2012〕第165号	《东营市集体林权流转管理办法》
山西省	晋政办发〔2013〕90号	《山西省集体林权流转办法》
	忻政办发〔2013〕191号	《关于印发忻州市集体林权流转办法的通知》
广西省	2014年广西林业厅发	《广西壮族自治区集体林权流转管理暂行办法》
湖北省	2014年湖北省第十二届人民代表大会常务委员会第十一次会议	《湖北省森林资源流转条例》
内蒙古自治区	乌政办发〔2014〕111号	《乌兰察布市集体林权流转管理暂行办法》
新疆维吾尔自治区	新林改字〔2014〕712号	《新疆维吾尔自治区集体林权流转管理暂行办法》
四川省	川林发〔2014〕93号	《四川省集体林权流转管理办法》
	遂府办发〔2009〕8号	《遂宁市集体林权流转管理暂行办法》
	自府办发〔2009〕28号	《自贡市林权流转管理办法（试行）》
	巴府办发〔2013〕8号	《关于印发巴中市集体林权流转管理办法（试行）的通知》
湖南省	湘林策〔2005〕12号	《湖南省森林、林木和林地使用权流转办法（试行）》
	湘林改〔2012〕14号	《关于进一步加强林权流转管理工作的意见》
	湘政办发〔2016〕96号	《湖南省工商资本参与林权流转管理办法》
广东省	广东省人民政府令第244号	《广东省林地林木流转办法》（2017年）
	粤林〔2010〕187号发布	《关于林地林木流转管理的实施办法》

附录 2：支撑数据

表 4　林地流转相关关键词的文本分布情况

土地转让	土地使用权流转	森林、林木、林地使用权转让	林地承包经营权	林地经营权流转	林权流转	土地承包经营权流转	土地经营权流转	买卖土地	土地集中	规模经营	
1982–1–4	1987–5–1–4	1984–1–8	2008–10–11	2008–10–15	2010–1–21	1995–7–4	2014–1–21	1980–75–6	1984–1–3–1	1986–1–4	2008–1–6–1
1984–1–3–1	1988–2	1995–108–8	2012–42–9	2009–1–20	2012–42–7	2000–11–7	2014–61–3–5	1982–1–4	1986–1–4	1987–5–1–4	2008–10–15
1988–2	1988–10–4	1998–15		2014–71–8–2	2013–1–2–2	2002–2–7	2015–45–2–1	1984–1–3–1		1987–20–3	2009–1–18
1988–10–4	1993–11–1	2003–9–14			2014–71–8–2	2002–5–32	2016–1–26			1988–2–9	2010–1–18
	1993–31	2005–41–2–6			2015–1–25	2004–21–5	2016–37–15			1990–18–1	2012–1–5
	1994–4–3–2	2006–1–26			2016–1–26	2005–1–5	2016–58–4–2			1993–11–1	2013–20
	1995–6–8	2007–1–7–2			2016–37–15	2006–1–26	2016–83–5			1993–31	2013–1–3–1
	1995–108–8	2008–3–1			2016–83–5	2007–1–7–2	2016–87–8			1994–4–3–2	2014–1–21
	1996–2–1	2008–1–6–4			2016–87–17	2007–128	2016–3–4			1995–6–8	2014–61–3–5

续表

土地转让	土地使用权流转	森林、林木、林地使用权转让	林地承包经营权	林地经营权流转	林权流转	土地承包经营权流转	土地经营权流转	买卖土地	土地集中	规模经营	
	1997–16–3–3	2008–10–11				2008–3–2	2017–1–30			1995–7–4	2015–1–21
	1998–3–1	2009–1–20				2008–1–6–1	2018–1–9–1			1995–108–41	2016–1–26
	2001–2–3	2012–42–9				2008–10–11				1996–2–1	2016–37–15
	2001–18–2	2016–37–15				2009–1–18				1997–16–3–3	2016–58–4–2
						2010–1–18				1998–3–1	2016–83–5
						2013–20				2001–2–3	2016–87–17
						2013–1–3–1				2005–1–5	2016–3–4
										2006–1–26	2017–1–6
										2007–1–7–2	2018–1–9–1
										2008–3–2	

附录 3：典型案例

作为广东省唯一的示范区，蕉岭县于 2015 年 2 月被国家林业局确立为全国 22 个集体林业综合改革试验示范区之一，承担集体林地“三权分置”、林业要素市场建设、林权流转机制和制度创新、发展农民股份合作赋予集体资产股份权能改革试点等四项试验任务，旨在为全面深化集体林权制度改革探索新方法、积累新经验，为修改完善相关政策法律法规提供实践依据。简要总结其中三个案例。

案例一：“公司 + 基地 + 农户”

20 世纪 90 年代在农村劳动力大量外出务工的时代背景下，蕉岭县广福镇以林业站等基层组织作为中介流转山林，成立了十余个家庭林场。由于经营转型，其中部分林场面临着林地资源闲置和经营不善的局面。2012 年，蕉岭县引入福泰生物科技有限公司，对上述家庭林场的林地进行二次流转，实现规模经营林地 3000 多亩。该公司注册资本 1500 万元，总投资 3000 多万元，主要发展日本木蜡树产业，完成树苗种植 90000 株（50cm/株以上）、完成平整耕地面积 500 多亩、集约“四荒”用地面积 800 多亩。

1. 主要做法

公司木蜡树基地主要由两部分构成：一是从原福岭林场流转过来的近 800 亩林地。该地块的所有权属于蕉岭县广福镇大坝村的老一村民小组和老二村民小组，承包权属于两个村小组的农户。福岭林场付给农户每亩 300 元，福岭林场于 2009 年转入林地，流转期限是 30 年，原来种植阔叶树，2012 年转给福泰公司。福泰公司对这片林地进行了二次流转，一方面一次性支付 30 万给福岭林场作为补偿，另一方面继续履行原流转合同，但流转租金提高到当年生态公益林补偿标准的两倍，按最新的补偿标准看，支付的林地租金为 45 元 /（亩 • 年）（如图 44）。

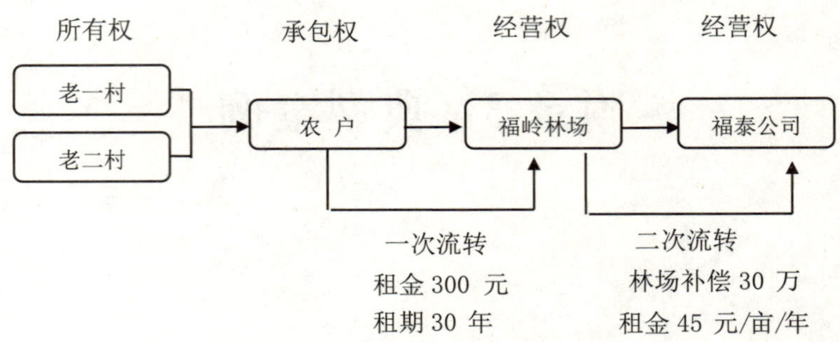

图 44 福泰生物科技有限公司林权流转及收益分配

另一块林地也是二次流转，从九个一次流转的家庭林场流转过来，这片林地的承包权属于蕉岭县广福镇留畲村留二村民小组，部分是荒山、部分阔叶林，流转期限是 15 年，九个家庭林场每年给农户的转让费是 2 万元，按人头分每人每年 150 元，2006 年转入林地，流转后主要种植毛竹，但经济收益不高，2012 年又转租给福泰公司。福泰公司转入这片林地一方面支付给九个大户的转租费 2 万元 / 年，直到流转期；另一方面，同样按当年生态公益林补偿标准的两倍支付给村民流转租金。由于留二村大部分林地都流转给了福泰公司，剩下的边角就无偿流转了。这片林地超过了 1000 亩，在原有 15 年流转期限基础上再延长 15 年，共 30 年。

福泰公司已与广州日晟化工贸易有限公司、北京逾世纪科技有限公司、苏州逾世纪生物科技有限公司达成长期合作关系，为公司的发展提供了技术、人才和资金的支持和保障。为不断推动技术创新，与梅州市农科所等科研院所建立合作关系，开展引进优质木蜡树种植与加工技术进行研发、推广和应用。同时与广东天米教育科技有限公司共同建立了高科技农业无人机作业示范基地，全力打造一个“统一规划、统一管理、统一技术服务、统一销售”的种植、加工、生产、销售产销链。

2. 主要成效

福泰公司案例在“三权分置”改革中的成效与启示表现在以下几个方面。

（1）资金来源多样化

引入林业龙头企业有效拓展了林业产业的资金来源。福泰公司的资金完全是自有资金，有三个股东出资，股权均分。福泰公司前期木蜡树种植到挂果的投入很大程度上来源于股东之一王总的另外一家小公司，按股东的说法就是“以小养大”，这家公司经营业务比较广泛，包括矿山和一些贸易。公司运营的资金正在尝试林权抵押贷款。

（2）市场销售前景广阔

日本木蜡树作为外来树种，对蕉岭的土壤和气候条件适生性强。目前木蜡产品的国内销售价格是12万/吨，国外价格是16万/吨。从木蜡树种植产出看，每亩种植45～50棵，产果10斤/棵，500斤左右/亩，按当前技术水平，油脂比是34.7%，也就意味着每亩能产150斤左右的木蜡。市场比较稳定，有保障，木蜡树的盛果期长达50年，种植8年后为丰产期，市场前景可观。

尽管如此，福泰公司在引种木蜡树过程中，投入了大量成本，走访云南怒江、江西赣州的种植生产单位，取得相关经验并储备了大量木蜡树种植技术和人才。

（3）农户带动效应显著

截止2017年8月，公司已投入3000多万，建立木蜡树示范基地2000亩，成为全省首个规模化种植经济林基地，2016年被广东省林业厅授予“广东省林下经济示范基地”。公司实现“公司+基地+农户”和“统一建设、统一种苗、统一技术、统一管护、统一收购”的经营管理模式。迄今，公司已辐射带动农户2065家种植1319亩。帮助农户年均增收2300元。目前公司投资500万正在兴建深加工基地，种植基地木蜡树预计2017年可挂果10万公斤，深加工产出木蜡100吨，实现产值1200万元。其中，以两户为典型代表。

一是，农户吴某。①家庭基本情况。一家5口人，儿子与儿媳外出打工，孙子上学，两个老人开了一小间杂货店，经营收入30～40元/天；种植了30亩木蜡树，其中有25亩是从十多家亲戚流转过来的，都是方地（当地农民居住地四周，从山脚到山顶，整体1/3以下位置的土地就称为方地，四面八方都有）。方地的流转价格为150元/（亩•年），明显高于林地的流转价格，流转期限为30年。另外，在梅县还种植了5亩油茶。这5亩地是从亲家处流转过来，亲家年轻人都外出打工，无人管理就交由吴某种植。②木蜡树经营情况。树苗从福泰公司以低于市场价格购得，每亩种植50株，2014年下种，种苗请两个临时工，人工费80元/（人·天）；每株需要一斤化肥，化肥价格1元/斤，每年除虫两次，农药支出1000元/年。下种后木蜡树主要由吴某与其老伴管护。由于种植在山下，还有部分在农田，容易害涝，所以预期挂果量比福泰种植木蜡树的挂果量要低，最小产量为3斤/棵，最大的每棵能挂果几十斤，预计年均收入1万元。产量会有波动，分大小年。挂果后销售给福泰公司，有保护价格。木蜡树种植的投入大部分是自有资金，少量从福泰借贷，挂果后以木蜡偿还，正在努力尝试林权抵押贷款。

二是，农户杨某。①家庭基本情况。家有4口人，两个老人，儿子与儿媳；家有两亩农田，另外从10个农户手中流转过来50亩土地种植木蜡树，由于劳动力转移，这些土地大多无人管理，所以农户的转出意愿都比较高，流转租金是120元/（亩·年），流转期限是30年，固定租金。另外，杨某种植毛竹100亩，承包山，无法改种木蜡树，一是改种需要审批，二是山上种植成本太高，包括基础设施、开山等成本。②木蜡树经营情况。杨某也是在福泰公司的引导下于2014年开始种植木蜡树的，引种2000株，6元/株，收成后支付种苗费，木蜡树种植请人工5～6人，人工费：男劳动力，120元/（人·天），女劳动力，90元/（人·天）。化肥投入部分是农家肥，大多是化肥，每株需要1斤化肥，化肥2元/斤。每年防虫两次，支出500元/年，还请临时工，由杨某与其老伴每天管护。目前看，木蜡树的挂果量还比较低，最小的只有2～3斤/株，福泰公司提供了保护价格，6元/斤，从2017年10月开始采摘，以后每年十月份就可以采摘一次。木蜡树种植的资金主要是自有资金，少部分从亲戚处借贷，正在努力尝试林权抵押贷款。

案例二：林下经济

广东桂岭蜂业科技股份公司，由创立于2006年的蕉岭县天然蜂业有限公司转制而成，为民营独资企业，注册资本人民币600万元。2009年7月起先后注册使用“桂岭”“珍禾堂”商标。2013年公司由责任有限公司改制为股份有限公司，更名为广东桂岭蜂业科技股份公司，2013年4月25日在广州股权交易中心成功挂牌。

公司成立之初，开始与广东省昆虫研究所签约技术合作，2009年与浙江大学共同研发进行项目合作。经过多年的努力，从经营蜜蜂养殖、蜂蜜产品加工、销售，蜂王浆、蜂花粉生产、批发、零售，养蜂用品、用具研究、生产、批发销售，到预包装食品、散装食品批发兼零售，再发展到蜜蜂文化研究、饲养技术推广应用，森林旅游资源、休闲文化开发等，发展成为一家集蜂产品加工、销售、服务、研发、文化、旅游为一体的省级扶贫农业龙头企业，具有相当规模的，有良好市场美誉度的综合性经营为一体的公司。公司是蕉岭县重点鼓励扶持的林下经济发展示范带动企业。2011年11月，“桂岭”牌野桂花蜜荣获“广东省名牌产品”称号。2012年4月，公司被省政府认定为“广东省扶贫农业龙头企业”。

公司注册资金600万元人民币，总资产达1845万元，其中生产性固定资产1638万元，建成2条年加工蜂蜜1500吨生产线，配套有完善的实验室和检测设备。企业现有员工

58 人，其中技术员 27 人，科技特派员 2 人，长期聘请国家级专家 5 人，有较强的科研、创新队伍；拥有发明专利 5 项，其中实用型专利 3 项。

1. 改革主要做法

（1）成立合作社，搭建养蜂信息服务平台

公司先后组建成立了“蕉岭县养蜂协会”和“蕉岭县桂岭蜂蜜专业合作社”。2012 年，公司利用蕉岭县养蜂协会的组织网络，依托“广东农村信息直通车工程”平台，在全县建立养蜂产业的科技信息和产品供求信息的养蜂信息服务体系，使现代的科学养蜂技术和市场需求动态即时上传下达，从整体上提高蕉岭县养蜂业的养殖能力和产业水平，开发了“蕉岭县养蜂信息技术服务体系建设”项目。公司在全县 8 个镇建立信息站，在 30 个养蜂场设立信息发布栏，同时和蕉岭通讯营运公司合作，建立移动信息发布频道。

（2）龙头带动，示范引导，助力农户脱贫

公司以开展扶贫工作为契机，充分发挥龙头带动作用，积极参与扶贫开发。以经济利益为纽带，以经济合同相连接，严格按照风险共担、利益共享的原则，把企业和贫困户之间的关系明确下来，结成利益共同体，对贫困户实行产前、产中和产后全方位服务，把千家万户的小生产和千变万化的大市场连接起来，在贫困户和市场之间架起一座桥梁，公司采取“龙头企业＋行业协会＋专业合作社＋生产基地＋专家＋蜂农”的产业化模式，辐射带动边远老区、长潭水库移民和贫困山区群众养蜂，引导他们依托山区资源优势，参与产业化生产实现增收。同时，公司负责保价收购蜂蜜，解决蜂农后顾之忧。公司还通过自有基地培育优质种蜂，无偿提供种苗给他们。

（3）注重品牌建设，确保蜂产品安全与标准化生产

公司高度注重产品品牌建设，公司生产的“桂岭”“珍禾堂”品牌蜂产品符合国标 GH/T18796-2012 质量标准的要求，并取得“采用国际标准产品合格标志证书”、生产许可（QS）认证、有机蜂蜜认证、出口食品卫生注册及出口资格等，成为广东省唯一通过蜂产品有机认证和出口企业食品卫生注册的企业，产品销往日本、澳大利亚、加拿大等地，销售市场良好。

同时，企业加强对农户的生产指导及培训，分别在在长潭、蓝坊、广福、三圳四个养蜂户比较集中的镇设立养蜂户培训室，定期请专家进行面授式网上培训。与广东昆虫研究所、中国养蜂学会、仲恺农学院以及有关的大专院所建立长期的科技合作关系，邀请专家前来或在网上给蜂农上课。组织养蜂大户外出考察蜜源的分布和市场信息。确保

了蜂产品的安全与标准化生产。

2. 改革主要成效

（1）经济效益良好，企业评价较高

目前，该公司建立自有中蜂饲养基地33个，养蜂面积达5万多亩，其中集中连片基地5个，单个集中连片面积在3000亩以上，被广东省农业厅认定为“广东省华南中蜂保种场”；拥有蜂群1.6万群，年产蜂蜜1200吨，2013年，公司加工、销售蜂蜜2850吨，产品百分百销售，实现总产值1.3亿元，其中蜂农产值8200万元，企业销售收入4800万元，实现利税576万元。

公司成立至今是梅州市唯一一家蜂产品加工的省级扶贫农业龙头企业，先后荣获中国科协、国家财政部“全国科普惠农兴村先进单位”，中国养蜂学会“全国蜂产品安全与标准化生产示范单位”，省妇联、省农业厅“广东省巾帼创业示范基地”，省科技厅“广东省农业科技创新中心”“广东省健康农业科技示范基地”，省农业厅、省经信委“广东省‘农超对接’先进农民专业合作社”“省级农民专业合作经济组织示范单位”，省中小企业局“广东省中小企业公共服务示范基地”等荣誉称号，并连续多年获评梅州市工商局“广东省守合同重信用企业”称号。

（2）解决农民就业，带动山区脱贫

企业辐射带动蜂农3000多户，其中与740户贫困户签订了长期稳定的购销合同，带动蜂农发展蜂群5.5万多群，解决4000多人就业，其中贫困户600户，贫困残疾人500人。2013年，企业实现带动贫困蜂农户年均增收4500元，贫困户人均增收近1000元，其中384户贫困户实现了稳定脱贫。

（3）助力山区发展，保护生态平衡

项目实施后，可促进养蜂产业多元化发展，养蜂的最大作用是蜜蜂为水果等农作物授粉，可为农作物提高30%的产量，还可保持林业生态的平衡，是特色农林业、生态农林业、环保农林业、空间农林业传统农林业、可持续发展的健康农林业。没有养蜂业发展就没有农林业的可持续发展，同时对山区县域经济拉动起到一定作用，由此带动养蜂制蜜业、种养业和生态旅游业的发展，加快了商品市场流通，促进了山区县域经济的协调发展。

案例三：股份权能改革

作为黄坑绿茶的典型代表，“猪兜窝”茶叶在蕉岭家喻户晓，名声远飘海外。以“猪兜窝”为代表的蕉岭绿茶，在 2017 年 5 月获得国家地理保护标志产品后，如何把“猪兜窝”茶叶品牌做强做大，作为“猪兜窝”品牌的所有人——梅州市均保实业法人代表张伟山，充分抓住蕉岭县进行深化林权制度改革的时机，进行了实践性的探索，把农户的林地集约开发，以林地入股份合作方式发展“猪兜窝”茶叶规模种植。

梅州市均保实业有限公司（原蕉岭县新铺镇黄坑均保茶厂）始建于 2002 年，拥有“猪兜窝”商标，公司拥有两个茶叶生产基地，一个是猪兜窝绿茶基地，300 亩；另一个是昂天塘单丛茶基地，400 亩。生产厂房占地面积 2500 多平方米，拥用两条先进的绿茶和乌龙茶生产线。公司储备了一定的技术人才，其中制茶师 9 人、高级评茶员 1 人，中级评茶员 1 人，高级检验工、高级茶艺师 1 人，专业技术人员 5 人，茶园基地管理员工 40 人。

公司以传统的种植茶叶项目为主、立足本地，采用“公司 + 基地 + 农户”的经营模式，解决农户茶叶销售难的问题，方便多人在家就业，改变了农户出门务工的生活。公司主要生产猪兜窝绿茶、乌龙茶和红茶，目前销售能力每年在 25 吨左右，年销售收入 400 万元，产品主要的销售范围在广东及周边的省份。2014 年取得国家农业部无公害农产品认证，并于 2013 年、2015 年荣获广东省第十、十一届名优茶质量竞赛银奖，荣获蕉岭县诚信企业、梅州市食品安全示范单位等荣誉称号。

公司负责人张伟山，目前是梅州市茶叶协会监事、高级评茶员、国家职业技能鉴定考评员，2013 年被广东省人民政府授予就业创业优秀个人称号。由他发起筹备成立的蕉岭县茶叶协会，在政府职能部门指导下，联合蕉岭茶叶同行共同打响蕉岭茶品牌，促进蕉岭茶叶事业的健康发展，为蕉岭茶叶走向国内、国际市场而努力。

1. 股份合作项目的做法

2014 年，蕉岭县被国际自然医学会认证为世界长寿乡，蕉岭县成为国际自然医学会认定的世界第七个“世界长寿乡”、是中国的第四个“世界长寿乡”。目前，蕉岭县委县政府正大力推进一杯茶、一瓶水、一粒米、一棵笋、一瓶蜜等“五个一”长寿食品开发，着力打造粤东绿色农产品生产基地。与此同时，通过林权制度改革，农户的林权确定后，增强了专业大户进行耕山致富的信心。

（1）集约适宜种茶林地

项目集约黄坑村“猪兜窝”茶叶生产基地附近的坡度25度～35度的连片林地，此林地属红泥土地，土层深厚，土质良好，适宜种植茶。项目分二期建设，首期约350亩，已与7家农户签订股份合作合同，首期项目预计投资200万元，项目投产后，可增加毛茶3.5万斤，增加收入175万元。目前正在开路及备耕中，预计2018年五月前可以完成种植任务。二期项目计划发展约400亩，以股份合作方式，正与林权农户洽谈之中，预计2017年底前完成股份合同的签订，项目投资预计约300万元。

（2）以林地权属入股

以往租赁林地，一般都是一次性给付租金，承包期长，农户得到租金后，往后几十年就没有任何收益了。一次性付清租山款，也加重了投资者的经济压力，给以后的经营留下了隐患。为此，均保公司计划在股份合作方面寻求突破。股份合作有两方面的作用：一是长期可以保障林权农户的收益；二是减轻投资压力。首期约350亩林地，均保公司把自己的计划和想法，与林权农户进行了充分沟通，取得农户认同后，依据《合同法》《土地承包法》《农村土地承包经营权流转管理办法》等相关法律法规和国家政策的规定，达成林地农户以土地承包权向项目投资入股，均保公司负责茶山项目的开发建设、经营管理，承担开发建设、经营管理所需的全部资金的股份合作合同。

（3）统一进行标准化生产管理

为把“猪兜窝”茶叶打造成高品质的无公害绿茶，均保公司把“发展绿色安全农业、种植放心茶”的理念贯穿于整个生产流程。为提高茶叶质量，减少茶园化学农药用量、维护生态平衡、保护环境，引进物理防治技术，施用有机肥料，最大限度地减少农药和化肥的用量，同时，对基地的茶园进行标准化生产技术规程管理，对管理人员开展土壤管理、病虫防治、茶叶采摘、茶树修剪等生产技术培训，规范生产行为，指导茶叶标准化生产。在生产过程中，实行统一采收、施肥及病虫害防治。

（4）在保底收益基础上进行分红

因为茶叶种植生产周期漫长，前几年只有投入，没有产出收入。为保障农户的收益和入股合作的积极性。均保公司采取做法：一是优先安排入股农户在项目基地务工，提高农户的工资性收入；二是在茶叶出产前，按固定租金每亩每年13元的标准支付现金给农户，保障农户收益；三是茶叶出产后将每年纯利润的用作股份的分红，并按每亩每年1.5斤茶叶（或按照同等数量茶叶的市场价格，当前价格为每斤60元）分红给农户，由入股农户决定选择茶叶或以市场价格计价现金。

2. 股份合作遇到的困难和建议

以林地进行入股，风险同担，利益共享的理念，是一个新的探索方式，一些农户观念仍留在小农意识中，对新模式新做法仍在观望并持怀疑的态度，造成项目工作开展有一些阻力。受限于人才、知识的不足，蕉岭县股份合作的开展仍然有待深入，需要政府部门和科研机构从多层面进行指导和支持，才能保证入股农户的收益有明显的提高，显现出国家深化林权制度改革的成效。

参考文献

[1] Alchian A A. Some Economics of Property Rights[J]. IL Politico, 1965, 30(4):816-829.

[2] Alig RJ, Plantinga AJ, Haim D, Todd M. Area changes in US forests and other major land uses,1982 to 2002, with projections to 2062[R]. US Department of Agriculture, Forest Service, Pacific Northwest Research Station, Newtown Square PA, General Technical Report PNW-GTR-815,2010.

[3] Ashton S F, Hull B, Visser R M, et al. Forest Management in the Interface: Forest Cooperatives[R]. School of Forest Resources & Conservation, 2011.

[4] Barzel Y. Economic Analysis of Property Rights[M]. Cambridge University Press, 1989.

[5] Butler BJ, Dickinson BJ, Hewes JH, et al. US Forest Service National Woodland Owner Survey: national, regional, and state statistics for family forest and woodland ownerships with 10 ? acres,2011–2013[R]. US Department of Agriculture, Forest Service, Northern Research Station, Newtown Square, Resourc. Bulletin NRS-99,2016.

[6] Buchanan B J M, Yoon Y J. Symmetric Tragedies: Commons and Anticommons.[J]. Social Science Electronic Publishing, 2001, 43(43):1-13.

[7] Butler B J, Leatherberry E C. America's family forest owners.[J]. Journal of Forestry, 2004, 102(102):4-14.

[8] Butler, Brett J. Family Forest Owners of the United States, 2006[R]. Gen. Tech. Rep. NRS-27. Newtown Square, PA: U.S. Department of Agriculture, Forest Service, Northern Research Station. 2008.

[9] Cumming G S, Barnes G. Characterizing land tenure dynamics by comparing spatial and temporal variation at multiple scales[J]. Landscape & Urban Planning, 2007, 83(4):219-227.

[10] Deaton, James B. A Review and Assessment of the Heirs’ Property Issue in the United States[J]. Journal

of Economic Issues, 2012, 46(3):615-632.

[11] Decoster L A. The boom in forest owners--a bust for forestry?[J]. Journal of Forestry, 1998, 96(5):25-28.

[12] Deininger K, Jin S. The potential of land rental markets in the process of economic development: Evidence from China[J]. Journal of Development Economics, 2005, 78(1):241-270.

[13] Dijk E V, Knippenberg D V. Buying and selling exchange goods: Loss aversion and the endowment effect[J]. Journal of Economic Psychology, 1996, 17(4):517-524.

[14] Dijk T V. Scenarios of Central European land fragmentation[J]. Land Use Policy, 2003, 20(2):149-158.

[15] Donnelly S, Evans T P. Characterizing spatial patterns of land ownership at the parcel level in south-central Indiana, 1928–1997[J]. Landscape & Urban Planning, 2008, 84(3):230-240.

[16] Drzyzga S A, Brown D G. Land parcelization and forest cover fragmentation in three forested counties in Northern Lower Michigan.[M]// Proceedings of the Society of American Foresters 1998 National Convention (SAF Publication SAF 99-01). 1999:71-80.

[17] Duke J M, MarisOvá E, Bandlerová A, et al. Price repression in the Slovak agricultural land market[J]. Land Use Policy, 2004, 21(1):59-69.

[18] Dyer J F, Bailey C, Tran N V. Ownership characteristics of heir property in a black belt county: a quantitative approach.[J]. Southern Rural Sociology, 2009(2):192-217.

[19] FSC. Guidance on the interpretation of FSC principles and criteria to take account of small scale and low intensity (FSC-gui-60-001 v1-0 en). Forest Stewardship Council International Center, Bonn,2009.

[20] FSC. Annual report. Forest Stewardship Council International Center, Bonn,2010.

[21] Grainger A. Controlling tropical deforestation[M]. London, UK: Earthscan. 1993.

[22] Gobster P H, Rickenbach M G. Private forestland parcelization and development in Wisconsin’s Northwoods: perceptions of resource-oriented stakeholders[J]. Landscape and Urban Planning, 2004, 69(2):165-182.

[23] Haines A L, Kennedy T T, Mcfarlane D L. Parcelization: Forest Change Agent in Northern Wisconsin[J]. Journal of Forestry -Washington-, 2011, 109(2):101-108.

[24] Hansen B E. Sample Splitting and Threshold Estimation[J]. Econometrica, 2000, 68(3):575-603.

[25] Hanemann, W. M. Willingness to pay and willingness to accept: How much can they differ?[J]. The

American Economic Review, 1991,81 , 635-647.

[26] Host G E, Brown T N. Quantifying parcelization potential of forest lands in Itasca County, north central Minnesota[R]. NRRI Technical Report,2009.

[27] Humphreys A, Wang R J-H. Automated Text Analysis for Consumer Research[J].Journal of Consumer Research, 2018,44(6):1274-1306.

[28] Ilbery B W. Farm Fragmentation in the Vale of Evesham[J]. Area, 1984, 16(2):159-165.

[29] Inesi M E. Power and loss aversion[J]. Organizational Behavior & Human Decision Processes, 2010, 112(1):58-69.

[30] Johnson E J, Häubl G, Keinan A. Aspects of endowment: A query theory of value construction.[J]. Journal of Experimental Psychology Learning Memory & Cognition, 2007, 33(3):461-474.

[31] Kahneman D, Knetsch J L, Thaler R H. Experimental Tests of the Endowment Effect and the Coase Theorem[J]. Journal of Political Economy, 1990, 98(6):1325-1348.

[32] Kilgore M A, Snyder S A, Block-Torgerson K, et al. Challenges in characterizing a parcelized forest landscape: Why metric, scale, threshold, and definitions matter[J]. Landscape & Urban Planning, 2013, 110(1):36-47.

[33] Kilgore M A, Snyder S A, Block-Torgerson K, et al. Challenges in characterizing a parcelized forest landscape: Why metric, scale, threshold, and definitions matter[J]. Landscape & Urban Planning, 2013, 110(1):36-47.

[34] Kline J D, Alig R J. Forestland development and private forestry with examples from Oregon (USA)[J]. Forest Policy and Economics, 2005, 7(5): 709-720.

[35] Kranz P. Content Analysis by Word Group[J]. Journal of Marketing Research, 1970, 7(3):377-380.

[36] Kusel, J. Assessing well-being in forest dependent communities[J]. Journal of Sustainable Forestry, 2001,31(1/2): 359-384.

[37] Lallo G D, Maesano M, Masiero M, et al. Analyzing Strategies to Enhance Small and Low Intensity Managed Forests Certification in Europe using SWOT-ANP[J]. Small-scale Forestry, 2016, 15(3):1-19.

[38] Lapierre S, Germain R H. Forestland parcelization in the New York City watershed.[J]. Journal of Forestry, 2005, 103(3):139-145.

[39] Lebel, L. The state, the firm, and the farmer: Community conservation and the use of land and water in upper tributary watersheds[C]. Paper presented at the International Association for the Study of Common Property Biennial Meetings, Ubud, Bali, 2006(6) :19–23.

[40] Lönnstedt L, Sedjo R A. Forestland ownership changes in the United States and Sweden[J]. Forest Policy and Economics, 2012, 14(1): 19-27.

[41] Macmillan D C. An economic case for land reform[J]. Land Use Policy, 2000, 17(1):49-57.

[42] Maddala.G.S.Limited dependent and Qualitative Variables in Econometrics[M]. Cambridge: Cambridge University Press.1983.

[43] Markowski-Lindsay M, Catanzaro P, Milman A, et al. Understanding Family Forest Land Future Ownership and Use: Exploring Conservation Bequest Motivations[J]. Small-scale Forestry, 2016, 15(2):1-16.

[44] McEvoy D, Jones M, McKee M, et al. Incentivizing cooperative agreements for sustainable forest management: Experimental tests of alternative structures and institutional rules[J]. Forest Policy and Economics, 2014, 44: 34-41.

[45] MCPFE. State of Europe' s forests, 2007. The MCPFE report on sustainable forest management in Europe, Warsaw.

[46] Mehmood SR, Zhang D. Forest Parcelization in the United States[J]. Journal of Forestry, 2001,99(4):30–34.

[47] Michelman F I. ETHICS, ECONOMICS, AND THE LAW OF PROPERTY[J]. Nomos, 1982, 24(3):3-40.

[48] Mundell, J, Taff, S. J, Kilgore, M. A, et al. Using real estate records to assess forest land parcelization and development: a Minnesota case study.[J]. Landscape and Urban Planning, 2010, 94(2):71-76.

[49] Nijnik M, Nijnik A, Bizikova L. Analysing the Development of Small-Scale Forestry in Central and Eastern Europe[J]. Small-scale Forestry, 2009, 8(2):159-174.

[50] Nonic D. Challenges of Organizing Private Forest Owners in Serbia[J]. Small-scale Forestry, 2011, 10(4):435-455.

[51] Ostrom E, Nagendra H. Insights on linking forests, trees, and people from the air, on the ground, and in the laboratory.[J]. Proceedings of the National Academy of Sciences of the United States of America,

2006, 103(51):19224-19231.

[52] Pan Y, Zhang Y Q, Butler B J. Trends among family forest owners in Alabama, 1994-2004.[J]. Southern Journal of Applied Forestry, 2007, 31(3):117-123.

[53] Pinyopusarerk K, Tran TTH, Tran VD. Making community forest management work in Northern Vietnam by pioneering participatory action[J]. Land Use Policy,2014, 38:257–263.

[54] Plott C R, Zeiler K. The Willingness to Pay-Willingness to Accept Gap, the "Endowment Effect," Subject Misconceptions, and Experimental Procedures for Eliciting Valuations[J]. American Economic Review, 2005, 95(3):530-545.

[55] Rahman S, Rahman M. Impact of land fragmentation and resource ownership on productivity and efficiency: The case of rice producers in Bangladesh[J]. Land Use Policy, 2009, 26(1):95-103.

[56] Rahman H M T, Gordon M H, Swapan K S. A framework for evaluating collective action and informal institutional dynamics under a resource management policy of decentralization[J]. Ecological Economics, 2012 ,83(8): 32– 41.

[57] Raunikar R, Buongiorno J. Willingness to pay for forest amenities: The case of non-industrial owners in the south central United States[J]. Ecological Economics, 2006, 56(1):132-143.

[58] Rickenbach M G, Gobster P H. Stakeholders' perceptions of parcelization in Wisconsin's northwoods.[J]. Journal of Forestry -Washington-, 2003, 101(6):18-23.

[59] Rothwell R, Zegveld W. Reindustrialization and technology[M].London: Longman, 1985.

[60] Sampson R N, Decoster L A. Public programs for private forestry: a Reader on Programs and Options. American Forests, Washington, DC. [J]. 1997.

[61] Sampson N, Decoster L. Forest fragmentation: implications for sustainable private forests.[J]. Journal of Forestry -Washington-, 2000, 98(98):4-8.

[62] Schmithüsen F, Hirsch F. Private forest ownership in Europe. Geneva timber and forest study paper 26. United Nations, Geneva.

[63] Schmidt T L, Raile G K. Forest fragmentation in the Lake States. In: Proceedings of the Society of American Foresters 1998 national convention. Bethesda, MD: Society of American Foresters: 107-115.

[64] Schraml U. Between legitimacy and efficiency: The development of forestry associations in Germany[J].

Small-scale Forest Economics, Management and Policy, 2005, 4(3):251-267.

[65] Schlueter A. Small-scale European forestry, an anticommons?[J]. International Journal of the Commons, 2008, 2(2):248-268.

[66] Schmithüsen F, Hirsch F. Private forest ownership in Europe.[M].United Nations publication press,GE.06-21682 – March,2007.

[67] Smith W B, Miles P D, Vissage J S, Pugh S A. Forest Resources of the United States, 2002[R]. USDA Forest Service, North Central Research Station. Gen Tech Rep NC241,2004.

[68] Snyder S A, Kilgore M A. The Influence of Multiple Ownership Interests and Decision-Making Networks on the Management of Family Forest Lands: Evidence from the United States[J]. Small-scale Forestry, 2018, 17(1):1-23.

[69] Strahilevitz M A, Loewenstein G. The effect of owner-ship history on the valuation of objects[J]. Journal of Consumer Research,1998,25(3):276-289.

[70] Stouffer,S.A.,E.A.Suchman,L.C.De Vinney et al. The American soldier: Adjustment During Army Life [M].New Jersey: Princeton University Press, Princeton,1949.

[71] Tan S, Heerink N, Kuyvenhoven A, et al. Impact of land fragmentation on rice producers’ technical efficiency in South-East China[J]. Scientia Agricultura Sinica, 2011, 57(2):117-123.

[72] Tversky A. Prospect Theory: An Analysis of Decision under Risk[J]. Econometrica, 1979, 47(2):263-291.

[73] Urquhart J, Courtney P. Seeing the owner behind the trees: A typology of small-scale private woodland owners in England[J]. Forest Policy & Economics, 2011, 13(7):535-544.

[74] Wang Q. Fixed-effect panel threshold model using Stata[J]. Stata Journal, 2015, 15:págs. 121-134.

[75] Wiersum K F, Elands B H M, Hoogstra M A. Small-scale forest ownership across Europe: Characteristics and future potential[J]. Small-scale Forest Economics, Management and Policy, 2005, 4(1):1-19.

[76] Yang L, Wen Y, Aguilar F X. Nonindustrial Family Forest Landowners’ Stated Willingness-to-Participate in Forest Cooperatives in Southern China[J]. International Journal of Forestry Research, 2013.

[77] Zhang D, Hussain A, Armstrong JB. Supply of Hunting Leases from Non-Industrial Private Forest Lands in Alabama[J]. Human Dimensions of Wildlife, 2006, 11(1):1-14.

[78] Zhang L. X.,Huang J. K.,Rozelle S.,et al. Land policy and land use in China[C]:Organization Economic

Cooperation & Development,1997:71-77.

[79] Zhang Y, Liao X, Butler B J, et al. The Increasing Importance of Small-Scale Forestry: Evidence from Family Forest Ownership Patterns in the United States[J]. Small-scale Forestry, 2009, 8(1):1-14.

[80] Zhang Y, Zhang D, Schelhas J. Small-scale non-industrial private forest ownership in the United States: Rational and Implications for forest management[J]. Silva Fennica,2005, 39(3):443-454.

[81] 埃莉诺·奥斯特罗姆. 公共事务的治理之道：集体行动的制度演进 [M]. 上海译文出版 ,2012.

[82] 程宝栋. 我国木材安全分析与评价 [J]. 西北农林科技大学学报(社会科学版), 2011, 11(5):43-47.

[83] 曹东勃. 家庭农场：一种激活本土性资源的有益尝试：基于松江楠村的调查 [J]. 社会科学研究, 2014(1):42-48.

[84] 蔡海生. 农村土地承包经营权流转的调查分析——基于南昌市 4 县 9 村 392 户农户调研 [J]. 农林经济管理学报, 2015(3):289-295.

[85] 陈金涛, 刘文君. 农村土地"三权分置"的制度设计与实现路径探析 [J]. 求实, 2016(01):81-89.

[86] 陈念东, 刘祖军. 集体林权流转弱市场化困境的思考——基于交易费用理论视角 [J]. 林业经济问题, 2012, 32(5):392-396.

[87] 程令国, 张晔, 刘志彪. 农地确权促进了中国农村土地的流转吗?[J]. 管理世界, 2016(1):88-98.

[88] 陈美球, 彭云飞, 周丙娟. 不同社会经济发展水平下农户耕地流转意愿的对比分析——基于江西省 21 个村 952 户农户的调查 [J]. 资源科学, 2008, 30(10):1491-1496.

[89] 陈世栋, 袁奇峰, 邱加盛. 基层的土地制度创新：都市边缘区农地大规模流转的特征与机制——基于广州市白云区百村调查 [J]. 现代城市研究, 2016(8):86-93.

[90] 仇童伟, 罗必良. 农业要素市场建设视野的规模经营路径 [J]. 改革, 2018(3)：90-102.

[91] 陈水生. 土地流转的政策绩效和影响因素分析 [J]. 社会科学, 2011(5):48-56.

[92] 蔡银莺, 王亚运, 朱兰兰. 城市边缘区农户耕地利用功能对土地转出的影响——武汉、成都、苏州 1022 户农民的典型实证 [J]. 自然资源学报, 2016, 31(10):1648-1661.

[93] 道格拉斯·诺斯. 制度、制度变迁与经济绩效 [M]. 上海三联书店 ,1994.

[94] 董晶, 王菲菲, 陈骐, 等. 林业合作组织与林权流转意愿的因果研究 [J]. 林业经济, 2016(6):39-45.

[95] 付江涛, 纪月清, 胡浩. 新一轮承包地确权登记颁证是否促进了农户的土地流转——来自江苏省 3 县(市、区)的经验证据 [J]. 南京农业大学学报(社会科学版), 2016(1):105-113.

[96] 弗里德利希·冯·哈耶克，邓正来译. 自由秩序原理 [M]. 三联书店，1997.

[97] 国家林业局"集体林权制度改革监测"项目组. 2015 集体林权制度改革监测报告 [M]. 中国林业出版社，2016.

[98] 高岚，徐冬梅. 个体禀赋与认知对农户林地流转行为的影响——基于意愿与行为一致视角分析. 林业科学，2018,54(7):137-145.

[99] 高圣平. 新型农业经营体系下农地产权结构的法律逻辑 [J]. 法学研究，2014(4):76-91.

[100] 高晓燕，姜荣荣. 金融支持在我国农村土地流转中的杠杆功能 [J]. 江汉论坛，2015(7):18-23.

[101] 韩俊. 土地政策：从小规模均田制走向适度规模经营 [J]. 调研世界，1998(5):8-9.

[102] 贺军伟，王忠海，张锦林. 工商资本进入农业要"引"更要"导"——关于工商资本进农业的思考和建议 [J]. 农村经营管理，2013(7):14-17.

[103] 黄佩红，李琴，李大胜. 新一轮确权能促进农地流转吗 ?[J]. 经济经纬，2018(4):44-49.

[104] 何文剑，徐静文，张红霄. 森林采伐管理制度的管制强度如何影响林农采伐收入 [J]. 农业技术经济，2016(9):104-118.

[105] 何欣，蒋涛，郭良燕，等. 中国农地流转市场的发展与农户流转农地行为研究——基于 2013～2015 年 29 省的农户调查数据 [J]. 管理世界，2016(6):79-89.

[106] 胡新艳，罗必良. 新一轮农地确权与促进流转：粤赣证据 [J]. 改革，2016(4):85-94.

[107] 胡新艳，杨晓莹，王梦婷. 农地流转中的禀赋效应及其影响因素：理论分析框架 [J]. 华中农业大学学报 (社会科学版), 2017(1):105-112.

[108] 胡新艳，朱文珏，刘凯. 村落地权配置的效率来源：产权匹配逻辑——来自浪山村的个案分析 [J]. 江西财经大学学报，2014(3):76-85.

[109] 何一鸣，罗必良. 产权管制，制度行为与经济绩效——来自中国农业经济体制转轨的证据（1958～2005 年）[J]. 中国农村经济，2010：4-15.

[110] 韩雅清，魏远竹. 林权交易中心的双边市场性质探讨 [J]. 林业经济，2017(5)：64-70.

[111] 冀县卿，钱忠好，葛轶凡. 交易费用、农地流转与新一轮农地制度改革——基于苏、桂、鄂、黑四省区农户调查数据的分析 [J]. 江海学刊，2015(2):83-89.

[112] 孔凡斌，杜丽. 集体林权制度改革中的林权流转及规范问题研究 [J]. 林业经济问题，2008, 28(5):377-384.

[113]孔凡斌，廖文梅．基于收入结构差异化的农户林地流转行为分析——以江西省为例[J]. 中国农村经济，2011(8):89-96.

[114]柯水发，英犁，赵铁珍．集体林区林地使用权流转分析——政策演进、流转形式及机制[J]. 林业经济，2012(3):12-16.

[115]罗必良．农业经济组织的效率决定——一个理论模型及其实证研究[J]. 学术研究，2004(8):49-57.

[116]罗必良．农地流转的市场逻辑——"产权强度-禀赋效应-交易装置"的分析线索及案例研究[J]. 南方经济，2014, V32(5):1-24.

[117]罗必良．农地保障和退出条件下的制度变革：福利功能让渡财产功能[J]. 改革，2013(1):66-75.

[118]罗必良，郑燕丽．农户的行为能力与农地流转——基于广东农户问卷的实证分析[J]. 学术研究，2012(7):64-70.

[119]李博，李桦．农户林地未流转行为影响因素分析．林业经济问题，2012,32(4):348-353.

[120]梁鸿．土地保障：最后一道防线的虚化[J]. 发展研究，1999(6):24-25.

[121]刘浩，刘璨．我国集体林产权制度改革及配套改革相关政策问题研究[J]. 林业经济，2016(9):3-12.

[122]刘鸿渊．农地集体流转的农民收入增长效应研究——以政府主导下的农地流转模式为例[J]. 农村经济，2010(7):57-61.

[123]李江，刘源浩，黄萃，等．用文献计量研究重塑政策文本数据分析——政策文献计量的起源、迁移与方法创新[J]. 公共管理学报，2015(2):138-144.

[124]罗金，张广胜．集体林权改革后的林农生产投资行为[J]. 林业经济问题，2009, 29(1):77-80.

[125]吕杰，冉陆荣．林地流转中不同类型农户决策行为博弈分析．中国土地科学，2011,25(4):31-35.

[126]林丽梅，刘振滨，许佳贤．家庭禀赋对农户林地流转意愿及行为的影响——基于闽西北集体林区农户调查．湖南农业大学学报：社会科学版，2016,17(2):16-21.

[127]刘林，王宇华，乔卫阳．林权改革的收入效应——基于浙江省重点林区的实证研究[J]. 上海经济研究，2016(8):67-73.

[128]林乐芬，王军．转型和发展中国家农地产权改革及其市场效应评述[J]. 经济学动态，2010(12):121-125.

[129]罗攀柱，李际平，陈元红．集体林区林地使用权流转模式、动机与路径选择——基于湖南省一个县的实证调查[J]. 林业科学，2010, 46(9):158-163.

[130]李琴，李大胜，李承政．家庭农地禀赋与农地流转决策——基于非线性关系的考察 [J]. 浙江社会科学，2015(10):19-28.

[131]李彧挥，方苑，陈亮．林农流转出林地意愿的影响因素分析——以湖南省安化县为例 [J]. 江汉论坛，2012(2):14-19.

[132]凌若愚 潘 镇 刘艺园．农村人口老龄化对土地流转影响的研究 [J]. 现代经济探讨，2018(7):41-44.

[133]刘腾飞，徐富明，张军伟，等．禀赋效应的心理机制及其影响因素 [J]. 心理科学进展，2010, 18(4):646-654.

[134]林文声，秦明，苏毅清，等．新一轮农地确权何以影响农地流转？——来自中国健康与养老追踪调查的证据 [J]. 中国农村经济，2017(7):29-43.

[135]李台，高岚．不同类型林地流转的形成逻辑与效率差异 [J]. 软科学，2014, 28(2):140-144.

[136]李亚，尹旭，何鉴孜．政策话语分析：如何成为一种方法论 [J]. 公共行政评论，2015(5):55-73.

[137]李周．林权改革的评价与思考 [J]. 绿色中国，2008(17):9-13.

[138]冷智花，付畅俭，许先普．家庭收入结构、收入差距与土地流转——基于中国家庭追踪调查 (CFPS) 数据的微观分析 [J]. 经济评论，2015(5):111-128.

[139]马晓河．中国农业发展的根本出路在于实现规模经营 [J]. 经济学动态，1994 (11):27-29.

[140]农业部农村改革试验区办公室．从小规模均田制走向适度规模经营——全国农村改革试验区土地适度规模经营阶段性试验研究报告 [J]. 中国农村经济，1994(12):3-10.

[141]彼得・戴蒙德，汉努・瓦蒂艾宁．贺京同等译．行为经济学及其应用 [M]. 中国人民大学出版社，2011:117-118.

[142]彭纪生，仲为国，孙文祥．政策测量、政策协同演变与经济绩效：基于创新政策的实证研究 [J]. 管理世界，2008(9):25-36.

[143]乔洪武，刘国华．禀赋效应与信息的价值判断 [J]. 经济评论，2005(3):16-20.

[144]覃美英，程启智．建国以来我国农地产权制度变迁的经济学分析 [J]. 农村经济与科技，2007, 18(04):23-24.

[145]乔永平，曾华锋．南方集体林区森林资源产权市场交易平台的整合 [J]. 中国林业经济，2013(1):26-29.

[146]任弢，黄萃，苏竣．公共政策文本研究的路径与发展趋势 [J]. 中国行政管理，2017(5):96-101.

[147]山丹．突出的社保功能与流转不起来的土地 [N]. 中国劳动保障报，2012-3 -27（003）．

[148]史若昀，刘伟平．农户行为能力视角下的林地流转意愿及决策研究——以福建省 10 县(市)50 村农户调查为例 [J]. 林业经济问题，2017, 37(5):23-31.

[149]孙云奋．劳动力转移与农地流转的关联度：鲁省个案 [J]. 改革，2012(9):84-88.

[150]沈扬扬．收入增长与不平等对农村贫困的影响——基于不同经济活动类型农户的研究 [J]. 南开经济研究，2012(2):131-150.

[151]涂端午．教育政策文本分析及其应用 [J]. 复旦教育论坛，2009, 7(5):22-27.

[152]田传浩，贾生华．农地市场发育、耕地配置与反贫困——基于苏浙鲁村庄的经验 [C]// 中国土地学会 2008 年学术年会．2008.

[153]王波，吕士福，黄和亮，等．农户林地流转行为的关键影响因素研究．林业经济，2017 (4):59-62, 67.

[154]王成军，费喜敏，徐秀英．农村劳动力转移与农户间林地流转——基于浙江省两个县(市)调查的研究 [J]. 自然资源学报，2012, 27(6):893-900.

[155]韦森．哈耶克与凯恩斯的论战：来龙去脉与理论遗产（上）——读韦普肖特的《凯恩斯大战哈耶克》及其补正 [J]. 学术月刊，2014(2):5-21.

[156]王士海，王秀丽．农村土地承包经营权确权强化了农户的禀赋效应吗？——基于山东省 117 个县(市、区)农户的实证研究 [J]. 农业经济问题，2018(5)92-102.

[157]温铁军．中国农村基本经济制度研究——“三农”问题的世纪反思 [M]. 中国经济出版社，2000 年：276-289.

[158]王亚辉，李秀彬，辛良杰等．中国土地流转的区域差异及其影响因素——基于 2003-2013 年农村固定观察点数据 [J]. 地理学报，2018, 73(3): 487-502.

[159]徐冬梅，高岚．理论探讨：农户林地转出意愿与契约行为的不一致 [J]. 林业经济问题，2017, 37(5):12-17.

[160]许恒周，郭玉燕，吴冠岑，等．代际差异视角下农民工土地流转意愿的影响因素分析——基于天津 613 份调查问卷的实证研究 [J]. 资源科学，2012, 34(10):1864-1870.

[161]肖慧婷，谢芳婷，杜娟，等．农户资源禀赋差异性对林地流转行为影响实证研究——基于江西集体林区 10 县 503 农户的调查．林业经济，2018 (11):44-51.

[162]徐宽．基尼系数的研究文献在过去八十年是如何拓展的 [J]. 经济学：季刊，2003, 2(4):757-778.

[163]肖龙铎，张兵．土地流转与农户内部收入差距扩大——基于江苏39个村725户农户的调查分析[J].财经论丛,2017(9):10-18.

[164]徐美银．土地功能偏好、保障模式与农村土地流转[J].华南农业大学学报(社会科学版),2014(1):1-10.

[165]徐堇寒，徐秀英．农户生计非农化对林地转出意愿的影响研究．林业经济问题,2018,38(2):17-22,103.

[166]许凯，张升．集体林地流转影响因素分析——基于7省3500个样本农户数据．林业经济,2015(4):12-20.

[167]徐秀英．集体林地使用权市场制度的建立与完善[J].资源开发与市场,2004,20(1):11-13.

[168]徐秀英，沈月琴．林地流转市场的政府干预行为研究[J].林业经济问题,2002,22(4):199-202.

[169]徐秀英，石道金，杨松坤，等．农户林地流转行为及影响因素分析——基于浙江省临安、安吉的农户调查．林业科学,2010,46(9): 149-157.

[170]谢煜，朱小静，温作民，等．为什么小规模林农没有选择场内交易——来自浙江的实证研究[J].农林经济管理学报,2016, 15(3):271-279.

[171]杨慧，杨建林，YangHui,等．融合LDA模型的政策文本量化分析——基于国际气候领域的实证[J].现代情报,2016, 36(5):71-81.

[172]姚顺波，郭志勤．集体林权改革中地方科层损耗的博弈分析[J].经济与管理研究,2011(6):36-43.

[173]杨卫忠，李勇．基于农户效用的农地承包经营权流转意愿研究——以嘉兴市"两分两换"为例[J].中国土地科学,2007,(9):65-70.

[174]姚洋．土地、制度和农业发展[M].北京大学出版社,2004.

[175]乐章．农民土地流转意愿及解释[J].农业经济问题,2010(2):64-70.

[176]杨正联．公共政策文本分析：一个理论框架[J].理论与改革,2006(1):24-26.

[177]邹宝玲，仇童伟，罗必良，等．农地福利保障如何影响农地转出——基于制度保障与社区保障调节效应的分析[J].上海财经大学学报,2017, 19(3):68-80.

[178]周诚．对我国农业实行土地规模经营的几点看法[J].中国农村观察,1995(1):41-43.

[179]周春芳．关于江苏土地规模经营及流转情况的调查分析[J].江苏大学学报(社会科学版),2015,17(5):19-24.

[180]朱冬亮，肖佳．集体林权制度改革：制度实施与成效反思——以福建为例 [J]. 中国农业大学学报社会科学版，2007, 24(3):81-91.

[181]郑风田．从“两权分置”到“三权分置”[J]. 中国报道，2016(12):28-29.

[182]赵光，李放．非农就业、社会保障与农户土地转出——基于 30 镇 49 村 476 个农民的实证分析 [J]. 中国人口・资源与环境，2012, 22(10):102-110.

[183]张红宇．现代农业与适度规模经营 [J]. 农村经济，2012(5):3-6.

[184]张寒，杨红强，陈海滨，等．非农就业对林地流转的影响——基于双内生视角的 MV Tobit 估计．资源科学 ,2018,40(8):1505-1514.

[185]庄晋财，卢文秀，李丹．前景理论视角下兼业农户的土地 流转行为决策研究 [J]. 华中农业大学学报 (社会科学版), 2018(2):136-144.

[186]朱建军，胡继连．农地流转对我国农民收入分配的影响研究——基于中国健康与养老追踪调查数据 [J]. 南京农业大学学报 (社会科学版), 2015(3):75-83.

[187]张蕾，蔡志坚，谢煜，等．农户林地流转影响因素的实证研究——基于农户职业分化和收入分化视角 [J]. 林业经济问题，2013, 33(5):397-402.

[188]张兰，冯淑怡，陆华良．农地规模化经营的形成机理：基于农户微观决策视角 [J]. 江海学刊，2016(5):67-73.

[189]钟甫宁，王兴稳．现阶段农地流转市场能减轻土地细碎化程度吗？——来自江苏兴化和黑龙江寅县的初步证据 [J]. 农业经济问题，2010, 31(1):23-32.

[190]朱文清，张莉琴．集体林地确权到户对林地流转的政策效果分析 [J]. 资源科学，2018，40（7）：1407-1417.

[191]钟文晶．禀赋效应、认知幻觉与交易费用——来自广东省农地经营权流转的农户问卷 [J]. 南方经济，2013, V31(3):13-22.

[192]钟文晶，罗必良．禀赋效应、产权强度与农地流转抑制——基于广东省的实证分析 [J]. 农业经济问题，2013(3):6-16.

[193]朱文珏，罗必良．行为能力、要素匹配与规模农户生成——基于全国农户抽样调查的实证分析 [J]. 学术研究，2016(8):83-92.

[194]张维迎．理解中国经济改革 [J]. 读书，2008(7):17-24.

[195]赵阳 . 城镇化背景下的农地产权制度及相关问题 [J]. 经济社会体制比较 , 2011(2):20-25.

[196]张舟 , 谭荣 , 石琛 , 等 . 林地流转模式的选择机理及其政策启示 [J]. 中国土地科学 , 2014, 28(5):11-18.